Germaine
Aziz

Geschlossene
Häuser

Zu diesem Buch

Dicht und kunstvoll wie einen Roman erzählt Germaine Aziz ihr bewegtes Leben. Im Algerien der Kolonialzeit Waise, arm, Jüdin und Frau zu sein verheißt nichts Gutes. Im katholischen Waisenhaus geht sie in die harte Lehre der Disziplin und Gefühlskälte. Im Alter von siebzehn Jahren gerät sie in ein Bordell. Den Gesetzen des Milieus gehorchend, steigt sie von den finsteren Etablissements in die angesehenen »Häuser« auf. Als sie durch einen Zuhälter nach Paris gelangt, hofft sie, aus dem Gefängnis des Strichs ausbrechen zu können. Doch der Traum erfüllt sich nicht.

Lange, erniedrigende Jahre vergehen, bis sie eines Tages den Absprung schafft: Hartnäckig und eigenwillig macht sie sich auf die Suche nach einer »normalen« Arbeit. Mit Ausdauer, Erbitterung und Hoffnung kämpft sie um ein neues Leben.

Die Autorin

Germaine Aziz arbeitete nach dem Ausstieg als Redaktorin bei der französischen Tageszeitung »Libération«. Sie lebt in Paris.

Germaine
Aziz

Geschlossene Häuser

Aus dem Französischen von
Victoria Leube-Dasch

Unionsverlag
Zürich

Die französische Originalausgabe erschien 1980 unter dem Titel
Les Chambres closes bei Editions Stock, Paris
Diese Taschenbuchausgabe erscheint mit freundlicher Genehmigung
des Verlags Neue Kritik, Frankfurt am Main

Unionsverlag Taschenbuch 39

Rieterstrasse 18, CH-8059 Zürich, Telefon 01-281 14 00

Umschlaggestaltung: Heinz Unternährer, Zürich
Foto: Wilfried Bauer
Druck und Bindung: Clausen und Bosse, Leck
ISBN 3-293-20039-7

1 2 3 4 5 - 97 96 95 94

Alles an diesem Bericht ist wahr. Die Autorin hat nur aus Rücksicht sämtliche Vor- und Zunamen sowie Spitznamen verändert; sie selbst schreibt unter Pseudonym. Jede Namensübereinstimmung wäre rein zufällig.

Ich danke Dr. Auvray, Françoise Duroux, Denis Guedj, Maurice Jakubowitz, Marie Mad, die durch ihren Beistand, ihren Rat und ihr Vertrauen mir ermöglicht haben, ich selbst zu sein.

Erster Teil

1

»Esther und Germaine Aziz, die Frau Direktor wünscht euch in ihrem Büro zu sprechen.«

Gleich werden wir Mama sehen! Meine Schwester und ich lassen unser Eßgeschirr stehen und rennen Hand in Hand die Gänge des staatlichen Kinderheims entlang, die mir heute noch länger vorkommen als sonst.

»Glaubst du, daß unser kleiner Bruder geboren ist?«

»Ich weiß nicht ... bestimmt. Jedenfalls hoffe ich es!«

Ich hoffe es auch, denn ich habe zu große Sehnsucht nach Mama.

Vor der Direktorin habe ich ein wenig Angst, aber jetzt fragt sie mit sehr sanfter Stimme meine Schwester, die vier Jahre älter ist als ich: »Wann habt ihr eure Mama zum letzten Mal gesehen?«

Ich erinnere mich sehr gut daran; Mama ist nur ein einziges Mal gekommen, seit wir hier sind, und sie hat uns Bananen gebracht und uns gesagt, sie liebe uns, sei aber zu krank, um öfter das Bett zu verlassen.

Meine Schwester antwortet und erzählt von dieser Geschichte mit den Bananen. Dabei fängt sie an zu weinen. Ich überlege, warum die Direktorin uns diese Frage gestellt hat, aber jetzt, als ich Esther weinen sehe, weiß ich, daß uns ein Unglück zugestoßen ist.

»Was ist? Was hast du?«

»Mama ist tot!« schluchzt sie.

Das verstehe ich nicht. Ich drehe mich zu der gewichtigen Frau hinter dem Schreibtisch um. Die bleibt stumm. Wie denn – tot ...? Ich weiß nicht, was das für die Großen bedeutet, auf jeden Fall muß es etwas Trauriges sein.

»Heißt das, daß wir sie nicht mehr sehen können?« frage ich.

»Ja, das heißt es! Nie mehr ...«

An vieles, was danach kam, erinnere ich mich nicht, ich weiß aber, es tat furchtbar weh. Ich weinte Tag und Nacht, war völlig in Tränen aufgelöst. Ich hatte alles verloren, was ich auf der Welt besaß.

Jahre später werde ich keine Kindertränen mehr vergießen, wenn ich an meine Mutter denke, sondern die Tränen einer Frau, die eine andere, zu jung gestorbene Frau beweint. Um welche Hoffnungen, welche Illusionen, welches Glück hatte der Tod sie gebracht?

Bei meinen Eltern, die aus Algerien stammten, war es zunächst die große Liebe, und als meine Schwester auf die Welt kam, heiratete Jacob, mein Vater, meine Mutter Julie. Der Sohn eines in Oran bekannten und verehrten Rabbiners ging eine nicht standesgemäße Ehe ein mit einer kleinen Schneiderin von sehr bescheidener Herkunft; sie war die Tochter eines Hafenarbeiters und einer Putzfrau. Jacob war von sich selbst äußerst überzeugt, aber zu faul zum Arbeiten. Er träumte davon, reiche Damen zu erobern, die seinen Hang zum Luxus befriedigen würden. Julie rackerte sich ab, um ihren Mann zu ernähren und zu kleiden. Für ihn war das ganz natürlich, während sie sich manchmal auflehnte. Eine meiner Tanten hat mir erzählt, eines Tages habe es meine Mutter nicht mehr ausgehalten, ihn so herumstolzieren zu sehen, »zu nichts anderem nutze«. Sie habe ihre Schneiderschere genommen und die Kleider von Jacob zu Fetzen zerschnitten. Dabei hatte sie diese Garderobe doch so viel gekostet, viele Stunden war sie damit beschäftigt gewesen. Jacob hat ihr diese

Tat wohl nie verziehen: Er war gedemütigt wie ein Pfau, dem man die Federn abgeschnitten hat.

Damals träumte ganz Oran von Paris, vor allem aber die kleinen Leute – Handwerker, Händler, hart Arbeitende aller Art. Und auch meine Eltern konnten sich dem verlockenden Bild nicht entziehen und beschlossen, in die französische Hauptstadt »hochzukommen«. Für meine Mutter änderte sich nichts, als sie übergesiedelt waren, außer daß für sie alles noch mühsamer wurde und sie grausam darunter litt, die Sonne entbehren zu müssen. Bei meinem Vater stand die Sache ganz anders. Er fand in Paris das Glück, indem er Germaine begegnete.

In einer Atmosphäre täglicher Auseinandersetzungen merkte meine Mutter, daß sie wieder schwanger war. Sie war aber so verrückt, sich an den Gedanken zu klammern, Jacob bliebe bei ihr, wenn sie einen Jungen bekäme, und so war sie eher zufrieden mit dieser Schwangerschaft.

Dann kam ich auf die Welt. Und ich war nur ein Mädchen.

Mein Vater wartete mein Erscheinen nicht einmal ab, um meine Mutter zu verlassen. Er sprach von Scheidung, sie widersetzte sich. Doch dieser demütigende Widerstand war ziemlich nutzlos. Eine meiner Tanten war vorher noch nach Argenteuil gefahren, hatte dort die reichen Eltern von Germaine – sie waren Immobilienbesitzer – besucht und diese über die Situation aufgeklärt: »Meine Schwester kann sich nicht scheiden lassen, sie hat eine kleine Tochter von vier Jahren und erwartet ein Kind.« Arrogant hatte man ihr geantwortet: »Unsere Tochter ist auch schwanger, wir haben die Mittel, die Scheidung zu finanzieren!«

Wie sollte man da kämpfen? Natürlich wurde die Scheidung ausgesprochen. Zu meiner Geburt schenkte mir mein Vater den Namen seiner neuen Frau: Germaine.

Noch ein wenig verzweifelter, noch ein wenig ärmer kehrte meine Mutter mit ihren beiden Töchtern nach Oran zurück, wo sie ins jüdische Viertel zog.

Sie fürchtete sich davor, allein zu bleiben, denn das sah man nicht gern in dem Milieu, das sie umgab; es war schwierig, sich ohne Mann durchzuschlagen, Kinder aufzuziehen. Mit einem Mann, der eine Sicherheitsgarantie bedeutete, hätte sich ihre Lage wieder normalisiert. Um das zu verstehen, war ich noch zu klein, aber bei uns kamen und gingen mehrere. Ich weiß nicht, warum keiner blieb. Für mich jedenfalls war klar, daß ich einen Papa hatte, einen richtigen Papa, ich kannte ja sein Foto. Meine Mutter weinte oft, wenn sie es ansah, sie war immer noch in ihn verliebt. Ich bewunderte ihn sehr, fand ihn schön und verstand nicht, warum er nicht da war. Eine meiner Tanten sagte mir, er sei verheiratet, aber mit einer anderen Frau. Das konnte mich nicht zufriedenstellen, doch schon damals wußte ich: So ist das Leben …

Ich war erst sieben Jahre alt, als meine Mutter Joseph begegnete. Von ihrem Hochzeitstag ist mir nur ein Bild in Erinnerung geblieben: Sie sitzen in sauberer sonntäglicher Kleidung nebeneinander auf dem Bettrand, meine Mutter legt ihm sanft die Hand auf den Oberschenkel, ganz oben an eine Falte in der Hose, und sie fragt: »Tu ich dir weh?« Sie sieht meinen Blick, ich geniere mich und wende die Augen ab, ohne zu wissen, warum. »Geh mit deiner Schwester spielen!« befiehlt sie.

Und dann geht alles wieder von vorn los: Joseph hat keine Arbeit. »In Paris gibt es sicher welche, und gut bezahlte dazu.« Also brechen wir wieder auf. Die Reise ist ein Alptraum. In Marseille haben wir nicht genug Geld, um für mich die Bahnfahrt zu bezahlen. Ich muß lange Stunden unter der Sitzbank verbringen, halb erstickt und eingezwängt zwischen den Koffern.

Da es für Joseph in Frankreich genausowenig Arbeit gibt wie in Algerien, sind es nicht nur drei Mäuler wie bei unserem letzten Aufenthalt, sondern vier, die meine Mutter zu stopfen hat, indem sie Tag und Nacht Kleider näht und Hüte formt.

Ihre Arbeitsbedingungen sind schrecklich, wir haben nur ein einziges, dunkles Zimmer, das in eine Nähstube verwandelt worden ist. Die Schneiderpuppen, der Spiegel, die Stühle, der Tisch zum Zuschneiden und die Nähmaschine nehmen den gesamten Raum ein. Abends stellen wir Klappbetten auf.

Meine Schwester und ich sind fasziniert von der Eleganz der Kundinnen. Ob sie das merken? Sehen sie uns überhaupt? Manchmal schummelt meine Mutter und verlangt mehr Stoff als die eigentlich notwendige Menge; von den Resten näht sie uns Kleider.

Die Kundinnen, die uns entzücken, die alles verkörpern, was wir nicht haben, sehen wir nur donnerstags oder abends, wenn wir aus der Schule in der Rue Dussoubs kommen. Auf dem Heimweg überqueren wir den Passage du Caire, wo Schneider arbeiten, die Theaterkostüme anfertigen. Da sind die Abfalleimer voller Schätze: Kostbarkeiten aus Straß, Federreste in allen Farben. Wir stopfen sie in unsere Taschen und Schulmappen, und abends, bevor Joseph nach Hause kommt, verkleiden wir uns als »Damen«: mit Mutters Nachthemd, ihren hochhackigen Schuhen, unseren

Pailletten und Stückchen von Straußenfedern ziehen wir über den Treppenflur; ich bin Flurprinzessin.

Aber wenn es Zeit zum Abendessen ist, müssen wir uns schnell von dem bunten Flitter trennen; Joseph kommt dann gleich, und wenn er da ist, müssen wir im Bett sein. Ich habe große Angst vor ihm. Ich bin erst acht Jahre alt, meine Schwester zwölf. Er spricht nie mit uns, er mag uns nicht. Meine Mutter ist so ungeschickt, ihn zu drängen: »Sieh doch, wie süß meine Töchter sind!«, und das regt ihn auf. Unser Stiefvater ist nervös, eifersüchtig, brutal; vielleicht, weil er oft herumhängt und deshalb bedrückt ist.

Abends, von meinem Bett aus, höre ich, wie die beiden streiten; oft folgt auf Schreie das dumpfe Geräusch von Schlägen. Ich warte angstvoll auf diesen Moment, das darauf folgende Weinen beruhigt mich fast, denn es bedeutet, daß für diese Nacht wenigstens Schluß ist.

Manchmal, wenn es meine Mutter nach solchen Gewalttätigkeiten und Tränen nicht mehr aushält, flüchtet sie mit uns, und wir verstecken uns in einem Hotel. Joseph findet sie aber immer wieder. Dann rutscht er auf Knien vor ihr, verspricht ihr alles, was sie will, und zwei Tage später beginnen die Szenen von neuem.

Mit tief gebeugtem rundem Rücken sitzt meine Mutter am Fenster und näht. Stundenlang erzählt sie uns von der Sonne von Oran. »Hier könnt ihr nicht wissen, wie die Sonne da unten ist, sie wärmt, sie macht fröhlich. Natürlich gibt es da keine Arbeit, noch weniger als in Frankreich. Alle jungen Männer wollen rauf nach Paris, um eine reiche Französin zu heiraten, so stellen sie sich den Erfolg vor. Man lebt im Elend, sicher, aber da unten ist man niemals so arm wie hier, man hat ja die

Sonne! Und ich habe dort Menschen zurückgelassen, die mich liebten. Hier bin ich gar nichts.«

Sie träumt davon, ein wenig Geld auf die Seite zu legen und nach Hause zurückzukehren. Ihr Vater, ihre Mutter, ihre drei Schwestern würden sie erwarten, und es würde herrlich sein. »Ihr werdet sehen, meine Kleinen, es läßt sich so gut leben da unten ...«

Diese Bilder stimmen mit meinen vagen Erinnerungen an unseren sonnigen Aufenthalt in Algerien überein.

Während ich auf die Abfahrt warte, gehe ich mit meiner Schwester ins Jugendheim, zum Sport, manchmal sogar ins Kino. Meine Schwester mag nur Horrorfilme, sie ist ein Frankenstein-Fan, und ich werde in den Nächten von Alpträumen heimgesucht.

In jenen Tagen habe ich das Gefühl, ein kleines Mädchen wie alle anderen zu sein. Ich kenne das Gesicht meines Vaters, denn ich begleite meine Mutter, wenn sie das Geld für unseren Unterhalt abholt. Die Begegnung ist immer kurz und kühl, aber ich träume davon, daß er uns eines Tages holen wird, daß er die zweite Frau und deren Kinder verläßt und daß wir alle zusammen aufbrechen ins Glück, ins sonnige Oran.

Von jenen Augenblicken ist mir nichts geblieben – kein Foto, kein Spielzeug, keine Schleife. Ausgelöschte Zeit.

Nur ein paar einzelne Bilder aus diesen Tagen der Kindheit haben sich mir eingeprägt.

Wie viele Schneiderinnen sang auch meine Mutter. Vor allem liebte ich »Der Kahn zieht vorbei«:

Was wir auch denken, es wird nicht so bleiben,
die Strömung wird uns weitertreiben.

Diese beiden Zeilen fand ich besonders poetisch, sie klangen wie die Quintessenz eines Lebens – meines späteren Lebens.

Ihre Notlage brachte meine Mutter dazu, politisches Bewußtsein zu entwickeln. Sie war so begeistert vom Sozialismus, daß sie mich auf den Tisch stellte und mir die Internationale beibrachte. Ich verstand die Worte nicht recht, aber »Verdammte dieser Erde, die stets man noch zum Hungern zwingt«, das sagte mir etwas, und ich spürte wohl schon die Kraft dieser Zeilen – eine Kraft, die ich aber erst vierzig Jahre später kennenlernte: die Freiheit.

Wir waren mitten in der Zeit der Volksfront, es war der vierzehnte Juli, ein turbulentes, fröhliches Fest. Alle Leute waren vergnügt, man tanzte auf den Straßen.

Wenn ich mich an diese wenigen glücklichen Bilder meiner Kindheit erinnere, sehe ich mich immer ganz nah bei meiner Mutter. Wahrscheinlich habe ich die Erinnerung an die anderen Bilder beiseite geschoben. Ich brauchte ihre Liebe so dringend. Allerdings war ich nicht eifersüchtig auf das Kind, das sie erwartete. Wir sprachen oft davon, sie wünschte sich einen Jungen, »verstehst du, weil wir dann einen Mann zu Hause haben, und dann wird ein Junge glücklicher als ein Mädchen«. Ich teilte ihre Meinung – ein Junge, das wäre besser.

Kurz vor dem errechneten Geburtstermin fing meine Mutter an, ganze Nächte lang zu husten. Unser Hotelzimmer war sehr schlecht geheizt. Jeden Abend, wenn ich aus der Schule kam, saß sie über zugeschnittene Stoffstücke gebeugt, jedesmal blasser, mit noch tieferen Schatten unter den Augen. Während sie nähte, hatte sie den Oberkörper in Thermowatte eingewickelt, von der die Augen brannten. Manchmal glaubte ich, daß sie wegen dieses beißenden Geruchs husten mußte. Eines Tages konnte sie nicht mehr aufstehen. Der Krämer aus der Rue de Clery kochte uns Erbsenbrei, den ich haßte. Hartnäckig widersetzte ich mich: »Ich will nicht, daß Mama krank ist!«

Die Entbindung stand kurz bevor, und da meine Schwester und ich nicht allein im Hotel bleiben konnten, wurden wir ins Heim gebracht.

Am Morgen der Beerdigung nähen uns die Erzieherinnen im Heim eine schwarze Binde auf den Mantelärmel, ziehen uns schwarze Strümpfe und schwarze Schuhe an, setzen uns eine schwarze Baskenmütze auf. Wir sind sehr beeindruckt, sagen gar nichts und warten. »Euer Vater wird euch holen.«

Ich habe ihn lange nicht gesehen. Schließlich betritt er das Besucherzimmer, das nach Bohnerwachs riecht. Seine Frau ist bei ihm. »Kommt«, sagt er, »wir werden eurer Mutter Lebewohl sagen.« Das Leichenschauhaus ist kalt, hat kahle Wände und riecht nach Desinfektionsmittel. Man zieht mich zu einem riesigen Kasten. Ich verstehe, daß Mama den kleinen Bruder mit ins Grab nimmt. »Ich will nicht«, schluchze ich. Der Deckel wird so auf den Sarg gelegt, daß man nur noch Mamas Gesicht sieht. Ich erkenne es gut, auch wenn es mit einem feinen weißen Tuch bedeckt ist. So sehe ich sie zum letzten Mal: Sie ist schön wie eine Statue.

Auf dem Friedhof kommt eine der Schwestem Mamas auf uns zu, meine Tante Rachel, die sich – ich weiß nicht, warum – Rosette nennt. Sie wirkt traurig und niedergeschlagen, spricht mit niemandem und geht schnell weg, ohne sich zu verabschieden. Ich hätte mich so gern an sie geklammert.

Weil er als Vormund vom Gesetz dazu gezwungen ist, nimmt mein Vater uns zu sich, besser gesagt zu seiner Frau. Für ihn ist das nur eine provisorische Lösung. Er möchte uns so schnell wie möglich wieder loswerden und sein angenehmes Dasein mit Frau und drei Töchtern weiterführen. Unsere Halbschwestern verhalten sich uns gegenüber wie ihre Mutter: Sie tun, als ob wir Luft wären. Und das ist noch das beste für uns.

An diesem Ort, an dem wir sichtlich verachtet werden, ist das Leben unerträglich.

Heute frage ich mich, wie ich es überhaupt aushalten konnte, zuzusehen, wie mein Vater diese drei Mädchen zärtlich liebkoste, die nicht mehr als ich seine Kinder waren.

In einen Winkel gedrückt und in mich selbst verkrochen, sah ich zu, wie dieser Mann, von dem ich mir erträumt hatte, er würde mich zu sich nehmen, mit seinen Töchtern lebte …

Ich war zehn Jahre alt, und ich war Waise bei meinem Vater.

Dann überstürzten sich die Ereignisse auf glückliche Weise. Meine Tante Rachel-Rosette wollte in die Heimat zurückkehren. Jetzt, da meine Mutter tot war, bestand für sie kein Grund mehr, in Paris zu bleiben. Und weil die Gefahr, daß es zu einem Krieg käme, immer größer wurde, befürchtete sie, ihre Eltern nicht mehr wiederzusehen. So beschloß sie, mit einer von uns nach Oran aufzubrechen.

Ich weiß nicht mehr, wie – jedenfalls fand ich mich eines Abends auf dem Gare de Lyon mit meinem kleinen Koffer an der Hand von Tante Rosette wieder. Wir fuhren nach Algerien, der Sonne entgegen.

2

Meine Mutter hatte mich nicht belogen: Die Sonne war wirklich überall, auf den Straßen, auf den Plätzen. Die Sonne, das ist aber auch ungefähr alles, was ich vom glücklichen Algerien kennengelernt habe.

Als wir in Oran ankommen, ist der Vater meiner Mutter gerade gestorben. Seine Frau ist allein mit zwei Töchtern, meinen Tanten Aïcha und Messaouda. Aïcha, die Ältere, ist unverheiratet, Messaouda auch, aber sie hat einen kleinen Jungen – die übliche Geschichte: Der Vater des Kindes hat sie verführt und dann verlassen, um ein junges Mädchen zu heiraten, eine Jungfrau »aus guter jüdischer Familie«. Mit meiner Tante Rosette und mir sind wir also sechs Personen in einer kleinen Wohnung mit zwei Zimmern, die zum Hof gehen, mitten im jüdischen Viertel, in der Rue du Mont-Thabor.

Einige Monate später kam meine Schwester nach, und wir waren zu siebt. Mein Vater hatte erreicht, daß diese armen Leute uns aufnahmen, indem er ihnen versprach, daß er bis zu unserer Volljährigkeit unseren Unterhalt bezahlen würde. Was er nicht tat. Mit dem Tod meiner Mutter war seine Schuld getilgt – so sah er das wohl.

Hier in Oran ist alles ganz anders als in Paris, wo wir nicht in einem bestimmten Viertel eingeschlossen waren. Sicher – wenn man in Paris in die Rue des Rosiers ging, traf man dort Juden im Kaftan oder mit ihren Hüten aus Biberpelz und den Pajes, den traditionellen Schläfenlocken, aber es gab keine Grenzen innerhalb der Stadt, jeder kam und ging und konnte sich im Viertel seiner Wahl niederlassen. Die Menschen bildeten Gruppen entsprechend dem inneren Zusammenhang ihrer Gemeinschaft und nicht aufgrund des vorgeschriebenen Wohnsitzes. In Oran dagegen bedeutete Jude und arm zu sein zwingend, im jüdischen Viertel zu wohnen. Zunächst bedrückte mich das nicht. Ich kannte nichts anderes und liebte das farbige Leben in diesem Stadtteil. Die Erinnerungen an unseren früheren Aufenthalt, von meinem fünften bis achten Lebensjahr, wurden wieder lebendige Wirklichkeit.

Zu jener Zeit enthält die Wasserleitung in Oran Salzwasser. Süßwasser ist kostbar, die arabischen Wasserträger handeln damit. Bei uns Juden gehen die Frauen und die kleinen Mädchen zum Brunnen, einem bevorzugt aufgesuchten Ort, an dem sich das Leben des Viertels konzentriert. Die Frauen treffen sich dort, sie bilden richtige Schwärme um das Wasser, das ganz klar aus dem Felsen sprudelt. Alle Neuigkeiten, aller Klatsch wird dort ausgetauscht, man erfährt von den Verlobungen, den Hochzeiten, den *Bar Mizwas*, von den Taufen und den Sterbefällen.

Mehrmals am Tag verrichte ich diese mühsame Arbeit des Wasserholens; es dauert immer lange, weil ich beim Warten in der Schlange die alten Leute vorlassen muß. Neben der Quelle thront auf einem großen Stein der *Chibani*, in dessen dunklem, von Falten zerfurchtem Gesicht große gelbe Zähne auffallen. Er spricht die Frauen an, deren Namen er alle kennt, ob sie nun Jüdinnen oder Araberinnen sind. Die beiden Völker sind vermischt, verbunden durch dieselbe Musik, dasselbe Elend, dieselbe Sprache. Wenn die Frauen mit ihrem Eimer oder Krug in der Hand, auf der Hüfte oder auf dem Kopf weggehen, stecken sie ihm verstohlen eine kleine Münze zu. Er schließt die Hand, legt den Zeigefinger auf seine Lippen und küßt ihn mit den Worten: »*Sarrha* – danke sehr. Möge Gott dich beschützen, meine Tochter!«

Mit lauerndem Blick aus halb geöffneten Augen beobachtet er von seinem Stein aus diejenigen, die sich ihm nähern, um ihn nach der Bedeutung des Traums der letzten Nacht zu fragen, der zeigt, was die Zukunft bringt. Tagaus, tagein sieht man diese verängstigten, beunruhigten Frauen, die bereit sind, zu verzweifeln oder zu jubeln, wenn Gott es will: Muß man nicht unaufhörlich dem Unglück ins Auge sehen, das böse Schicksal beschwören? Auf das geringste Unglück verheißende Anzeichen hin kommen sie zum *Chibani*. Gott sei gelobt, wenn sie dank seiner Hilfe einen Jungen zur Welt bringen! Sie halten sich für verflucht, wenn sie unfruchtbar sind oder nur eine Tochter gebären. Das tägliche Leben ist durchdrungen von magischen Handlungen und Beschwörungsformeln, die das Unglück abwenden sollen. Die Frauen tauschen Kochrezepte und Klatschgeschichten aus und erzählen dem *Chibani* diese Träume, die sie heimsuchen und die sie sich untereinander schon angstvoll berichtet haben. Er allein besitzt das wahre Wissen.

Wie aufgereiht an einem Band führt er ihnen die Bilder des Traums vor und mischt in seine Deutung Talmudtexte und Gleichnisse. Ich höre mit offenem Mund zu; für mich ist das, was er erzählt, geheimnisvoll, für die ehrfürchtig um ihn gescharten Frauen scheint alles ganz klar. Ich frage mich zum Beispiel, warum es bevorstehendes Unglück bedeutet, wenn man von Blut träumt. Oder warum bedeutet Fisch Überfluß, warum deuten Haare auf Kummer? Wie können Läuse Geld verheißen oder Zähne den Tod ankünden? Der *Chibani*, diese wichtige Persönlichkeit, wacht über die Handhabung der religiösen Gesetze. Er wendet sich auch an uns Kinder – von uns sind immer viele am Brunnen – und droht uns mit allen möglichen Strafen, falls wir nicht am Versöhnungstag fasten.

Das Ritual verlangt, daß man am Tag vor Jom Kippur zu Hause eine sehr dicke Kerze anzündet und ein Huhn mit einer Schnur erwürgt, daß man Geldstücke wirft, ein Festmahl vorbereitet, Brot backt und Konfitüren herstellt. Während sechsundzwanzig Stunden darf man keinen Bissen und keinen Tropfen Flüssigkeit zu sich nehmen. In den Straßen des Viertels ertönt die langanhaltende Klage des Schofars, des Widderhorns. Es läßt dreimal seinen traurigen Ruf ertönen, der die Juden zum Gebet, zur Buße ruft.

Das Ende des Fastens wird durch das Geschrei der Kinder gefeiert, die zu den gedeckten Tischen rennen und nicht an den nächsten Schultag denken.

Die Schule versetzt mich in Erstaunen – ich bin nicht etwa angenehm überrascht, sondern befremdet. Ich gehe in die städtische Schule am Rande des jüdischen Viertels. Das Fach Geschichte fasziniert mich, obwohl es manchmal merkwürdig ist. Warum erzählt man mir niemals von Moses und Aaron und von vielen meiner gallischen Vorfahren? Wie soll ich mir meinen Großvater Mardochée vorstellen, ganz fromm, im Druidengewand, wie er das Fest der Mistel feiert, einer geheimnisvollen Pflanze, die ich nicht kenne und die mit Weihnachten etwas zu tun hat, mit dem neuen Jahr, und die Glück bringt?

Etwas anderes: Man lehrt mich, daß die Franzosen mit der Eroberung Algeriens die Wohltaten der Zivilisation einem Nomadenvolk gebracht haben, das auf unbebautem, von der Sonne ausgedörrtem Land lebte. Die französischen Siedler haben diese Wüste bewässert und bearbeitet. Aus einem armen, unfruchtbaren Land haben sie ein reiches, fruchtbares Land gemacht. Die Nomaden sind seßhafte Arbeiter geworden.

Die Franzosen haben also für Algerien den Weg zum Fortschritt eröffnet. Sie haben Städte und Häfen gebaut. Ihnen haben wir es zu verdanken, daß wir auf schönen Straßen, schönen Prachtboulevards und Alleen mit schattenspendenden Bäumen entlangspazieren können; wir haben schöne öffentliche Gebäude, Rathäuser, Postämter, Regierungsbauten und Krankenhäuser: Alle diese Wohltaten sind imponierend, aber sie haben nichts zu tun mit meiner Wirklichkeit – die spielt sich woanders ab.

Wir haben kein elektrisches Licht, wir behelfen uns mit Kerzen, die Wohlhabenderen besitzen Petroleumlampen; das Wasser kommt nicht aus dem Hahn. Auf unseren Straßen wimmelt es von Kranken und Notleidenden. Vorzeitig Gealterte haben von Lepra zerfressene Gesichter, ein schwarzes Loch anstelle der Nase. Bettler, die in dunklen Ecken kauern, strecken einem mit Geschwüren bedeckte Arm- und Beinstümpfe entgegen, abgezehrte Frauen geben kleinen Skeletten die Brust, die flach ist wie ein Fladen. Die Kinder haben verkrustete Nasen, die Köpfe voller Krätze und Läuse. Man sieht Kindergesichter mit zwei eitrigen, von Fliegen bedeckten Öffnungen anstelle der Augen. Die anderen, die Robusteren krakeelen in Banden herum, klauen aus den Auslagen eine Orange oder eine rohe Kartoffel, um die sie sich anschließend streiten unter den Beschimpfungen und dem Gezeter der Händler: »Verflucht sei deine Mutter, die Hure, die dich in die Welt gesetzt hat!« – »Verdammtes Balg, deine ganze Sippe – alles Huren und Bastarde!«

Nein, die Schule ist nicht der Ort, an dem man die

Wahrheit lehrt. Allerdings ist auch nicht alles falsch, was einem dort erzählt wird. Wir, die Kinder aus dem Judenviertel, wissen, daß außerhalb unseres Gettos schöne Häuser, prächtige Villen, breite Straßen existieren, Parks mit exotischen Gärten oder einem französischen wie dem Petit-Vichy-Park, und daß es vor allem, ganz besonders unerreichbar für uns, Gymnasien und Universitäten gibt.

Von Zeit zu Zeit dringen Beweise der Existenz dieser anderen Welt zu uns. Der Lumpensammler, der seine Gelegenheitsware auf unseren Höfen auspackt, breitet abgetragene, aber prachtvolle Kleider aus und bietet für die Kinder Kittel mit kleinen gestärkten weißen Kragen an oder Hemden mit gestickten Initialen. So kommt es, daß Schüler solche schönen Sachen tragen.

Diese fremde und ferne Welt beginnt jedoch schon an den Toren des Gettos; es genügt bereits, die Place d'Armes zu überqueren, um dort einzudringen. Zwei riesengroße Löwen thronen auf dem Platz, wie um eine unsichtbare, aber sehr wohl reale Grenze zu verteidigen. Auf der anderen Seite des Platzes ist alles ruhiger, sogar die arabischen Händler wirken weniger aufgeregt. Der eine hält frisches Wasser in einem Behälter aus Ziegenleder feil, der andere Kaktusfeigen, die er mit einer schnellen Bewegung aus der Schale löst, wieder ein anderer bietet Fladen aus *calentica* – gestampften Erbsen – an.

Auf den schattigen Terrassen der Rue d'Arzew trinken die Franzosen ihren Anisschnaps, immer begleitet von einer üppigen *kémia,* pikanten kleinen Vorspeisen. Der Geruch von *merguez,* scharf gewürzten Würstchen aus gehacktem Rindfleisch, steigt einem in die Nase und verleitet zu Verrücktheiten.

Das Algerien mit seiner Sonne und seinen würzigen

Wohlgerüchen, der Duft von Mandarinen- und Orangenbäumen und der von Jasmin, die lauen Sommernächte – all das ist Wirklichkeit, eine Seite des kolonialen Algeriens. Aber es gibt auch eine andere, die ich erlebt habe.

Da ist der arabische Schuhputzer, den man mit einem Tritt in den Hintern davonjagt, denn »sie haben ein dickes Fell und keinen Stolz. Wenn man den einen losgeworden ist, kommen zehn andere!« Kann man stolz sein, wenn der Bauch leer ist? »Diese Nichtstuer sollten lieber in die Schule gehen.« In welche, bitte schön?

Die Franzosen schauen auf Juden und Araber gleichermaßen herab; sie stellen in ihren Augen ein malerisches Element dar, schmutzig, aber bunt. Sie kommen, um uns zu besichtigen, wir sind eine der Attraktionen wie das »Negerdorf« und die Souks; dahin führt man den Gast, den Freund aus der Metropole. Sie sehen zu, wie die kleinen *moukères* von zehn Jahren Decken weben, wie die Handwerker das Kupfer ziselieren, wie sie Silberschmuck herstellen. Sie kaufen Gewürze, sie handeln – »Die mögen das« –, diskutieren und ziehen triumphierend mit ihrer Pfefferminzteekanne, ihrem Holzlöffel oder ihren Kupferutensilien wieder ab. Sie kehren zurück in ihre Villen voller Blumen, voller Frische. Sie fächeln sich zu, vertreiben die Fliegen, schauen den Schiffen nach, die nach Port-Vendres oder Marseille abfahren, geben Ali, Mohamed oder Mustapha Befehle, und das »*Fissah! Fissah!*« ertönt ständig als Leitmotiv, als Interpunktion in ihrem Sprechen.

Von jener Zeit ist mir vor allem unsere Geschichte in Erinnerung geblieben, wie sie uns durch Eltern und Großeltern weitergegeben worden ist. Es ist bei uns

Brauch, daß abends immer ein Greis vor seiner Tür sitzt und endlose Verse psalmodiert, deren Worte er erfindet. Wenn der Tag zu Ende ist, kommen wir auf den Terrassen, in den Innenhöfen, auf der Straße oder vor einer Tür in Grüppchen zusammen, und dann beginnt der lange Marsch der Juden auf der Suche nach ihrem Schicksal, so wie das Pergament der Thora aufgerollt wird. »Erinnerst du dich«, sagt einer, »an den Sohn Davids?« – »Ja«, entgegnet der andere, »er hat die Tochter Jacobs geheiratet und ist mir ihr nach Algier aufgebrochen, dann nach Frankreich …«, und aus der Diaspora der Familien entsteht die Geschichte.

Man schwatzt in einem mit hebräischen Sprichwörtern angereicherten Arabisch, man durchstöbert die Vergangenheit von einem Erzähler zum anderen, bis man dann zu den Quellen selbst kommt.

»Ja …«, beginnt Großvater Mardochée, der nach arabischer Art auf dem Kopf einen goldbestickten gelben *tarbouch* trägt, eine *gandoura* und weite schwarze Pluderhosen, »als ich von Mogador hierherkam, gab es keine Familie Lévy, erst ich habe alle Söhne Ephraims getauft.«

Sie sprechen auch von den Vierteln, in denen die Franzosen sich noch nicht niedergelassen hatten; später mußten deren Bewohner sich dann in andere Gegenden zurückziehen.

Die Männer, die den ganzen Tag über nichts tun, während die Frauen arbeiten, beginnen am Abend zu erzählen. Das ist ihre Aufgabe, und sie lassen die Vergangenheit wiederaufleben.

An den Sommerabenden ist die Luft geschwängert von Ambradüften. Dann erhebt sich der erste zitternde Singsang, angestimmt von einer zu Herzen gehenden Stimme. Auf den Stufen vor seinem Haus sitzt ein

Mann mitten unter Frauen und Kindern. Mit den Händen schlägt er dazu den Rhythmus auf einer kleinen Trommel zwischen seinen Knien. Sein Lied ist eine Klage, er beweint seine zerronnenen Träume, seine Schöne, die fort ist …

Aber er, er bleibt da. Mit diesem süßen Lied im Herzen. Und dieses Lied wird ihr erzählen von seiner Liebe …

Klagend antworten die Frauen.

Mein Le-e-eben, mein He-e-erz.

Die Zuhörer sind den Tränen nah. Manchmal begleitet eine Gitarre den Gesang, sie verstärkt jeden Ton und zittert lange nach, wenn die letzte Silbe des Liedes sich hinzieht, klingt … verklingt …

Oje, oje … O weh, weh …

Die Augen füllen sich mit Tränen, Taschentücher werden hervorgezogen: Die Redegesänge sprechen von Leid und Trauer, melancholischen Freuden und unerfüllter Liebe, von Reisen, die nie unternommen, und Abenteuern, die nie gewagt worden sind, und dieselben Wünsche, getragen von denselben Seufzern, durchziehen die engen Gassen des Viertels.

»*Ya Rassrhah!* – Das war die gute Zeit …«, sagen die Frauen.

Es ist der Gesang eines zerstreuten Volkes, es ist die Suche nach einer Vergangenheit, die nicht sterben will.

Für mich ist einzig diese Geschichte Wirklichkeit.

Freitags, am Tag vor dem Sabbat, gehe ich zu meinen Großeltern väterlicherseits, Mardochée und Zorah, die ich Papa Dochée und Mama Yaya nenne. Er ist ein Greis mit weißem Bart und blauen Augen, die vor Schalk und Güte blitzen. So stelle ich mir die Propheten vor, von denen er mir erzählt.

Mama Yaya ist eine sanfte, ziemlich schweigsame Frau, die zum Himmel blickt, wenn sie betet. Beide verstehen kein Französisch, sie sprechen nur hebräisch und arabisch.

Großvater schreibt heilige Schriften auf Pergament mit der abgeschrägten Spitze eines Schilfrohrs. Das sieht sehr schön aus. Eine fromme Handlung, die auf diese Weise weiterlebt. Manchmal nimmt er meine Hand und führt sie auf einem Stückchen Pergament, so daß ich Schriftzeichen male, die ähnlich aussehen wie Zeichnungen, und er lacht über meine Ungeschicklichkeit und Aufregung.

Papa Dochée läßt mich an allem teilhaben, was er tut. Wenn er aus einer ziselierten Tabaksdose eine Prise nimmt, ermuntert er mich, es ihm nachzumachen. Ich niese auch gleich, er lacht und Großmutter auch. Wenn wir alle drei wie Kinder lachen, so ist das für mich das vollkommene Glück.

Dann gibt es am Freitagabend den Kiddusch. Auf dem Tisch liegt ein blütenweißes Tischtuch, die Kerzen des siebenarmigen Leuchters erhellen unsere ernsten Gesichter, ich höre Großvater das Gebet aufsagen; dann bricht er das Brot, das Großmutter gebacken hat. Er streut einige Salzkörner auf das Stück Brot, reicht es mir, gießt Wein in ein Glas, trinkt davon und gibt es mir weiter. Ich liebe die feierliche Würde und die Heiterkeit, die während dieses traditionellen Essens herrscht. Wenn es zu Ende ist, nimmt mich Großvater auf seine Knie, legt seine Hand auf meinen Kopf, als wolle er mich streicheln, und segnet mich auf hebräisch: »Möge Gott dich beschützen, meine Tochter.« Auf diese Weise werde ich mir der jüdischen Seele bewußt.

Abends gehen wir auf die Terrasse hinauf und sehen

zu, wie die Lichter am Himmel zu leuchten beginnen. Mit ausgestrecktem Finger zeigt mir Großvater ernst die Sterne und nennt mir ihre Namen, so als ob er mir eine Botschaft überbringen würde.

Nie werde ich die Süße jener Nächte vergessen, in denen ich das majestätische Prophetengesicht von Papa Dochée betrachtete. Ich las in seinen Augen alle Liebe der Welt, allen Glauben an Gott.

Zu Hause ist das Leben sehr hart, nichts läßt sich mit den angenehmen Stunden vergleichen, die ich bei Großvater Mardochée verbringe. Die jüdische Gemeinschaft mag meine Tanten nicht. Als alleinstehende Frauen müssen Messaouda und Aïcha, die sich Alice nennen läßt, arbeiten. Die eine macht die Hausarbeit bei einem bekannten Rechtsanwalt der Anwaltskammer von Oran, die andere ist Zimmermädchen im Hotel Continental, einem Palast. Was Tante Rosette angeht – über sie wird bissig geklatscht. »Sie führt ein Lotterleben«, behaupten die Frauen aus dem Viertel. Dazu kommt ein anderes Vergehen: Mein Vater, Sohn eines Rabbiners, hat in zweiter Ehe eine *roumia,* eine Französin, geheiratet. Ich ahnte zunächst nicht, daß uns die jüdische Gemeinde als Ausgestoßene betrachtete. »Oje, oje, *Rlham!* Was für eine Sünde, meine Tochter, mit einer *roumia* weggehen und katholisch werden!«

Sobald wir aus dem Haus gehen, zeigt man mit dem Finger auf uns. Es ist ja so leicht, Frauen zu beschimpfen, die keinen Mann haben! Ich bin zu jung, um zu verstehen, warum meine Tanten weiterhin in dieser unduldsamen Gemeinschaft leben, die so ungerecht zu ihnen ist. Erst später weiß ich, daß die Zugehörigkeit zu dieser Gemeinschaft ihnen trotz allem das Gefühl einer gewissen Stärke, ja sogar der Sicherheit gab.

Wahrscheinlich fühlten sie sich noch immer als Jüdinnen, waren zu verwurzelt in ihren Bräuchen, ihrem Aberglauben, um sich nicht schuldig zu fühlen.

Im übrigen wurden alle Juden von den Franzosen verachtet, die uns *youpines* nannten. Bei uns im Viertel wurden wir aber nicht als echte jüdische Frauen angesehen. Meine Tanten waren keine praktizierenden Jüdinnen, und sie genierten sich nicht, am Sabbat Feuer zu machen. An diesem Tag, an dem keinerlei Arbeit verrichtet werden darf, kochten sie. Das machte uns ganz und gar zu Außenseitern. Noch mehr aber waren wir es dadurch, daß wir keinen Mann zu Hause hatten – man stelle sich vor: sieben Frauen und keine davon in der Lage, einen Mann an sich zu binden. Welcher Fluch mußte auf uns lasten!

Da, wo wir wohnen, gehen viele Wohnungen auf den Innenhof. Man lebt eng zusammengepfercht. In jeder dieser von Kindern wimmelnden Familien gibt es wenigstens einen Jungen, diesen Segen Gottes! Sagt man nicht: »Sieben Söhne – ein Platz im Paradies; eine Tochter – ein Platz in der Hölle?« Als Junge geboren zu sein bedeutet bei den Juden, jeden Tag dem Herrgott zu danken, daß er einen als Mann geschaffen hat.

Umgeben von Frauen, die ihm, dem Herrscher, untertan sind, wird der zukünftige Mann gehätschelt, bedient, umschmeichelt, ja geradezu vergöttert.

Sarah ist schwanger, die Neuigkeit macht die Runde, und wenn sie aus dem Haus tritt, leidend und triumphierend, richten sich alle Blicke auf sie. Obwohl ihr Bauch noch gar nichts erkennen läßt, spaziert sie herum und legt beide Hände darauf, wie um ihn zu schützen, denn ist er nicht das Tabernakel des Sohnes? Denn es ist ein Sohn, dessen ist sie sicher. Sie ächzt bei der geringsten Anstrengung, trägt die Maske des Leidens, läßt sich bedauern, ist über ihr eigenes Schicksal gerührt und redet reichlich viel über den zu erwartenden Jungen.

Es gibt keine Solidarität zwischen Mutter und Tochter. Das, was die einen durchgemacht haben, lassen sie die anderen durchmachen, und sobald das Mädchen der frühen Kindheit entwachsen ist, dient es im ganzen Haus als Dienstmagd.

Bestimmte Frauen im Viertel werden besonders geachtet, weil sie die wichtigsten Zauberkünste kennen, zum Beispiel solche, die den flatterhaften Ehemann zurückholen: Dazu muß man etwas Sperma in ein Tuch wickeln und dieses unter Aufsagen von Gebeten und Zauberformeln verbrennen. Sie kennen das Geheimnis, wie man den Mann behext, den man besitzen will: Das eigene Menstruationsblut hat Zauberkraft.

Man singt und psalmodiert dabei, jede Handlung beginnt mit dem Anruf des Herrn, und der Großteil der Wünsche und Sehnsüchte betrifft den Mann. Ihn zu besitzen bedeutet unschätzbaren Segen.

Und ich, während ich am Einschlafen bin, werde hin und her gerissen: Einerseits genieße ich es, den Worten der Frauen nachzuhängen, andererseits quält mich der Fluch, ein Mädchen zu sein.

Meine Tanten verhalten sich mir gegenüber nicht feindselig, aber um jemand gern zu haben, braucht es vielleicht Zeit und eine Freiheit des Geistes, über die sie nicht verfügen. Ein Klima des Elends und des Kummers herrscht ständig im Haus. Ist Großmutter zu alt?

Ich werde größer und merke, daß meine Tanten keine Zeit haben, sich um uns zu kümmern, geschweige denn, zärtlich zu uns zu sein. Sie sorgen für unser Essen und unsere Kleidung, das ist für sie schon eine schwere Belastung, die weit über ihre Kräfte geht. Da mein Vater, entgegen seiner Zusicherung, keinen Pfennig für uns bezahlt, hat ihn Tante Rosette voller Empörung vor Gericht angeklagt, aber der Richter hat anscheinend befunden, daß unser Vater uns nichts schuldete. Am Tag der Urteilsverkündung oder kurz danach muß es gewesen sein, als Tante Rosette plötzlich aufschrie: »Ich kann nicht mehr, ich will euch nicht mehr füttern, schließlich bin ich nicht eure Mutter!« Diesen Satz mußten wir danach noch oft hören. Und wenn alles einfach zu traurig war, flüchtete ich mich in die Träume von einem anderen Leben, von einem Paradies, das wir »das Leben auf französische Art« nannten.

3

Der Krieg ist erklärt worden. Er ist weit weg, jedoch verbreitet sich das Gerücht von einer bevorstehenden großen Hungersnot. In wenigen Stunden setzt sich diese Wahnidee fest, und die Panik treibt alle Frauen zu den Lebensmittelhändlern.

Sehr schnell beginnt die Phase der Rationierungen, die lang anhalten wird. Die Läden sind praktisch leer, trostlos öde, und jeder versucht, sich irgendwie zu behelfen. Man trinkt Kaffee aus gerösteter Gerste, den man mit Dattelsaft süßt. Man macht Seife aus Pottasche und Seifenkraut. Mit den Vorräten wird sparsam umgegangen, geradezu gegeizt: Man hält sie für die wichtigen Anlässe, die jüdischen Feste, zurück.

Ungefähr zu jener Zeit verlöscht ganz still Großmutters Leben wie eine Lampe, die kein Öl mehr hat. Jetzt muß ich abends allein einschlafen, meine Tanten kommen spät von der Arbeit zurück. Ich erlebe sie nur morgens ganz kurz, bevor ich in die Schule gehe.

Es vergeht eine eintönige Zeit, in der nichts Besonderes geschieht, bis eines Morgens sich alles ändert; im Pausenhof klatscht die Lehrerin in die Hände: »Ruhe! Seid still! Die jüdischen Schülerinnen verlassen ihre Reihe und treten zur Seite! Kommt mit ...«

Sie führt unser verängstigtes Häuflein in das Büro des Direktors. Ich sehe ihn zum erstenmal und wage kaum, zu ihm aufzublicken. Er hält uns eine Rede, von der ich nicht viel verstehe, außer dem Wesentlichen: Wir Juden haben nicht mehr das Recht, die französische Schule zu besuchen.

So hat es der Marschall Pétain beschlossen.

Über dem Sessel des Direktors und in jeder Klasse hängt sein Porträt. Ein edles Gesicht, ein rasierter Großvater Mardochée, mit dessen hellen Augen. Und er mag uns kleine Jüdinnen nicht, er jagt uns fort! Ich empfinde diese Zurückweisung wie einen Verrat. Seit Monaten singt uns die Lehrerin Loblieder auf den Helden und Retter Frankreichs. Um ihm zu danken, läßt sie uns Briefe schreiben und Gedichte verfassen. Jeden Morgen singen wir, wie alle kleinen Franzosen, unser Danklied. Und es ist ebendieser Marschall, unser aller Großvater, der will, daß ab sofort die Juden den gelben Stern als Erkennungszeichen tragen. Ich empfinde so große Scham über diese Diffamierung, daß ich eher sterben will, als weiterhin die Angst davor zu ertragen.

Die Deutschen brauchten Algerien nicht zu besetzen, um Feindseligkeit gegenüber den Juden zu verbreiten. Die Mauern waren bedeckt von Plakaten, die die Juden als die Alleinverantwortlichen an der Niederlage beschuldigten. Die jüdischen Ärzte und Rechtsanwälte durften ihren Beruf nicht mehr ausüben, jüdische Lehrer nicht mehr unterrichten. Als Ignoranten würden wir weniger Schaden anrichten.

Es zirkulierten Flugblätter, die die ehrlichen französischen Bürger dazu aufriefen, ihrer Pflicht zu genügen und die jüdischen Ausbeuter zu denunzieren. Auf diese Weise würden sie das Recht auf den Namen »Franzosen« verdienen. Wir wußten nicht, daß der Weg in die Konzentrationslager schon begonnen hatte.

Morgens waren die Mauern unserer Häuser mit üblen Beleidigungen besudelt, mit Davidsternen aus Kot und drohenden, haßerfüllten Parolen beschmiert, die die Kinder, die nicht mehr zur Schule gingen, mit viel Wasser abwuschen. Am nächsten Tag begann alles von neuem.

Da der Arbeitgeber von Tante Aïcha aus der Anwaltskammer ausgeschlossen worden war, war auch sie ohne Anstellung, und Sarah wurde vom Hotel Continental entlassen. Die *fatmas,* die Araberinnen, arbeiteten weiter, aber nicht wir Jüdinnen. Nur Tante Rosette brachte noch ein wenig Geld nach Hause, das, was ihr ein Freund gab, ein alter Mann, den sie einmal in der Woche traf.

Es fehlte uns an allem, wir konnten kaum ein wenig rationiertes Brot kaufen. Das ergänzten wir durch Kekse, die von Käfern angefressen waren.

Der jüdische Rat hatte keine große Macht mehr, er war überflutet von Bittschriften und Klagen von Familien, denen es genauso elend ging wie uns. Nachdem meine Tanten sich vergeblich dorthin gewandt hatten, kamen sie auf die Idee, aufs Rathaus zu gehen.

Was sie selbst betraf, so konnte man nichts für sie

tun. Aber was mich anging, riet ihnen ein Angestellter, der offensichtlich Bescheid wußte, sie sollten versuchen, mich im Waisenhaus Bon Pasteur unterzubringen. Dieses von Nonnen geführte Heim befand sich in Misserghinn, einige Kilometer von Oran entfernt. Es nahm nicht nur Waisen auf, sondern seine Türen schlossen sich auch hinter minderjährigen jugendlichen Delinquenten.

So unwissend ich auch war – der Ruf von der harten Behandlung und den unerbittlichen Regeln war bis zu mir gedrungen. Sogar hier im jüdischen Viertel drohten Mütter ihren Töchtern, deren Dummheiten sie satt hatten, mit Misserghinn.

Also dahin sollte ich gehen!

»Meine arme Kleine, wenigstens wirst du alle Tage zu essen haben«, hatten mir die Tanten gesagt, denen diese Lösung auch nur halb gefiel; aber sie sahen keine andere.

Ich bin zwölf Jahre alt, als ich Bon Pasteur zum erstenmal betrete. Tante Aïcha umarmt mich, dann ist Schluß, ich bin mit der Schwester allein.

Ein Wort der Begrüßung scheint hier unnütz, ich komme schließlich nicht ins Paradies. Die Schwester sagt nur: »Komm mit.«

Mir scheint, sie ist jung, der Schwung der breitflügligen gestärkten Schwesternhaube begleitet ihre Bewegungen; später werde ich den Unterschied lernen zwischen den Laienschwestern, ehemaligen Klosterschülerinnen ohne Mitgift, die von der göttlichen Gnade berührt worden waren oder davor zurückschreckten, in eine Welt hinauszugehen, die ihnen angst machte, und den Ordensschwestern, die einen schwarzen Schleier, weiße gestärkte Hauben und Brusttücher tragen. Als

Töchter der Bourgeoisie sind sie die Aristokratie dieses klösterlichen Gefängnisses und herrschen darin.

Die Schwester führt mich in eine große Wäschekammer. Niemals zuvor in meinem Leben habe ich so viele zusammengelegte und aufgestapelte Kleidungs- und Wäschestücke gesehen. Einige Schwestern überwachen die Büglerinnen, die Luft ist voller Dampf, heiß und feucht.

»Zieh dich aus.«

Ich schlüpfe aus meinem Kleid und behalte meine Unterhose und ein Hemdchen an; es ist nicht kalt, aber ich zittere.

»Ganz ausziehen«, befiehlt sie mir.

Jetzt schlottere ich – vor Scham. Die Schwester beugt sich über meine Klamotten, faßt sie mit spitzen Fingern an und inspiziert sie.

»Ich wußte es ja, sie ist voller Ungeziefer. Heb den Arm hoch!«

Sie mustert mich, dann: »Schwester Marie-des-Anges, kommen Sie bitte, ich brauche Ihre Hilfe, sie ist voller Läuse!«

Ihr Blick durchbohrt mich. »Du wirst gleich sehen, hier haben wir ein wirksames Mittel, um zu verhindern, daß du die andern ansteckst. Halt still, wir werden dich scheren.«

Ich glaube, ich kannte bis dahin nicht einmal dieses Wort. Meinen dicken Zopf, der bis auf die Erde reicht, schneidet sie ruck, zuck mit der Schere ab. Ich sehe sie entgeistert an, während die Haarschneidemaschine mir kalt über den Kopf fährt. Auch Achsel- und Schamhaare rasiert man mir.

»Ab unter die Dusche!«

Ich werde mit einer Art Schwefellösung übergossen und muß mich mit einer Seife waschen, die nach verfaulten Eiern riecht. Als ich abgespült und noch kaum abgetrocknet bin, gibt man mir in der Wäschekammer einen weißen und einen blauen Rock aus grobem, sehr dickem Stoff, der mir jeweils bis zu den Knöcheln reicht, dann eine weite, gerade geschnittene Bluse, lange Unterhosen, die bis zu den Knien gehen, und eine Mütze, die ich nur zu offiziellen Anlässen tragen soll.

»Geh jetzt, du kommst gerade rechtzeitig in den Speisesaal!«

Mich so malträtiert zu zeigen, mit meinem kahlgeschorenen Kopf, läßt mich vor Scham erröten. Die wenigen Schritte, die ich bis zu meinem Platz machen muß, sind beklemmend. Ich wage nicht, den Blick zu heben. Stehend sagen die Mädchen ein Gebet auf, von dem ich nichts verstehe. Erst als ich mich hinsetze, schaue ich um mich: Ich bin nicht die einzige in dieser Aufmachung, wir haben alle dieselben Sachen an, und man sieht etliche kahle Köpfe. Ich erfahre sehr bald, daß diese Prozedur für Neuankömmlinge vorgesehen ist und für Widerspenstige. Und davon gibt es nicht wenige! Das Essen ist eine angenehme Überraschung. Es ist ziemlich lange her, seit ich mich zum letztenmal satt gegessen habe, es gibt Suppe, Kartoffeln, Gemüse, Brot. Plötzlich erscheint mir das Leben fast angenehm. Die Mahlzeit wird stumm eingenommen, ein größeres Mädchen liest eine Passage aus dem Leben einer Heiligen vor.

Nach dem Abendessen gehen wir schweigend hintereinander in einen großen Saal, den dann die Oberin betritt, gefolgt von den anderen Ordensschwestern. Nun kommt das Abendgebet, es dauert eine Stunde, während deren wir auf den Fliesen knien. Eine lange

Stunde. Schließlich führt man uns in den Schlafsaal: ungefähr dreißig Betten in zwei gegenüberliegenden Reihen. Ein Laken, eine braune Decke, kein Kopfkissen. Auf den Knien, noch einmal, das letzte Gebet im Nachthemd. In meinem ganzen Leben habe ich bis dahin noch nie soviel gebetet. Mich auf der rauhen Bettwäsche auszustrecken erscheint mir jedoch herrlich. Flach auf dem Rücken liegend, schaue ich hoch; gegenüber von mir, ganz hoch oben, unerreichbar, sind zwei Fenster, mit dicken schwarzen Gitterstäben bewehrt, die die untergehende Sonne vergoldet. Dahinter ist der Himmel rosa, ganz klar und unendlich weit weg.

Ich bin in einem Gefängnis. Die verriegelten Fenster sind außerhalb unserer Reichweite und können nur von den Schwestern geöffnet werden. Überwältigt vor Müdigkeit und Unruhe schlafe ich ein.

Am nächsten Morgen werde ich vom Lärm der Schnarre geweckt, die die Schwester schwingt. Hintereinander gehen wir zu den Waschbecken, ungefähr zehn sind nebeneinander an der Wand angebracht. Das Handtuch über dem Arm, bilden wir eine Schlange; das Waschen dauert nur einige Minuten. Wir dürfen uns die Zähne bürsten, uns unter den Achseln und das Gesicht waschen; schlimmste Höllenstrafen werden jedoch angedroht, wenn man den Rest des Körpers berührt: die Brüste und die Schamgegend. Ich bin zu verschlafen, um zu merken, daß die Mädchen sich so eng aneinanderdrängen, daß sie einen Sichtschutz bilden, hinter dem sich jeweils eine diesen unzüchtigen Körperteil waschen kann, den man den Unterleib nennt. All das muß sehr schnell gehen, man muß rasch zum Bett zurück und sich anziehen. Der Morgen dämmert kaum, da läuten die Glocken der Kapelle. Wir gehen dorthin zur Messe. Das ganze Kloster ist anwesend: Die Ordensschwestern sind in der Mitte des Raums, die Laienschwestern auf der Seite, wir Zöglinge hinten.

Wir stehen auf, wir knien nieder, wir setzen uns, mechanisch, wie Automaten. Die Mädchen antworten dem Priester, der vor dem Altar beschwörende Gesten vollführt und in einer Sprache psalmodiert, die mir unbekannt ist. Diese Zeremonie ist noch unverständlicher und länger als das Abendgebet. Schließlich führt man uns in den Speisesaal. Vor einem großen Becher Milchkaffee und Butterbroten hebt sich meine Stimmung wieder.

Das Kloster von Misserghin hat hauptsächlich drei Tätigkeitsbereiche: die Stickereiwerkstatt, die Wäscherei, den Obst- und Gemüseanbau. Die Arbeit der Klosterinsassinnen hat in und um Oran einen guten Ruf. Die Bourgeoisie, die französischen Siedler, lassen sich von ihnen Wäsche für die Aussteuer ihrer Töchter sticken. Herrlichkeiten entstehen unter den Händen der Klosterschülerinnen: Tischwäsche, Bettwäsche, Kopfkissen mit verschlungenen, am Stickrahmen gearbeiteten Initialen, mit Lochstickerei und Hohlsaum.

Vierzehn Stunden täglich außer sonntags mühen sich die geschicktesten Zöglinge mit feinstem Leinen und hauchdünnem Batist ab.

Die Stickerin muß ihre Arbeit zu Ende führen, das bedeutet nicht nur, daß ein von ihr begonnenes Stück von ihr allein beendet werden muß, sondern sie muß es auch waschen und bügeln.

Keine von uns darf darauf hoffen, jemals in solcher Bettwäsche zu schlafen.

In der Wäscherei, in die man jeden Tag unendlich

viele Kilo Wäsche aus Oran bringt, machen die Mädchen alles von Hand: einseifen, am Waschbrett rubbeln, auswringen.

Jeden Abend kann man kleine Mädchen in meinem Alter sehen, die tief gebeugt unter der Last der nassen Wäsche zum Dachboden gehen, um sie aufzuhängen, damit sie in der Nacht trocknet. Arbeiten, die über unsere Kräfte gehen.

Ich habe großes Glück, denn die Mutter Oberin weist mich dem Obstgarten und der Tierpflege zu. Da wir uns selbst ernähren, ist das Kloster von den Rationierungen praktisch nicht betroffen. Außer dem Saccharin, das den Zucker ersetzt, kommt nichts von draußen. Die Kühe liefern Milch, die an Ort und Stelle zu Butter und Käse verarbeitet wird. Die Schweine und der Hühnerhof versorgen uns mit Fleisch.

Das Kloster stellt ein erfolgreiches und ziemlich bedeutendes landwirtschaftliches Unternehmen dar. Orangen, Mandarinen und Zitronen werden geerntet und verkauft, ebenso wie ein Teil des Gemüses und Geflügels. An den Erntetagen wird das ganze Kloster mobilisiert, denn kein Mann außer unserem Kaplan hat Zutritt zum Kloster. Die Mauern, die das Areal umgeben, sind hoch, und die Gebäude sehen streng und mönchisch aus. Unsere Felder, unsere Weinberge, unsere Orangenhaine sind alle von Mauern umschlossen. Vergebens sucht man nach einer winzigen Mauerspalte, nach einer weniger streng bewachten Tür. Das Kloster Bon Pasteur ist in erster Linie eine Besserungsanstalt, aus der man höchstens im Traum ausbricht.

Die Monate, die ich im Garten verbringe, bedeuten eine glückliche Zeit. Hacken, graben, Unkraut jäten machen mir nichts aus. Es ist anstrengend, aber viel weniger, als in der dumpfen Luft der Nähstube zu sticken, wo man während der Arbeit beten muß, bis die Kehle austrocknet und die Lippen gefühllos werden. Es macht mir sogar Spaß, unter dem Kommando von Mutter Marie-Thérèse, einer Spanierin, die Tiere zu versorgen. Ich lerne, wie man Kühe melkt, ich gebe den Hühnern und Schweinen zu fressen. Mutter Marie-Thérèse ist sehr fröhlich, sie singt immer spanische Lieder, und wenn das Tempo schneller wird, rufe ich: »Olé«. Sehr lange bin ich nicht mehr so glücklich gewesen.

Eines Morgens sitze ich auf einer Leiter, pflücke Kirschen und werfe sie in ein großes, unter dem Baum ausgebreitetes Laken. Es ist schönes Wetter, die Vögel singen, zwitschern, streiten sich, und ich summe halblaut vor mich hin. Ich habe Lust, mir den klebrigen Kirschsaft von den Fingern zu lecken – von den Früchten zu essen ist verboten. Ich verschwinde fast im Blattwerk, nur mein Kopf ragt heraus, und ich denke an gar nichts. Als ich wieder eine Handvoll Kirschen fallen lassen will, sehe ich hinunter auf den Boden. Dort erregt plötzlich eine merkwürdige Szene meine Aufmerksamkeit. Ein Mann, ein Priester, steht da unten, hebt seine braune Kutte hoch und winkt mir mit ausladenden Bewegungen. Ich werde neugierig und schaue genauer hin. Als er näher kommt, erkenne ich unter seiner Kutte seine entblößten Geschlechtsteile – ein schrecklicher, abstoßender Anblick. Der Geistliche gestikuliert weiter und bedeutet mir, zu ihm herunterzukommen. Da verstehe ich die Situation. »Das ist der Teufel!« – der, auf den man keinesfalls hören darf. Er hat sich als Priester verkleidet, um mir Vertrauen einzuflößen. Doch ich falle nicht darauf herein. Trotzdem bin ich ganz durcheinander, klettere hastig die Leiter hinunter und renne, so schnell ich kann, um Mutter Marie-Thérèse zu Hilfe zu holen, die gleich herbeistürzt. Doch es ist niemand mehr da. Der Teufel ist verschwunden. Das bestärkt mich noch in meiner Gewißheit, ihn gesehen zu haben, deshalb erzähle ich Mutter Marie-Thérèse die Szene, ohne etwas davon wegzulassen. Völlig entsetzt nimmt sie mich zur Oberin mit, die uns im großen Versammlungssaal empfängt – aufgereihte Stühle, glänzende Fliesen; es riecht nach Sauberkeit und Weihrauch.

»Mutter Oberin, Germaine hat Ihnen etwas zu erzählen.«

Ihr strenges Auge fixiert mich, es scheint mir rund wie die Augen meiner Hennen, auch ebenso unmenschlich.

»Ich höre.«

Ich muß noch einmal berichten und lasse auch jetzt nichts aus; bei der Beschreibung des merkwürdigen Anhängsels werde ich rot. Die Mutter Oberin errötet nicht, doch ihr Mund wird spitz.

»Ist das alles?«

»Ja, Mutter Oberin.«

Dann fällt sie ihr Urteil: »Dieses lasterhafte Mädchen ist vom Teufel besessen.«

Wie ist das möglich, wo ich doch nicht auf ihn gehört habe?

Die Stimme wird lauter.

»Du Unglückliche, du verdienst nicht das Brot, das wir dir geben! So also belohnst du unsere Güte, die Schwäche, die wir an den Tag gelegt haben, indem wir dich unter unserem Dach aufnahmen, verkommenes Mädchen! Ist dir klar, daß das Brot, das du ißt, vielen kleinen Französinnen fehlt? Mutter Marie-Thérèse, Sie haben recht daran getan, sie mir zu bringen, ihr unmögliches Benehmen verdient eine exemplarische Strafe.«

Abends muß ich während des ganzen Essens im Speisesaal mit über Kreuz ausgestreckten Armen stehen. Dann werde ich in eine dunkle Zelle geschlossen und verbringe dort die Nacht. Mein lautes Schluchzen ruft niemanden herbei, und morgens ist mein Kopf schwer, mein Gesicht verquollen, ich fühle mich stumpf, sehe keine Möglichkeit, gegen diese Ungerechtigkeit aufzubegehren.

Die weitere Bestrafung besteht darin, daß ich isoliert, aus meinem Erdenparadies vertrieben und in die Stikkereistube abkommandiert werde, wo man mir einen Platz zuweist, an dem mich totales Schweigen umgibt. Man spricht kein Wort, flüstert nicht einmal mit mir, man sieht mich nicht an. Vergeblich versuche ich den Anflug eines Lächelns.

Meine Lippen öffnen sich genau wie die der anderen Mädchen nur noch halb, zu monotonen Gebeten.

Während der Pause, die man uns allerdings noch gewährt, muß ich mich in eine Ecke stellen und darf den anderen nicht zusehen. Ich schließe aus der ganzen Geschichte, daß die Macht des Teufels real ist und daß es nicht gut ist, ihm zu begegnen.

Da ich empfindsam und gefühlsbetont bin, glaube ich alles, was ich im Waisenhaus höre, alle schrecklichen Geschichten, die die Schwestern uns erzählen, um uns von jedem sündigen Gedanken abzuhalten, indem sie uns Angst vor der Strafe einflößen. Geschichten, die die größeren Mädchen und auch wir kleineren immer wieder erzählen und dabei immer mehr entstellen. Überzeugt davon, daß wir alle Sünderinnen sind im Vergleich zur so reinen Heiligen Jungfrau Maria und

Mutter Gottes, unter den Augen unseres Herrn Jesus Christus, gestorben für unsere Sünden, lebe ich in der Furcht, solche zu begehen, und in der Angst vor dem Teufel, der nur ein Ziel hat, nämlich sich unserer Seelen zu bemächtigen und uns ewig in der Hölle brennen zu lassen.

Meine Angst steigert sich noch in den Nächten, die erfüllt sind von Alpträumen. In meinen wirren Vorstellungen sehe ich, wie die Seelen im Fegefeuer schmachten, höre sie klagen und darum bitten, daß wir für sie beten, damit sie endlich ins Paradies gelangen können. Ich bin sicher, daß diese Seelen von mir Rechenschaft verlangen, ganz besonders von mir, die ich keine Christin bin und deren Vorfahren Jesus gekreuzigt haben. Wenn ich schließlich einschlafe, überwältigt von Müdigkeit und Angst, wache ich davon auf, daß ich ins Bett mache. Das ist ein anderes Drama. In diesen dunklen Nächten, in denen ich von umherirrenden Seelen heimgesucht werde, habe ich Angst, aufs Klo zu gehen. Und beim Wecken fallen die Schwestern wutentbrannt über mich her. Sie geben mir einen Strohsack, den ich jeden Morgen zum Trocknen ins Freie bringen muß. Wenn es regnet, schlafe ich auf der feuchten Matratze.

Ich kann beten, soviel ich will, kein Heiliger interessiert sich für meine Schwächen oder legt für mich ein gutes Wort bei den höheren Mächten ein.

Im übrigen wird keines unserer Gebete erhört. Die Jahre vergehen ohne Hoffnung auf eine Veränderung. Ist es denn ein Verbrechen, Waise zu sein?

In der Kapelle habe ich meinen Platz zu Füßen der Statue der heiligen Maria Magdalena. Die mag ich, ich finde sie menschlicher und fühle mich ihr näher als der Heiligen Jungfrau Maria, deren starres Gesicht sich nicht einmal zum Jesuskind hinunterbeugt. Sie erweckt in mir keine Liebe, kein Mitleid. Was das Kruzifix angeht, so bleibt es für mich ein Rätsel. Ich empfinde nichts diesem Mann gegenüber, der halbnackt ist, blutbefleckt; sogar seine Dornenkrone berührt mich nicht. Nur die farbigen Szenen des Kreuzweges bewegen mich. Hier ist Jesus nicht unerreichbar, sondern ein Mensch unter anderen Menschen, er spricht, lebt mit ihnen, und ich verstehe, daß manche ihm helfen, das Kreuz zu tragen, daß die heilige Veronika ihm das Gesicht trocknet.

Aber wer interessiert sich schon für meine Auffassung vom Katholizismus oder korrigiert zumindest meine falschen Vorstellungen davon? Ich bin eine Ausgestoßene. Mir wird erlaubt zu beten wie die anderen, in der Kapelle, in der Nähstube; mein Recht auf Religionsausübung hört da auf. Ich bin Jüdin und darf sonntags nicht am Abendmahl teilnehmen.

Samstags drängen sich alle in langen Reihen vor dem Beichtstuhl. Welche Sünden konnten sie denn begehen, wo sie doch so hermetisch isoliert, überwacht und bedroht werden? Der Gedanke beunruhigt mich, und noch mehr irritiert es mich, wenn sie nach der Beichte kichernd sagen: »Der Priester hat mich gefragt, was ich beim Schlafen mit meinen Händen mache.«

Auch was da geschieht, ist eine Sünde. Bei ihren Belehrungen sind die Schwestern ständig darauf aus, uns das Bewußtsein auszutreiben, daß wir einen Körper haben. Ihre Anstrengungen bleiben wirkungslos, jede von uns beschäftigt sich damit. In diesem Gefängnis ist es die einzige Entdeckung, die wir machen, das einzige, was wir erforschen können. Das geht vom einsamen Vergnügen bis zum Nähen eines Büstenhalters; sogar die Mädchen, die noch keine Brüste haben, tragen heimlich einen und stopfen ihn mit geklauter Watte aus.

Vom Beichtvater derartige Fragen gestellt zu bekommen lockt mich nicht, aber dem zu entgehen, was die anderen meist als lästige Pflicht ansehen, macht mir kein Vergnügen. Denn ich höre die Rächerstimmen der Schwestern: »Solange du nicht getauft bist, lebst du im Zustand der Sünde.«

Bösartig fügen sie hinzu: »Wenn Gott dich zu sich ruft, hast du kein Recht, ins Paradies zu kommen, sogar nicht einmal ins Fegefeuer.« Na wennschon – zumindest würde ich mich dann nicht in den Gängen verlaufen! »Du wirst in die Hölle kommen«, verkünden sie.

Sünde, Strafe, Buße sind die Wörter, die täglich unser Leben in diesem Gefängnis bestimmen, dem wir den Spitznamen »Misère-Guigne« gegeben haben. Denn in diesem Haus Gottes, der die Liebe ist, fehlt uns diese ganz besonders.

Die Zeit zieht sich eintönig dahin, wie ein endloses, langes, graues Band. Ob man mich eines Tages hier herausholt? Nur mein Vater oder meine Tanten könnten dies zuwege bringen. Und so träume ich manchmal, daß man mich ins Besucherzimmer ruft und ich mit ihnen weggehe. Ich rechne mehr mit meinen Tanten als mit meinem Vater.

Die Verwandten haben Anrecht auf zwei Besuche pro Jahr, und jetzt sind schon zwei Jahre vergangen, ohne daß jemand zu mir kam.

»Germaine, du wirst im Sprechzimmer verlangt!«

»Bekomme ich Besuch, Schwester?«

»Du wirst schon sehen.«

Die Blicke meiner Mitschülerinnen heften sich auf mich. Es ist ihre Art, mit ihrem »Na?« sofort, wenn ich zurückkommen werde, an dem Ereignis teilzunehmen, um nicht völlig davon ausgeschlossen zu sein.

Ich weiß nicht, wer mich besuchen kommt. Wahrscheinlich eine meiner Tanten. Ich werde sie inständig bitten, mich hier herauszuholen! Ausgerechnet die Mutter Oberin begleitet mich ins Sprechzimmer, wo Tante Aïcha mich erwartet. Ich bin durch eine Gitterwand von ihr getrennt; was werde ich ihr da sagen können? Damit wir uns küssen können, öffnet die Oberin eine Art Luke, die sie dann gleich wieder schließt.

Beeindruckt durch diesen strengen Rahmen, fragt mich Tante Aïcha: »Wie geht es dir? Bist du gesund?«

»Ihrer Nichte geht es sehr gut«, antwortet die Oberin. »Ja … so«, sagt meine Tante verwirrt, und dann: »Hast du alles, was du brauchst?«

»Ja, und mehr als das. Unsere Zöglinge werden sehr gut ernährt, und ich kenne eine große Anzahl Kinder, die gerne an ihrer Stelle wären.«

Meine Tante ergeht sich in Dankesbezeugungen. Die Unterredung ist beendet.

Werde ich hier jemals herauskommen?

Die Monate, die Jahre vergehen, ich weiß nicht, wer ich bin. Bin ich häßlich oder hübsch? Es gibt keinen Spiegel, in dem man sich betrachten könnte. Wir spiegeln uns in unseren Augen, und je nachdem, wie unser Gegenüber Lust hat, uns aufzuziehen, haben wir eine dicke Nase, einen großen Mund, ein schiefes Gesicht, oder wir sehen gar nicht so übel aus!

»Weißt du, du bist schön.« Wenn man das bloß wissen könnte!

Freundschaft zu empfinden, Zuneigung zu zeigen ist verdächtig. Trotz der Drohungen und Verbote versuchen wir aber, unsere entsetzliche Einsamkeit ein wenig zu mildern. Verstohlen umgehen wir Vorschriften, unsere List macht sie lächerlich, wir verständigen uns flüsternd oder durch Zeichen. Freundschaft und Liebe, so lehrt man uns, können nur unreine, verdorbene Gefühle sein, die uns auf den Weg des Lasters führen. Das Gefühl, das mich »auf Leben und Tod« mit Thérèse verbindet, hat jedoch nichts mit dem Verdacht der Schwestern zu tun.

Zusammen mit Thérèse male ich mir für die Zeit nach dem Bon Pasteur eine Welt der Schönheit, der Güte, der Freiheit aus, ohne Rücksicht auf das, was ich schon vom Leben und den Menschen weiß. Außerhalb dieser Mauern wird man uns keinem Zwang mehr unterwerfen, uns nicht mehr verletzen können. Später tun wir dies, später tun wir das nie mehr, wir werden ins Kino gehen, wir werden einem netten, zärtlichen jungen Mann begegnen, der uns lieben und aus unserer Familie herausholen wird.

»Weißt du«, erklärt mir Thérèse, »ich habe meinen Vater nie kennengelernt, ich bin unehelich geboren, und man hat mich meiner Mutter weggenommen, weil sie kein anständiges Leben führt. Es heißt, sie sei kein Vorbild für mich und ich sei hier besser aufgehoben.«

»Aber du – hast du sie geliebt?«

»Ja, und sie mich auch.«

»Dann hat man dich einfach so mitgenommen … und dich hierhergebracht …«

Das erscheint uns ungeheuerlich, und das ist es auch.

Wir versinken in Nachdenken über die unverständlichen Handlungen der Erwachsenen.

Wie ich wohnt Thérèse in Oran, aber im spanischen Viertel Saint-Eugène.

»Und wie lange mußt du hierbleiben?«

»Ich weiß nicht.«

»Auf jeden Fall wirst du mit einundzwanzig weggehen, so oder so.«

Wenn sie volljährig wurden, schickte man die jungen Frauen von Misserghinn als Dienstmädchen in die Familien der Bourgeoisie. Dafür waren sie ausgebildet worden. Es kam sogar vor, daß sie vor ihrer Volljährigkeit einer Familie anvertraut wurden, so sehr waren die Mädchen des Bon Pasteur gefragt. Sie blieben dann unter der Vormundschaft der Nonnen, die sie beim geringsten Vergehen zwangen, ins Kloster zurückzukehren. Manchmal nahm so etwas ein böses Ende. Die Mädchen nutzten dieses bißchen Freiheit, um auszureißen, und wurden von der Polizei in Handschellen zurückgebracht, während die Schwestern versprachen, sie würden ihnen den Hang zum Herumzigeunern schon austreiben.

Eines Nachts wache ich von einem merkwürdigen Gefühl auf: Ich spüre etwas Warmes, Nasses aus mir herauskommen, meine Schenkel entlangfließen, und ich wage nicht, mit der Hand dort hinzufassen.

Ohne mich zu rühren, verfolge ich die Veränderung, die in meinem Bauch vor sich geht. Ich weiß, was es ist: Ich bin eine Frau, und ein Glücksgefühl durchströmt mich – die Kindheit ist zu Ende!

Aber ich habe mich zu früh gefreut.

Ich weiß inzwischen, daß man davon nicht laut sprechen darf, daß man in die Wäschekammer gehen und die zuständige Schwester so sittsam wie möglich bitten muß: »Kann ich eine Binde bekommen, Schwester?«

»Ist es das erste Mal?« fragt sie mich geringschätzig.

»Ja«, antworte ich verwirrt.

»Beschmier möglichst deine Matratze nicht, sonst mußt du auf der Erde schlafen.«

Seine Regel bekommen bedeutet, daß man für Frauenarbeit geeignet ist. Da ich schmächtig und bläßlich bin, werde ich zum Bügeln abkommandiert. Glücklicherweise ist dort auch meine Freundin Thérèse beschäftigt. Kurze Zeit danach wird sie ins Sprechzimmer gerufen.

Als sie zurückkommt, merke ich trotz ihrer niedergeschlagenen Augen und ihres betont gleichgültigen Gesichtsausdrucks, daß sie fast platzt vor Aufregung.

»Meine Mutter unternimmt Schritte, um mich wieder zu sich zu nehmen«, flüstert sie mir zu.

Der Dampf dringt unter dem Bügeleisen hervor, das zu schwer für meinen Arm ist. Ich mühe mich ab, schwitze. Die Schwester wendet ihren strengen Blick keinen Augenblick von mir ab. Sprechen ist hier verboten. Erst abends können wir endlich miteinander reden.

»Meine Mutter hat einen festen Freund, es scheint, das ändert alles. Sowie ich draußen bin, bitte ich sie, zu deinen Tanten zu gehen; sie wird ihnen die Wahrheit über das Heim erzählen und ihnen sagen, daß man dich nicht hierlassen kann. Du wirst sehen, ich werde dich herausholen, ich schwör es dir!«

Weggehen – davon träumen wir alle, oder fast alle; nur ganz wenige haben resigniert, die keine andere Zukunft vor sich sehen, die sagen: »Draußen, was könnte man da schon tun?«

Die, die fromm sind, und selbst die, die es nicht sind, beten darum herauszukommen. Man träumt und schmiedet Pläne; die Vorstellung, daß der Krieg bald zu Ende sein wird, beflügelt die Hoffnungen: »Ich werde mich in einem fremden Land in Sicherheit bringen, wo es kein Waisenhaus gibt.« – »Ich werde heiraten und mit den Freunden meines Mannes zurückkommen, wir werden das Kloster angreifen, und alle Mädchen werden sich irgendwohin retten ...«

Die Träume mit Thérèse scheinen mir realistischer; ihr Ausgangspunkt ist, daß sie abgeholt wird, und dann ist der Plan vollends einfach: Wenn meine Tanten Bescheid wissen, holen sie mich raus.

Eines Nachmittags wird Thérèse wieder ins Sprechzimmer gerufen. Vergebens warte ich auf ihre Rückkehr. Ihre Mutter hat Wort gehalten. Sie ist gekommen und hat sie geholt. Ich bin verzweifelt, denn ich konnte Thérèse keinen Brief für meine Tanten mitgeben und fürchte, daß sie deren Adresse nicht mitgenommen hat. Um jede Flucht, jede Verbindung nach draußen zu verhindern, darf niemand, nicht einmal die Betroffene selbst, vorher benachrichtigt werden, wenn sie abgeholt wird.

Thérèse ist fort, und ich vermisse ihr Lächeln, ihre Lebensfreude, ihre Zuversichtlichkeit. Alles bricht für mich zusammen. Ich kann meine Tränen nicht zurückhalten und weine hemmungslos von morgens bis abends. Ich esse nicht mehr, bin völlig gleichgültig gegenüber dem, was die Schwestern mit mir machen, was sie dazu sagen: »Hör auf zu heulen. Schluß mit den Grimassen!« – »Wenn du so weitermachst, wirst du allein in ein Zimmer gesperrt, das ist alles, was du davon hast. Mit Heulen gewinnst du nichts.« Gewonnen, verloren – in einem Gefängnis haben diese Wörter keine Bedeutung. Ich will hier raus, und instinktiv merke ich, daß meine Tränen meine einzige Verteidigung sind, und sie versiegen nicht.

Von den Schwestern über mein Verhalten informiert, schreibt mir Tante Aïcha, natürlich wird der Brief geöffnet. »Deine Freundin Thérèse und ihre Mutter haben mich besucht und mir gesagt, daß du weggehen möchtest. Hab noch etwas Geduld, der Krieg ist bald zu Ende, und alles kommt wieder in Ordnung, so Gott will.«

Das ist nicht viel, aber es ist genug: Man hat mich nicht vergessen. Ich kann hoffen, vor meiner Volljährigkeit herauszukommen; dieser Zeitpunkt scheint mir unendlich weit entfernt, denn ich bin erst vierzehn.

Unglücklicherweise deckt dieser Brief meine Freundschaft mit Thérèse und gleichzeitig meine Klagen auf, weshalb ich in die Kategorie der »krankhaften Mädchen« eingeordnet werde. Von da an ist es angebracht, mich ganz besonders im Auge zu behalten – was die Schwestern denn auch tun, indem sie mein leisestes Wimpernzucken streng überwachen.

Eines Morgens reißt uns eine ungewohnte Aufregung aus unserer Lethargie. Die Schwestern kommen und gehen, in einem hastigen Hin und Her von Schleiern, Hauben, Röcken und klappernden Rosenkränzen. Was ist los? »Schwester, Schwester, die Amerikaner sind gelandet, sie müssen hier vorbeikommen. Schnell, sehen Sie doch nach, sagen Sie uns, was passiert, damit wir wissen, ob es wahr ist!« bitten die Mädchen.

Als die Pförtnerin zurückkommt, wird sie von einer ganzen Wolke von Hauben umringt, von Fragen bedrängt: »Bitte, sagen Sie, haben Sie sie gesehen?«

»Ach, meine Schwestern, wenn ihr wüßtet; die Straße nach Oran ist so voll von Autos, daß alle im Schritt fahren, Fahrzeuge, wie ich sie noch nie gesehen habe, khakifarben, ohne Dach. Die Soldaten lassen ihre Beine aus den Autos baumeln, sie sind staubbedeckt, und viele Neger sind dabei. Alle lachen. Die Leute laufen hinterher. Die Soldaten verteilen Schokolade, Zigaretten, Brot, sie sprechen sehr laut. Jedenfalls kann ich euch versichern, meine Schwestern, daß das keine Franzosen sind.«

Natürlich werden wir diese Soldaten niemals zu Gesicht bekommen. Aber sofort danach erhalten wir den Beweis ihrer Existenz. Eine Garnison, die in Misserghinn einquartiert wird, läßt ihre Wäsche bei uns waschen. Diese Wäsche kommt bei uns in einzelnen Säkken an, und bevor sie gewaschen wird, müssen wir jedes einzelne Stück mit rotem Faden kennzeichnen. Wir finden dabei allerhand, zerbrochene Tafeln Schokolade, Zigaretten, Kaugummis, Stückchen von Seife, die wir nicht zu benutzen wagen aus Angst, daß ihr herrlicher Duft uns verrät. Ein vergessenes Feuerzeug, manchmal ein Foto, gebrauchte oder unbenutzte Kondome, die wir angewidert wegwerfen, ohne daß es die Schwestern zu bemerken scheinen. Uns ist aufgetragen worden, »all diesen Unrat« wegzuwerfen, ohne nähere Angaben. Natürlich sind das alles, außer den Präservativen, Schätze und Tauschobjekte für uns. Da wir unsere Betten allein machen, können wir alles darin verstecken.

Durch die Anwesenheit der Amerikaner wächst unsere Arbeit derart an, daß die Wäscherei in eine richtige Strafkolonie verwandelt wird. In der stickigen, feucht-heißen Luft müssen wir Tonnen von Wäsche waschen, auswringen, aufhängen, tadellos bügeln, in sich steigerndem Tempo. »Schneller!« befehlen die Schwestern. »Trödelt nicht herum, die Herren holen ihre Wäsche heute abend.« Ob diese »Herren« wissen, daß wir keine Waschanstalt mit Automaten sind, sondern daß die ganze Arbeit von kleinen Mädchen zwischen zwölf und sechzehn Jahren gemacht wird?

Deshalb sind unsere Gefühle den Soldaten gegenüber sehr gemischt: Zwar faszinieren sie uns, aber wir verfluchen sie auch. Mit ihrer Anwesenheit steigt die

Jugendkriminalität und zugleich die Zahl der Neuankömmlinge bei uns, die uns außergewöhnliche Dinge über sie erzählen: »Auf den Straßen sind eine Menge Soldaten. Sie sind betrunken, sie vergewaltigen alle Frauen …«

»Sie lassen aus Amerika einen Haufen Nahrungsmittel kommen, Schiffsladungen von Zucker, Seife, Öl, Weißbrot und Keksen. Ich habe Schokolade gegessen und andere erstaunliche Dinge, ich weiß gar nicht, was das immer war.«

»Man treibt Schwarzhandel mit ihnen, sie haben alles, sogar Lippenstifte und Nylonstrümpfe, die für die Frauen unter den Soldaten ankommen.«

»Frauen als Soldaten?«

»Ja, und sie sind Offiziere wie die Männer!«

Das klingt unglaublich. Wir träumen von dieser unbekannten Welt. Vorausgesetzt, wir kommen hier früh genug heraus, um sie zu sehen.

4

Ich bin siebzehn Jahre alt, als meine Tante Aïcha mich endlich abholt. In der Wäscherei, wo ich meine Klosteruniform ablege, entdecke ich, daß ich ein junges Mädchen geworden bin. Meine Tante wußte wohl schon Bescheid, sie hat mir ein geblümtes Kleid mitgebracht. Ich finde es herrlich. Es ist Sommer, ich fühle mich unbeschwert, glücklich und frei.

»Versuche, eine gute Christin zu sein«, gibt mir die Mutter Oberin zum Abschied mit auf den Weg. Hat sie vergessen, daß ich Jüdin bin? Das Tor öffnet sich, ich trete über die Schwelle. Fünf Jahre ist es her, daß ich nicht mehr auf der Straße gewesen bin.

»Das ist deine Tante Sarah, sie wird sich um dich kümmern. Sie hat gerade eine kleine Tochter bekommen, und du wirst ihr helfen. Sie arbeitet in einer Leinenschuhfabrik und wohnt im spanischen Viertel.«

Die Welt, die ich jetzt entdecke, kommt mir paradiesisch vor. Alles ist so wunderschön! Ich hatte ja gewußt, daß das Leben außerhalb des Klosters sich wie in einem Traum abspielt: Meine kleine Cousine ist ein entzückendes Baby, ihr großer Bruder ein braver Junge. Nach den Aufgaben, die ich bisher erledigen mußte, ist die Arbeit im Haushalt angenehm. Meine Tanten Aïcha und Rosette sind lustig, gut gekleidet, frisiert und geschminkt; sie scherzen, sprechen über das Viertel, in dem sie nach wie vor wohnen, alles erscheint leicht und unbekümmert wie das Lächeln von Thérèse, die ich sofort wiedergesehen habe. Daß ich wieder mit meiner Freundin zusammen bin, macht mein Glück geradezu vollkommen.

Und doch ist es Thérèse, durch die ich etwas von der eigentlichen Realität des Lebens erfahre, das ich mir hinter den Gittern meines Gefängnisses nur vorstellen konnte.

»Meine Mutter hat großes Glück gehabt«, erzählt sie mir. »Sie lebt mit Charly, einem Amerikaner, zusammen. Die Nachbarn sehen sie schief an, weil er schwarz ist, aber Mama sagt, die Schwarzen sind viel netter als die Weißen, und dann, sieh mal ...«

Unter dem Bett und in verschiedenen Schränken steht kiloweise Zucker.

»Charly ist Lastwagenfahrer, und von Zeit zu Zeit läßt er eine ganze Ladung mitgehen, die Mama auf dem schwarzen Markt verkauft. In ein paar Monaten wird sie genug Geld auf die Seite gelegt haben, um sich einen Laden zu kaufen. Dann ist Schluß mit dem

Elend und den Scherereien. Sie wird Ladenbesitzerin in einem anderen Viertel ...«

Ich finde das gut. Dabei wundere ich mich nicht über diese Methoden. Seit der Ankunft der Amerikaner habe ich sogar in unserem Gefängnis vom Schwarzmarkt gehört, wo man alles bekommt. All das erscheint ganz selbstverständlich.

»Mama möchte, daß ich einen Amerikaner heirate. Drüben ist das Leben schön und einfach. Es ist ein reiches Land.«

Wir kommen wieder auf unsere großartigen Pläne zurück, die wir in Misserghinn geschmiedet haben. Wir verlassen uns auf unser Glück; ich werde der großen Liebe begegnen, er wird mich mitnehmen ...

Meine Tanten, auf die ich nicht höre, sind da viel realistischer. Wenn sie mich anschauen, schütteln sie den Kopf: »Keine Mitgift, keine Aussteuer, keinen Vater, keine Mutter – was wird dir das Leben mit uns schon bringen, die wir nie mit Männern Glück gehabt haben!«

So wird mir ganz deutlich gemacht: Außerhalb der Ehe gibt es keine Rettung.

»Sieh dir deine Tante Sarah an«, sagen mir Aïcha und Rosette. »Simon ist zurückgekehrt« – Simon ist der Vater von Sarahs Kindern –, »und er wird sie heiraten. Sie hat viel durchgemacht, aber jetzt, mit einem Ehemann, wird sie endlich glücklich sein.«

Inzwischen ist die Wohnung für die vierköpfige Familie und mich zu klein geworden. Wieder einmal ist es Zeit, daß ich meinen Koffer packe.

Im jüdischen Viertel, wo ich mit meinen beiden anderen Tanten leben werde, hat sich nichts geändert. Ich finde den Brunnen wieder, den *Chibani*, die Wasserträger, die Maurinnen mit ihren dunklen Augen und den mit Henna gefärbten Handflächen, eingehüllt in den weißen *haïk*.

Dort verliert alles zusehends seinen anfänglichen Glanz, so als legte es das Schicksal darauf an, meinem Lebenshunger, meiner Jugend und meiner Freiheit ein rasches Ende zu bereiten.

Das Leben meiner Tanten ist trotz eines gewissen Wohlstandes nicht gesichert, und jede träumt von Sicherheit, die nur ein Mann ihr geben könnte. Aber welcher jüdische Mann würde sich für sie interessieren?

Seit meiner Rückkehr in das jüdische Viertel beengen mich erneut familiäre und religiöse Vorschriften, bin ich in das Geflecht von Aberglauben und Engstirnigkeit einbezogen, das dieser sozialen Gruppe eigentümlich ist.

Ich sehe Thérèse seltener, ich habe nicht oft das notwendige Geld, um die Straßenbahn zu nehmen und ins spanische Viertel zu fahren. Eines Tages teilt sie mir mit, sie habe einen amerikanischen Verlobten.

»Ein Schwarzer, er heißt Lincoln, ein großer Typ, schlank und muskulös, sehr gutmütig. Er lacht andauernd.«

»Liebst du ihn?«

Sie überlegt: »Ich glaube schon. Er ist so nett. Und wie steht's bei dir?«

»Bei mir? Wie sollte ich einen Mann hier im Viertel finden?«

»Warum denn nicht?«

Wie soll ich all das erklären, was mich bedrückt? Könnte Thérèse es überhaupt verstehen? Kennt sie die Bedeutung der Jungfräulichkeit? Als Tante Aïcha mir zum ersten Mal zeigte, wie ich den Intimbereich waschen sollte, ermahnte sie mich streng: »Paß vor allem auf, daß du dich nicht innen wäschst. Sei sehr vorsichtig, sonst verletzt du dir das Hymen. Du mußt Jungfrau bleiben bis zu deiner Hochzeit.«

Ich habe gesehen, wie im Verlauf eines Hochzeitsmahls die Frauen das Laken der Jungvermählten triumphierend schwangen und in Jubelschreie ausbrachen. Alle sollten das Blut in Augenschein nehmen, das wie eine verwelkte Blume aussah. Soll ich ihr denn erzählen, was mir Frauen raten: »Warum gehst du nicht zu Zorah, sie kennt den Trank, mit dessen Hilfe man innerhalb eines Jahres einen Ehemann findet?«

In diesem Viertel finde ich unmöglich einen Ehemann! Meine Tanten führen ein zu freies Leben, und die Schande fällt auf mich zurück. Die jungen Männer sprechen mich so unverschämt an, als wäre ich ein leichtes Mädchen, und sind erstaunt, wenn ich nicht darauf eingehe. Kein einziger würde glauben, daß ich noch Jungfrau bin.

Wie soll ich Thérèse bloß erklären, daß diese Widersprüchlichkeiten mich ganz krank machen? Einerseits werde ich abgelehnt, die Frauen, denen ich begegne, schütten Wasser und Salz auf die Straße, um das Unglück abzuwenden. Andererseits tut man, als sei ich noch ein Kind, staffiert mich als kleines Mädchen mit Söckchen aus, um zu beweisen, daß ich mein einziges Kapital, die Jungfräulichkeit, noch besitze.

Mag Thérèse auch meine Freundin sein – all das ist ihr zu fremd, als daß sie es verstehen könnte. So träume ich davon, wie ich dem Leben hier entkommen könnte. Ich müßte einen Beruf haben: Sekretärin ist das einzige, was eine Frau werden kann, aber Schreibmaschinenkurse darf ich nicht besuchen, das ist zu teuer. Meine Tanten wollen nichts davon hören: »Küche und Haushalt, das ist alles, was du zu tun haben wirst, wenn du verheiratet bist«, sagen sie.

Sie haben recht, es gibt keinen anderen Ausweg für mich. An manchen Abenden, wenn ich mir all diese Dinge durch den Kopf gehen lasse, verfluche ich meine Lage als Frau, Algerierin und Jüdin: Sie schränkt mich durch Verbote völlig ein und ist mit meinem Lebenshunger unvereinbar. Unwillkürlich wende ich mich im Geiste meinem Vater zu; jetzt, da ich groß bin, werde ich ihn bitten, mich zu sich zu nehmen. In Paris muß alles ganz anders sein … Dann schlafe ich ein und träume von ihm.

Paris ist befreit worden, das Ende des Krieges zeichnet sich ab, unglaubliche Nachrichten sickern durch: Alle Juden, die sich während der Besatzungszeit in Frankreich aufhielten, sind in Konzentrationslager nach Deutschland deportiert worden. Das ist unfaßlich. Dann kommen die ersten Überlebenden an. Sie berichten über Grauenhaftes. Im ganzen Viertel weinen und jammern die Menschen. Die trauernden Frauen zerkratzen sich das Gesicht. Sie brüllen: »Warum, warum nur?« Und dann die ewige Frage: »Warum muß man es so teuer bezahlen, als Jude geboren zu sein?«

In meiner Erinnerung sind die Verwünschungen der Klosterschwestern haftengeblieben, jetzt drängen sie sich mir von neuem auf: »Wir sind alle Sünder vor Gott.« »Die Juden haben Jesus gekreuzigt, dieses Verbrechen kann nur durch Blut gesühnt werden. Buße tut not.« Die Henker von Buchenwald werden nun zu Verfechtern ausgleichender Gerechtigkeit: »Wenn ihr tausend Qualen leidet, dann deshalb, weil euch Gott liebt.«

Zu sehr wurden diese Märtyrer geliebt! Die Liebe dieses Gottes ist furchtbar, und ich entferne mich von ihm.

Großvater Mardochée kann mich nicht mehr besänftigen, er ist nicht mehr der eindrucksvolle Patriarch, der über das Wort Gottes verfügt. Er ist ein alter, gebrochener Mann: Seine Tochter Messaouda ist aus Auschwitz zurückgekehrt, wo sie gefoltert und zu medizinischen Experimenten mißbraucht wurde. »Die Russen haben uns befreit«, erzählt sie, »ich bin Tage und Nächte gelaufen, und als ich in Paris ankam, wog ich weniger als ein zehnjähriges Kind.« Sofort nach der Ankunft im Lager waren ihre Kinder vergast worden. Bei dem Gedanken, daß er seine Enkelkinder nicht wiedersehen würde, verzehrte sich Großvater vor Kummer. Mit seinem Tod wurde die schönste Seite im Buch meiner Kindheit umgeblättert. Die nächsten bestanden aus unendlicher Trauer.

Im Bon Pasteur verfügten die Schwestern über meine Seele, um sie für ihren Bräutigam bereitzuhalten, einen Gott, den ich schwerlich als den meinen erkannte. Hier wachen meine Tanten über meinen Körper, und nach wie vor bleibt für mich als Lösung nur der Bräutigam. Aber dieser Gedanke vermischt sich jetzt mit dem der körperlichen Liebe, die mir angst macht und mich abstößt.

Das Zimmer, das ich mit Tante Aïcha bewohne, ist für zwei Betten zu klein, deshalb schlafen wir gemeinsam in einem Bett. Eines Nachts habe ich im Halbschlaf ein merkwürdiges Gefühl. Ich wache vollends auf – kein Geräusch in dem dunklen Zimmer, aber ein Geruch, der mich an die Uniformhosen erinnert, die wir in Misserghinn waschen mußten: eine Mischung aus beißendem Schweiß und fadem Sperma. Ein Mann ist bei Tante Aïcha im Bett, und sie läßt ihn gewähren.

Ein Ekelgefühl steigt in mir hoch. Aber ich rühre mich nicht und tue so, als ob ich schliefe.

Am nächsten Tag ist für mich nichts mehr wie vorher. Nein, ich möchte nicht wie meine Tanten leben!

Im übrigen werde ich mich von ihnen trennen. Tante Aïcha lernt durch eine Heiratsvermittlerin einen Witwer kennen. Der braucht eine Frau, die sich um ihn kümmert, und meine Tante zieht fort. Er wird für alles aufkommen, sie braucht sich keine Sorgen mehr zu machen, sie scheint glücklich zu sein. Ich bleibe mit Tante Rosette zurück. Ich bin sehr allein, denn sie ist den ganzen Tag weg und kommt erst spät am Abend wieder. Ich habe nun das Zimmer von Aïcha ganz für mich, ich kann aber lange nicht einschlafen und habe Angst in der leeren Wohnung.

Einige Tage nach dem Auszug von Tante Aïcha beschließe ich, Thérèse zu besuchen. Sie und ihre Mutter empfangen mich sehr herzlich. Ihre Wohnung ist so geräumig, daß ich bei Thérèse im Zimmer schlafen kann. Sie vertraut mir sofort ihr großes Geheimnis an: Sie ist schwanger von ihrem amerikanischen Verlobten, und er hat die notwendigen Schritte unternommen, um sie zu heiraten.

In dieser entspannten, ja euphorischen Atmosphäre erreicht uns die Nachricht vom Ende des Krieges. Es ist ein Freudentag, ganz Oran ist auf der Straße, die Menschen fallen sich um den Hals; am Abend spielt auf der Place d'Armes ein Orchester. Jedermann ist fröhlich. Thérèse und ich tanzen zum ersten und letzten Mal zusammen. Einige Tage lang sind alle Differenzen vergessen, es gibt keine Unterschiede der Rasse, der Hautfarbe, der Klasse. Alle mögen sich. Es ist ein großartiges Fest, wie es nur die mediterranen Völker zu feiern verstehen.

Die amerikanischen Truppen ziehen ab, und der Alltag kehrt wieder ein. Die Rückkehr der eigenen Männer bringt Groll und Argwohn mit sich: Kinder sind inzwischen geboren worden. In der spanischen und der jüdischen Gemeinschaft beginnt die Hexenjagd. Man zeigt mit dem Finger auf die Frauen, die mit Amerikanern geschlafen haben. Auf die große Freiheit der vergangenen Jahre folgt nun die Zeit der Verdächtigungen. Alle Mädchen sind Huren, diese blonden Kinder mit blauen Augen, diese kleinen Negerkinder beweisen es. Der männliche Teil der Bevölkerung fühlt sich gedemütigt, und die Spießer sind schockiert.

Der Verlobte von Thérèse fährt weg. Er verspricht ihr, das Notwendige zu tun, damit sie schnell nachkommen kann. Er möchte, daß sein Kind in den USA geboren wird. Ich finde, er sollte sich sehr beeilen, und die Mutter von Thérèse meint: »Wenn alle G.I.s abgefahren sind, wird das Leben hier unerträglich.« Jeden Tag laufen volle Schiffe aus.

Nach den ersten Wochen bei Thérèse spüre ich, daß meine Tanten mir fehlen; ich bin enttäuscht und unglücklich, daß sie nichts unternehmen, um mich wiederzusehen. Ich bin hin und her gerissen und leide darunter, von einem Ort an den anderen geschoben zu werden. Was ich brauche, ist ein festes Zuhause, ein richtiges Heim.

Abends plaudere ich stundenlang mit Thérèse. Der Gedanke an unsere Zukunft beunruhigt uns. Wenn ihr Amerikaner sie nicht nachkommen läßt, wird sie wie ich arbeiten müssen. Wir haben von den Schwestern die Ausbildung erhalten, die wir brauchen, um als gute Dienstmädchen zu arbeiten, da gibt es keinen anderen Ausweg. Diese Aussicht verwerfen wir aber leidenschaftlich. Wir sind so töricht, sie entwürdigend zu finden, und suchen nach einer anderen Lösung, um diesem Schicksal zu entgehen.

»Sag mal, erinnerst du dich an diese Frau, von der die großen Mädchen in Misserghinn immer sprachen, Madame Fernande? Weißt du, diese Adresse, die die Mädchen, die von draußen kamen, uns zusteckten, für den Fall, daß man herauskäme?«

»Ja, aber ich habe sie vergessen.«

»Ich habe sie noch. Ich dachte nur nicht mehr daran. Wir können doch nicht nur so warten und gar nichts tun!«

»Glaubst du, daß sie uns wirklich Arbeit besorgt?«

»Ganz sicher, die Mädchen haben es immer wieder behauptet.«

Vielleicht ist das die Lösung.

Eine Zeitlang grübeln wir über die Möglichkeit eines Besuchs bei dieser Madame Fernande.

»Weißt du, was für eine Art Arbeit das ist?«

»Ich glaube, man muß in Cafés und Bars bedienen. Anscheinend bekommt man dabei Trinkgeld und verdient eine Menge Geld. Wir könnten etwas auf die Seite tun und dann wegfahren, du zu deinem Vater und ich zu meinem Verlobten.«

Für uns ist das nicht bloß ein Traum, die Grundlage für den Aufbruch ist gegeben: Diese Frau kann uns Arbeit verschaffen, für die wir nicht schlecht bezahlt würden. Eng aneinandergeschmiegt schmieden wir sorgfältig unsere Pläne.

Allerdings sprechen wir mit der Mutter von Thérèse nicht über unser Vorhaben, das in unseren Köpfen langsam Form annimmt. Wir befürchten, daß sie unsere Freude zunichte machen, uns als kleine Mädchen bezeichnen und uns sagen würde, daß es zu schön sei, um wahr zu sein. Als sie einmal nicht da ist, nutzen wir die Gelegenheit und fahren mit der Adresse von Madame Fernande in der Tasche los. Sie wohnt in

Misserghinn, nicht sehr weit weg vom Bon Pasteur. Die Vorstellung, unser Gefängnis wiederzusehen, amüsiert uns: »Stell dir doch mal vor, wir wären immer noch da drin!« Während wir uns über unsere Freiheit freuen, beklagen wir das Los der Gefangenen.

Die Villa von Madame Fernande mutet mich im ersten Augenblick seltsam an. Man könnte meinen, es sei ein verlassenes Haus. Die Fensterläden sind geschlossen, der Garten ist verwildert. Irgend etwas Geheimnisvolles umgibt diesen Ort und bereitet mir Unbehagen.

»Sollen wir nicht lieber wieder umkehren?« frage ich Thérèse.

»Du bist verrückt, wir haben diesen ganzen Weg doch nicht umsonst gemacht. Wir werden jetzt klingeln. Wenn sie uns nicht gefällt, dann kommen wir eben nicht wieder.«

Eine Frau öffnet uns die Tür. Wenn es ein Mann gewesen wäre … hätte ich kehrtgemacht.

Madame Fernande ist rundlich, etwa vierzig Jahre alt, blond, geschminkt und nicht unsympathisch. Ihr Blick ist zwar etwas durchdringend, aber ganz wohlwollend. Die Art, wie sie unseren Bericht anhört, hat sogar etwas von mitleidiger Freundlichkeit. Als es um Bon Pasteur geht, murmelt sie: »Meine armen Kleinen, was habt ihr mitmachen müssen … Nun, ein Glück für euch, daß ihr jetzt draußen seid.«

»Also, wir möchten gerne arbeiten, aber unseren Lebensunterhalt anständig verdienen und nicht Dienstmädchen bei den Franzosen sein.«

»Das ist sehr verständlich. Ich habe einige eurer Kameradinnen gekannt, die mich sofort besuchten, nachdem sie herausgekommen waren, und ich habe ihnen geholfen. Sie sind jetzt alle verheiratet, und zwar gut verheiratet. Sie haben Madame Fernande nicht vergessen. Sie sind dankbar und kommen mich hin und wieder besuchen. Es gibt sogar welche, die es geschafft haben, sich einen Laden zu kaufen.«

»Was wäre denn unsere Arbeit?« fragt Thérèse schüchtern, von der Bestimmtheit der Worte Madame Fernandes beeindruckt.

»Ihr könntet als Kellnerinnen in einer Bar bedienen. Zum Glück ist es nicht mehr so wie früher, die Frauen können heutzutage ungehindert in den Bars arbeiten. Das bringt am meisten Geld ein. Die Gäste sind großzügig, alles Männer, die Geld haben. Ihr müßt nur Getränke servieren und Trinkgelder kassieren. Wenn ihr vernünftig seid, könnt ihr etwas zurücklegen. Das ist besser und angenehmer, als Dienstmagd zu sein.«

Dem stimmen wir zu. Alles ist besser als das!

Nach einer Stunde, während der wir bei einer Tasse Pfefferminztee sitzen, den Madame in ihrem Salon servieren läßt, kommt es uns vor, als seien wir drei Freundinnen, die sich schon lange kennen.

Ich habe keine Angst mehr und bin richtig zuversichtlich. Aber da all das, was zu schön ist, nicht wahr ist, werden wir gewarnt: Um in den Genuß so vieler Vergünstigungen zu kommen, muß man diese wirklich verdienen, müssen Bedingungen erfüllt werden.

»Die Unterstützung, die ich euch biete, ist nicht völlig umsonst; sie erfordert von meiner Seite einen Vorschuß. Zunächst das Geld für die Reise.«

»Arbeiten wir nicht in Oran?«

»Nein, die Stellen dort sind sehr überlaufen. Dafür seid ihr zu spät gekommen, da hättet ihr schon direkt vom Bon Pasteur herkommen müssen.«

Wir beteuern, daß es uns egal sei, wo wir arbeiten würden.

»Man wird euch dort neue, hübsche Kleider geben,

damit ihr der Kundschaft gefallt. Natürlich werden die Kosten dafür von eurem ersten Verdienst abgezogen.«

Dies leuchtet uns ein, jedoch beunruhigt uns etwas anderes: »Können wir denn das, was von uns verlangt wird?«

»Seid unbesorgt, man wird euch beibringen, die Kundschaft zu bedienen und ihr zu gefallen. Zu den Unkosten gehören übrigens auch eure Ausweise.«

»Aber ich habe noch nie einen gebraucht.«

»Ich auch nicht«, sagt Thérèse.

»Dort ist es anders, ihr seid noch nicht volljährig. Ihr braucht gefälschte Papiere, das ist teuer. Aber macht euch keine Sorgen, ihr werdet eure Schulden schnell zurückgezahlt haben.«

Thérèse, die die beherztere ist, fragt noch: »Glauben Sie, daß Sie bald eine Stelle für uns haben werden?«

»Ihr habt wirklich unerhörtes Glück, gestern hatte ich nichts, und heute morgen hat man mich gefragt, ob ich nicht zwei Mädchen beschaffen könnte. Nur muß ich euch gleich sagen: Es geht schon morgen los.«

»Dann habe ich gerade noch Zeit, mich von meiner Mutter zu verabschieden.«

»Nein, meine Kleinen, ich behalte euch hier, ihr werdet morgen sehr früh abreisen; ihr könnt bei mir übernachten.«

»Aber Mama wird sich Sorgen machen.«

»Morgen, gleich nach eurer Ankunft, wirst du ihr schreiben, du kannst sie sogar kommen lassen und ihr das Reisegeld schicken.«

Sie sagte uns wer weiß nicht was alles. Betört und fasziniert, wagten wir keinen Einwand zu machen, weil wir befürchteten, uns einen so schönen Arbeitsplatz durch die Lappen gehen zu lassen. Und schließlich war es besser, bei ihr zu übernachten, falls sie am nächsten Morgen ihre Meinung geändert haben sollte …

Das Essen, der ganze Abend waren sehr erfreulich. Madame Fernande hörte uns die ganze Zeit mit viel Wohlwollen und großer Geduld zu. Nie hätten wir uns vorgestellt, daß wir so ernst genommen werden, ja von einer so feinen Dame verstanden werden könnten, die eine Villa und Dienerschaft besaß.

»Siehst du, jetzt ist es soweit, wir haben endlich Glück gehabt«, sagen wir uns abends in unserem Zimmer, kurz vor dem Einschlafen.

Am nächsten Tag erfahren wir, daß es erst am Nachmittag losgehen würde.

»Es tut mir schrecklich leid, aber ihr werdet zunächst getrennt, ihr nehmt nicht denselben Zug. Thérèse geht nach Tiaret und Germaine nach Bône. In einigen Tagen könnt ihr euch wiedersehen. Verabschiedet euch. Germaine, du fährst als erste los.«

Ich sah Thérèse niemals wieder.

5

Zum ersten Mal sollte ich allein verreisen.

Madame Fernande begleitete mich freundlicherweise zum Bahnhof und verabschiedete mich mit den Worten: »Mach dir keine Sorgen, meine Kleine, in Bône erwartet dich jemand, du wirst abgeholt.«

Während ich im Zug saß und die Landschaft an mir vorbeiflog, sah ich die ersten Umrisse meiner Zukunft; allerdings hatte ich weder eine genaue Vorstellung noch einen Anhaltspunkt. Kellnerin in einer schicken Bar – woraus bestand diese Arbeit? Würde man dabei einen Gast oder einen Kollegen kennenlernen und ihn heiraten? Oder würde man selber Besitzer eines Lokals ...? Welche Entwicklung ich mir auch für die Zukunft vorstellte, sie führte immer zum einzig denkbaren glücklichen Ziel: zu Liebe, Ehe, einem Leben in Sicherheit ...

Was würden meine Tanten sagen, wenn sie wüßten, daß ich ganz allein in der Lage gewesen war, eine Anstellung zu finden? Diese Vorstellung befriedigte mich sehr.

Auf dem Bahnsteig in Bône erwartet mich eine Frau. Sie ist um die Dreißig, geschminkt und hat harte Gesichtszüge.

»Bist du die Neue, die von Madame Fernande kommt?«

»Ja, Madame.«

»Ich bin Madame Carmen, deine Chefin. Hast du keinen Koffer?«

»Madame Fernande hat mir gesagt, daß ich hier alles bekommen würde, was ich brauche.«

»Komm mit, es sind nur ein paar Schritte.«

Die Bar ist in der Nähe des Bahnhofs. Sie heißt »Schwarzer Kater«. Das goldene, warme Sonnenlicht prallt an der Eisentür ab, die mit einem Spion versehen ist. Noch nie habe ich so ein Café gesehen. Wir treten ein, und die Tür schließt sich hinter uns.

Wir kommen in einen großen Saal mit Tischen, Stühlen und einer Theke. Es riecht nach Staub und kaltem Rauch. Während der Bahnfahrt versuchte ich, mir mit Hilfe von Bildern aus Filmen, die ich gesehen hatte, die Einrichtung vorzustellen; auf jeden Fall mußte sie elegant und erlesen sein. Das hier hat nichts mit meinen Phantasien zu tun. Aber vielleicht wird es hübscher bei Lampenlicht. Allerdings bin ich noch nie in einer Nachtbar gewesen.

Die Falle schnappt hinter mir zu.

In knappen Worten stellt mich Madame Carmen dem Chef vor: »Monsieur Louis, das ist Germaine, die kleine Neue«, und Monsieur, der einen Zahnstocher zwischen seinen wulstigen Lippen hält, sieht mich statt einer Begrüßung abschätzend an und sagt: »Ich hoffe, du bist nett zu den Kunden.«

Nett – das Wort jagt mir plötzlich Angst ein; ein Wort wie eine Falle.

»Ich will nicht nett sein! Ich möchte Getränke servieren!«

»... indem du ein Gesicht ziehst, *tonta?!*«

Ich merke, daß meine Antwort unpassend war. Aber sie entfuhr mir unwillkürlich, wie ein Abwehrschrei. Verängstigt frage ich: »Aber ich sehe keine Gäste – wann kommen die denn?«

»Was geht dich das an? Los, geh rauf!«

Madame Carmen zeigt auf die Treppe, die von der Mitte des Raumes nach oben führt. Mein Herz fängt wie wild an zu klopfen. Ich verstehe nichts und weiß nichts mehr, nur einer Sache bin ich mir ganz sicher: Diese Treppe darf ich nicht hinaufgehen.

»Bitte, Madame, ich möchte nicht hierbleiben, ich will nach Oran zurück. Geben Sie mir bitte das Geld für die Rückfahrt, ich werde es Ihnen zurückgeben.«

»Wo hat Fernande bloß dieses Mädchen aufgetrieben?« brüllt der Chef. »Geld für die Rückfahrt – die spinnt wohl!«

»Wenn du Geld willst, meine Kleine, mußt du es dir schon verdienen. Und dazu bist du ja hier.«

Ich höre nicht auf sie, klammere mich an den unbändigen Wunsch, von hier wegzukommen. Ich versuche es noch einmal: »Nach meiner Ankunft zahle ich Ihnen das Geld gleich zurück. Meine Tanten werden es mir geben, ich schicke es Ihnen dann.«

Madame Carmen lacht kurz auf: »Du wirst ganz schön viel Geld brauchen, wenn wir dir die Rechnung präsentieren: Außer den Kosten für die Hin- und Rückfahrt wirst du das zurückerstatten müssen, was wir Madame Fernande bezahlt haben. Das ist viel, ganz schön viel.«

Während er weiterhin auf seinem Zahnstocher herumkaut, fügt Monsieur Louis hinzu: »Sei schön ruhig, wir werden dir vorrechnen, was du uns schuldest, und du kannst Gift drauf nehmen: Du kostest uns eine Menge! Deshalb bleibst du erst mal hier, und wenn du nicht nett, sehr nett bist, dann werd ich dir die guten Manieren schon beibringen!«

Ich koste sie viel – aber warum denn? Das muß ich wissen, und ich frage danach.

»Du hast doch gerade gehört, daß man dich gekauft hat!«

»Man hat mich gekauft? Aber ich bin doch nicht zu kaufen!«

»Scheiße!« schimpft der Chef und spuckt dabei seinen zerkauten Zahnstocher aus. »Jetzt hab ich aber die Schnauze voll, geh in dein Zimmer, mach dich fertig und halt's Maul, oder du bekommst eine Tracht Prügel, an die du dich dein Leben lang erinnerst!«

Mit einem Satz stürze ich zur Tür. Fliehen ... ich muß fliehen!

Ein junger Araber, den ich vorher nicht bemerkt habe, erwischt mich und krallt seine Hand in meinen Arm.

»Lassen Sie mich los!« schreie ich. »Ich flehe Sie an, Monsieur, lassen Sie mich ... Ich will weg von hier!«

Ich schaue zu ihm hoch, durch meine Tränen hindurch versuche ich, seinen Blick zu erfassen. Dunkle, feuchte Augen ohne Ausdruck. Mein panisches Schreien hallt in der Stille des leeren Raumes wider. Der Griff des Mannes lockert sich nicht. Ich wehre mich verzweifelt, doch es nützt nichts.

»Laß sie los«, befiehlt Monsieur, »damit sie endlich begreift.«

Ich werfe mich gegen die Tür, meine Hand sucht die Klinke, aber es gibt gar keine. Wie läßt sie sich öffnen? Ich drücke dagegen, ziehe daran und haue mit den Fäusten gegen den eisernen Türflügel. Draußen wird mich doch jemand hören und mir öffnen!

»Warum strengst du dich so an?« spottet die Chefin. »Weder von außen noch von innen wird dir jemand aufmachen. Du bist im Bordell.«

Im Bordell – ich bin in einem Bordell, in so einem, wie es sie in der Rue d'Aboukir in Oran gibt! Ein Bordell! Das Wort dröhnt in meinem Schädel. Nein, ich will nicht. Eher lasse ich mich umbringen, als daß ich in einem Bordell bleibe!

»Jetzt reicht's aber, ich hab schließlich nicht fürs Plärren bezahlt! Du gehorchst jetzt, und zwar sofort, das haben andre auch schon gemußt! Ob es dir nun paßt oder nicht, du schuldest uns Geld und wirst es ausspucken. Später, wenn du dann noch Lust hast, wird man dir die Tür öffnen. Im übrigen beklagt sich hier keine über die Arbeit! Eine, die was vom Geschäft versteht, verdient sich hier eine goldene Nase. Die Kunden wollen bei uns fix bedient werden. Aber jetzt hab ich genug geschwatzt, geh rauf in dein Zimmer!«

»Komm!« befiehlt mir Madame Carmen. Ich habe noch immer nicht so richtig begriffen und rühre mich nicht von der Stelle.

»Gehst du rauf, oder soll ich dich an den Haaren hinaufziehen?«

Madame stößt mich vorwärts. »Geh jetzt, du fängst heute abend an, und es ist in deinem Interesse, wenn du nett bist zu den Kunden. Wenn nicht, wird sich Monsieur Louis um dich kümmern!«

Was sie auch sagen, ich höre nur mein eigenes Schluchzen ...

Ich werde in mein Zimmer geschoben, nein, gestoßen. Ich werfe mich aufs Bett, als könnte es für mich ein Zufluchtsort sein. Ich höre noch, daß ein Schlüssel umgedreht wird. Was kümmert mich das – ich kann sowieso nur noch weinen.

Allmählich beruhige ich mich. Ich blicke um mich: Das Zimmer hat kein Fenster; eine Glühbirne voller Fliegendreck erhellt es notdürftig. Ein Waschbecken, ein Bidet aus Email – es ist das erste, das ich in meinem Leben sehe –, ein Schrank und ein Stuhl.

Ich stehe vom Bett auf, denn jetzt jagt es mir Furcht ein. Darauf arbeiten also die Mädchen. *Sie,* aber nicht ich, ich nicht ... Ich kauere mich in eine Ecke des Zimmers. Wenn ich mich weigere, wenn ich mich hier verkrieche, werden sie mich nicht zwingen können. Ich werde sie rufen und es ihnen sagen. Sie haben wohl noch nicht verstanden, daß ich nicht nachgebe, daß ich keine Hure werden will.

Dann beginnt die Kraftprobe.

Ich kann nicht sagen, wie lange sie gedauert hat, ob zwei oder drei Tage. Ich habe geschrien, doch niemand kam. Irgendwann wurde der Schlüssel wieder im Schloß gedreht. Da flehte ich Madame inständig an: »Ich tue alles, was Sie wollen, ich werde jahrelang für Sie arbeiten, weil ich Schulden bei Ihnen habe.« Ich hatte diesen für mich unverständlichen Begriff schließlich akzeptiert. »Ich werde Ihr Dienstmädchen sein«, bot ich an, »aber das hier – nein.«

Wieder schloß sich die Tür. Wieder blieb ich weinend allein. Ich hörte, daß Leute hinauf- und hinuntergingen, immer kamen die Schritte an meiner Tür vorbei. Stimmen hörte ich, Leute, die ein paar Sätze wechselten, meistens sprachen sie arabisch. Niemand blieb an meiner Tür stehen oder hielt auch nur im Gehen inne.

Dann, nach vielleicht vierundzwanzig Stunden, wurde die Tür wieder geöffnet, jemand streckte nur die Hand herein und machte das Licht aus mit den Worten: »Für das, was du tust, brauchst du kein Licht.« Wieviel Zeit ich in dieser Dunkelheit verbrachte, kann ich nicht sagen. Jedenfalls wurde irgendwann wieder aufgeschlossen, und Madame Carmen kam mit einer alten, übertrieben geschminkten Araberin herein.

Die Chefin stellt ein Tablett mit Essen auf mein Bett.

»Man kann nicht arbeiten, ohne zu essen. Fatima, das ist eine, die hat Erfahrung, die wird dir die Arbeit erklären. Du fängst gleich an.«

Ich mustere diese Frau und bekomme Angst. Angst vor dieser Arbeit, von der man solche Falten, solche Ringe unter den Augen und solch ein lebloses Aussehen bekommt. Mit heiserer, schleppender Stimme erklärt sie mir: »Hier wird von zehn Uhr morgens bis Mitternacht gearbeitet, außer du bekommst 'nen Kunden für die Nacht.«

»Ein Mann, der mit einem schläft und die ganze Nacht bis zum Morgen dableibt?«

Für einen Augenblick geben ihre faltigen, mit Kholstift schwarz geschminkten Lider einen erstaunten Blick frei: »Aber das wird bezahlt.«

»Kommt das oft vor?«

»Ja. Außerdem haste um zwölf und um sieben 'ne Essenspause.«

Einfältig sage ich zu ihr: »Weißt du, ich bin eingestellt worden, um an der Bar zu bedienen.«

»Das wird nich oft vorkommen, soviel Zeit haste meistens nich. Du gehst bloß hoch und kommst wieder runter, manchmal kommste nich mal dazu, aus'm Zimmer zu gehen, schaust höchstens nach, ob schon einer auf der Treppe ist. Ich schwör's dir, das hier is'n Bordell, hierher kommen se von überall.«

Etwas wie Ehrfurcht liegt in ihrer Stimme. Dann rät sie mir noch: »Bleibst nackt unter deinem Morgenrock, verlierst dann keine Zeit.«

Madame Carmen ist während Fatimas Erläuterungen dageblieben, sie hört zu und fixiert mich dabei mit ihrem ausdruckslosen Blick. Dann ergreift sie wieder das Wort, um mir etwas über die Hygiene zu sagen. Ihr Haus sei nämlich sauber. »Ich hoffe, du weißt wenigstens, wie du dich waschen mußt. Der Kunde muß auch gewaschen werden. Bei der Gelegenheit mußt du seine Eichel drücken, und wenn er einen Tripper hat, mußt du ihn abweisen, verstehst du! Du kannst ihn dann wegschicken.«

Ich schreie: »Nein, nein ... ich möchte keinen Mann waschen!«

»So was Blödes! Kommst du denn vom Mond?«

Geradezu geduldig erklärt sie mir noch einmal, was ich zu tun hätte. Sie wiederholt dabei das Wort Hygiene – sie hält auf den guten Ruf ihres Hauses ... Bei dem Gedanken wird mir übel: ihr Glied anfassen ...

»Ich laß dich jetzt mit Fatima allein, sie wird dir den Rest erklären.«

Ist das denn noch nicht alles?

Die rauhe Stimme Fatimas setzt wieder leiernd ein: »Mit der Rechnung, da hat nur die Chefin was zu tun. Unten an der Kasse, da kauft der Kunde 'ne Marke, die muß er dir geben, wenn er zu dir kommt. Genier dich nich und verlang sie als erstes von ihm. Es gibt nämlich welche, die probieren, 'ne Nummer umsonst zu machen. Deine Marken, die versteckst du, und nach Feierabend nimmt Madame Carmen sie an sich.«

»Und so zahlt man seine Schulden zurück?«

Sie zuckt teilnahmslos mit den Schultern.

»Schulden zurückzahlen …? Nie was davon gehört …«

Das kann doch nicht möglich sein; sicher sagt sie das alles, weil sie nicht weiß, daß ich gar nicht will und daß man mich mit Gewalt hier festhält. Ich werde es ihr sagen, ja, ihr …

Ach, niemals wird mir diese Fatima helfen, sie ist zu alt und zu müde. Ob sie ihr ganzes Leben hier verbracht hat?

Bevor sie mir alles erklärte, wußte ich davon noch nichts: von der Schlange von Männern vor der Tür, ich nackt unter dem Morgenmantel; diese Männer waschen müssen … Empörung steigt in mir auf, schüttelt mich förmlich. Laut schreiend werfe ich mich gegen die Tür.

Monsieur Louis und Madame Carmen kommen herein.

»Ich will nicht! Sie haben nicht das Recht dazu!«

»Nicht das Recht!« brüllt der Chef. »Ich habe alle Rechte, und du hast nur eines, nämlich dein Maul zu halten!«

Mit voller Wucht ohrfeigt er mich. Sein Siegelring reißt meine Lippen auf.

»Auf die Knie, du Schlampe, auf die Knie mit dir!«

Ich gehorche. Plötzlich hält er mir ein Messer vors Gesicht. »Da – sieh dir die Klinge genau an, bevor ich dir damit die Visage bearbeite!«

Entsetzt flehe ich Madame an, aber sie bleibt unbewegt.

»Was ist, willst du, daß ich dir einen Schmiß verpasse?«

Ich schüttle den Kopf.

»Gut, du wirst also nett sein!«

»Lassen Sie mich gehen!«

Schreie, Beschimpfungen, Schläge und die Messerklinge dicht vor meinem Gesicht – wie oft wiederholt sich diese Szene noch? Ich weiß es nicht mehr, vielleicht war es weniger oft, als es mir heute scheint. Ich bin erst siebzehn Jahre alt.

Bereits jetzt bin ich überzeugt, daß mein Leben verpfuscht und vertan ist. Ich bin allein in einer Welt, von der ich nichts verstehe und die zu grausam für mich ist. Wie soll ich ihr entkommen? Niemand weiß, daß ich hier bin, außer Madame Fernande, von der ich nichts zu erwarten habe, und Thérèse. Hinter ihr und dem Kind, das sie erwartet, hat sich wahrscheinlich auch so eine Panzertür wie hinter mir geschlossen.

Ich versuche nachzudenken und zu begreifen, wie das alles geschehen konnte. Ich weiß, was es heißt, eingesperrt zu sein, zu gehorchen und zu arbeiten, denn ich habe Bon Pasteur kennengelernt und gedacht, nichts könnte schlimmer sein als das. Jetzt bin ich hier und weiß es besser. Aber außerhalb dieses Hauses gibt es doch Leute, die nichts davon wissen dürfen. Es gibt auch welche, die Bescheid wissen, da sie ja hierherkommen. Nur wissen die nicht, daß ich nicht freiwillig hier bin, sondern als Gefangene. Die Stichhaltigkeit meiner Überlegung beruhigt mich. Es genügt also, wenn ich dem ersten Mann, der mein Zimmer betreten wird, die Wahrheit sage. Er wird begreifen, die Polizei benachrichtigen, und ich werde wieder freigelassen. Also ist es nicht in meinem Interesse, Monsieur Louis weiterhin Widerstand zu leisten, sondern je schneller ich nachgebe, desto eher ist dies hier ausgestanden.

Ich bin beruhigt, schreie und weine nicht mehr, wehre mich auch nicht gegen den schäbigen durchsichtigen Morgenmantel und Monsieur Louis' Lob: »Na also, siehst richtig niedlich aus so. Ich mein es auch gut mit dir, den ersten Kunden, den hab ich dir ausgesucht. Wenn du es auch nicht verdient hast! Es ist ein Franzose, ein wichtiger Typ, er ist nämlich von der Polizei.«

Im »Schwarzen Kater« nannte man ihn den »Kommissar«; ich habe nie erfahren, ob er wirklich einer war.

Er tritt ein; ein Mann um die Vierzig – der wird mich verstehen.

Unser Gespräch ist kurz, ungefähr so: »Ich würde Sie gerne sprechen ...« Ich bekomme dabei eine ganz trockene Kehle, so beeindruckt bin ich von der Autorität, die er ausstrahlt.

»Immer zu, mein Täubchen, ich bin Franzose, mir kannst du alles sagen.«

Ich stammele, ich sei nicht freiwillig hier und zudem noch minderjährig.

»Was erzählst du denn da? Ich kontrolliere doch alle Neuaufnahmen, ich habe deinen Ausweis gesehen, demnach bist du volljährig. Du willst dich bloß jünger machen, um mich in Fahrt zu bringen. Na mach schon, Kleine, sei jetzt nett zu mir, dann bin ich's auch.«

Als hoher Beamter und Franzose dazu beeindruckt

mich dieser Mann. Ich setze ihm keinen Widerstand entgegen. Ich bin wie in einer Falle gefangen und ertrage ihn voller Furcht und Abscheu: eine Schlange, die meinen Körper aufbricht, meinen Leib zerreißt.

Als er fertig ist, muß ich mich in einem fort übergeben. Stundenlang spucke ich Galle. Ich krümme mich vor Schmerzen und bin zugleich außer mir vor Verzweiflung, fühle mich wie tot. Mechanisch arbeitet mein Gehirn weiter: Das ist das Ende, ich bin geschändet, für alle Zeiten …

Seit meiner frühesten Kindheit hatte man mich gelehrt, daß mein Wohlergehen und mein Glück nur von einem Ehemann kommen könnten, der mich lehren würde, zu leben und zu lieben. Ich lernte, daß ich für ihn, um ihn zu gewinnen, mein einziges Gut, die Jungfräulichkeit, bewahren müsse. So naiv und falsch diese Vorstellung auch war, für mich war sie schön. Und jetzt war sie in wenigen Sekunden brutal zerstört worden. Ich bin die Gefangene einer illegalen Gesellschaft, die mit faulen Tricks arbeitet. Ich entdecke eine Welt mit eigenen Gesetzen, die der Staat duldet, ja sogar schützt. Es ist eine Gesellschaft, die über Vernichtungspraktiken, eine Sprache und eine Denkart verfügt, die mir total fremd sind und mich völlig fertigmachen.

Ich habe das Gefühl, von einem unerbittlichen Schicksal nach unten gedrückt zu werden und nie mehr nach oben gelangen zu können.

Als ich mich einen Moment lang nicht übergeben muß, falle ich auf die Knie, flehe zum Himmel und bete. Ich bitte all die um Vergebung, die allmächtig sind, Jesus und Adonai, um Vergebung dafür, daß ich sie beleidigt habe; ich bitte sie, doch diese Strafe enden zu lassen. Ich kann es nicht mehr ertragen, es ist zu hart. In meiner Not rufe ich nach meiner Mutter, beschimpfe sie, daß sie mich verließ, als ich sie am dringendsten gebraucht hätte. Möge doch ein Wunder geschehen und mich wieder nach Hause in unser Viertel bringen, das inzwischen für mich zu einer Art verlorenem Paradies geworden ist.

Sollte sich nun der Fluch der jüdischen Frauen aus der Gemeinde gerade hier erfüllen?

Wenn ich nicht vor Scham, Qual und Angst gestorben bin, so habe ich es meinem Lebenswillen zu verdanken, der stärker war als alles andere.

Ich wurde wie eine Ware verkauft, aber ich habe nie den Preis erfahren. Ich zahle einen Betrag zurück, den ich nicht kenne, der sich aber jeden Tag um die Kosten für meine Büstenhalter, Slips, Handtücher und den Bettüberwurf erhöht, den man wechselt, wenn er zu schmutzig ist. Man führt Buch über mein Essen und das Wasser, das ich trinke. Einzig den Preis, den die Männer, die mich besuchen, bezahlen müssen, habe ich erfahren: sechzig Centimes. Sie haben die Wahl zwischen drei »Objekten«: der alten Araberin, mir und einer kleinen Maurin mit schwarzen Augen. Hundertmal am Tag schenkt sie ihr Lächeln für diese elende Marke. Armes Mädchen, sie erntet nie mehr als ein verächtliches Grinsen. Ein kleines Mädchen, das bereits jetzt alterslos wirkt und das auf Erlösung hofft. Doch diese Erlösung wird es nie geben.

Der »Schwarze Kater« ist ein winziges Bordell. Als einziges Personal steht Ahmed zur Verfügung, der junge Aufpasser, der sich an der Eingangstür aufhält und sie auf ein Zeichen von Madame öffnet und schließt. Keiner kommt herein oder hinaus, ohne daß ein Blick durch den Spion nach draußen geworfen wird. Ahmed bleibt rund um die Uhr auf seinem Posten. Seine Matratze liegt ganz in der Nähe »seiner« Tür. Er sieht und hört uns nicht. Weiß er überhaupt von unserer Existenz?

Wie soll ich mich nur damit abfinden, daß es keine Fluchtmöglichkeit gibt? Könnte nicht unter diesen achtzig bis hundert Männern, die täglich zu mir kommen, einer sein, der mich versteht? Nein, kein einziger. Diejenigen, die mit mir nach oben gehen wollen, sind vor allem Araber und französische Soldaten. Offenbar hat es sich sehr schnell herumgesprochen, daß bei Madame Carmen eine Neue ist. Das steigert den Wert des Hauses.

Bereits frühmorgens kommen die ersten Männer. Sind es zu viele, läßt der Chef zunächst die Araber aus den *djebels,* den Bergen, drankommen. »Man muß aufpassen, die Kameltreiber sind heißblütig, die ficken sogar die Ziegen.« Deshalb ist es ratsam, jeden Zwischenfall zu vermeiden und die Araber friedlich und ruhig wieder auf die Straße zu schicken.

Das Bordell wird so zum Büttel der öffentlichen Ordnung. Es gibt Bordelle, deren Kunden vorzugsweise Araber sind, die aber von Europäern aus den einschlägigen Randzonen der Gesellschaft geführt werden. Manche sind ehemalige Zuhälter mit ihrer Frau, die skrupellos ihre Geschäfte führen. Für sie ist das Bordell ein Unternehmen wie jedes andere auch. Solche Häuser können das Ansehen eines hochgeschätzten Etablissements gewinnen. Da genügt es dann schon, zu beobachten, wie sich die Chefin in Pose setzt und Leute empfängt, um zu erkennen, daß sie erhebliches Prestige genießt. Ich spreche dabei von renommierten Häusern, nicht von einem so kümmerlichen Bordell wie dem

»Schwarzen Kater« – wenn auch Madame Carmen abends geschminkt und aufgedonnert darin thront und über die herrscht, die man die »Säulen des Bordells« nennt. Diese Besucher, alles »gute Bürger«, trinken etwas im großen Saal und sehen dabei dem Kommen und Gehen der Mädchen zu. Sie bieten ihnen etwas zu trinken an, wenn der Andrang der Kunden nicht so groß ist. Selten gehen diese Gäste nach oben; sie genießen vor allem die Bordellatmosphäre, das gemütliche Licht, die alte Schlagermusik und die Plaudereien mit den Frauen. Für sie sind das alles »Nutten mit großem Herz«, Trostspenderinnen, gute, willige Mädchen, die nicht fähig sind, über solche Männer zu urteilen, ja nicht einrnal, auf diesen Gedanken zu kommen. Diese »Säulen des Bordells« sind die Erfinder der Idylle eines »Maison Tellier«. Welche Beziehung besteht zwischen ihren sehnsüchtigen Vorstellungen und der Wirklichkeit, unserer Wirklichkeit, die darin besteht, als Beute ausgesucht, bestiegen, vergewaltigt und hundertmal am Tag besudelt zu werden?

Ich bleibe hartnäckig und versuche jedem Kunden klarzumachen, daß man mich gezwungen hat, diesen Beruf auszuüben. Ich wage es – wie ist es nur möglich, daß ich immer noch so einfältig bin? –, ihn zu bitten, mir seine Marke zu geben, ohne mich zu berühren, und meistens weine ich.

Manche beschimpfen mich oder spucken mich an. Alle zwingen mich, sie zu ertragen, und beklagen sich anschließend bei Madame Carmen. Ich versuche weiterhin, mich zu widersetzen, und erstaunlicherweise begreife ich immer noch nicht, daß die, die mein Zimmer betreten, sich nur durch ihr Glied, das sie mir oft schon beim Hereinkommen entgegenstrecken, als Männer ausweisen; wenn sie geil sind, sind sie wie taub.

Und danach ist ihnen alles egal, das heißt, sie entrüsten sich, daß man Widerwillen vor diesem Akt empfinden könne, für den sie bezahlt haben. Sie gestehen mir nicht zu, nicht damit einverstanden zu sein. Verschaffen sie mir schließlich nicht ein Vergnügen? Ich versuche, mit Tricks etwas Zeit zu gewinnen; wenn einer gegangen ist, bleibe ich einige Minuten allein. Wenn man mich ruft, antworte ich: »Ja, ich komme runter …« und bummle möglichst lange. Eine lächerliche List.

Wenn ich manchmal völlig am Ende bin, verbarrikadiere ich mich in meinem Zimmer, schiebe das Bett und den Schrank gegen die Tür und verkrieche mich wie ein gehetztes Tier in einer Ecke, eingeschlossen in diesen engen Raum, ohne Licht und Luft; manchmal ist der fade Geruch nach Sperma so stark, daß mir davon übel wird. Dieser Geruch wird mich noch lange verfolgen. In solcher Situation kommen Chef und Chefin herauf, schlagen an meine Tür, beschimpfen mich und lassen ihrem Zorn freien Lauf; aber es ist der Hunger, der meinen Widerstand bricht und mich aus meinem Loch treibt, und alles beginnt von neuem …

Bis zu dem Tag, an dem ein Araber versucht, mich zu vergewaltigen. Beim Anblick seines riesigen, monströsen Penis weigere ich mich, ihm zu Willen zu sein, denn bei jeder Penetration habe ich immer noch Schmerzen. Obwohl ich mich wehre und schreie, zwingt er mich dazu, mich hinzulegen. Wie wahnsinnig vor Wut und Haß, gelingt es mir, mich von ihm loszureißen. Plötzlich habe ich keine Angst mehr und fühle mich unglaublich stark; eine Lust, diesen Mann zu töten und mit ihm alle, die mich verfolgen, überkommt mich. Ich greife nach einem Verdunstergefäß aus Ton und schlage ihm damit so heftig auf den Schädel, daß es zerbricht.

Blutüberströmt fängt er an zu schreien: »Hilfe! Hilfe!«, ohne sein Glied loszulassen, weil er noch den Akt ausführen will, für den er bezahlt hat.

Aber mir ist alles egal, ich habe meine Kraft entdeckt, ich kann Widerstand leisten, kann kämpfen. Die Chefin rennt herbei, und als sie die Szene sieht, brüllt sie: »Schlampe! Du wirst schon noch sehen, was du dir da eingebrockt hast!« Das ist mir gleich. Jedenfalls bin ich es, die gesiegt hat. Ganz zuvorkommend versichert Madame Carmen dem Araber: »Du bekommst dein Geld zurück«, gleichzeitig beruhigt sie ihn: »Sie wird die Prügel kriegen, die sie verdient.« Und zu mir: »Der Chef wird dich umbringen ...!«

Er bringt mich nicht um, aber seine Klinge kreist vor meinem Gesicht und dringt dann in meinen Arm. Doch ich schreie nicht. Das ist vorbei. Ich habe weniger Angst vor ihm als vor den Männern und ihrer Begierde. Noch viel weniger als vor meinen uralten Ängsten: Daß ich hier bin, kann nur die Folge eines Fluches sein, die Strafe für eine Handlung, die begangen zu haben mir nicht bewußt ist. Vielleicht werde ich dafür bestraft, daß ich geglaubt hatte, ich wüßte mir allein zu helfen. Die einzige Angst, von der ich mich nicht befreien kann, ist die Angst, verflucht zu sein.

Alptraum der Tage, Alptraum der Nächte – ich lebe in der ständigen Furcht vor dem »Germaine, ein Kunde für dich!«

Immerhin versuche ich, den Mechanismus zu verstehen, dem ich zum Opfer gefallen bin. Die Kunden erzählen alles mögliche. Manche wundern sich, daß junge Mädchen wie ich, die sie gekannt haben, eines Tages verschwanden, wahrscheinlich wegreisten, ohne daß man wußte, wohin. Sie sind gesprächig; die Vornamen, die sie mir nennen, der Zeitpunkt, die Beschreibungen, die sie mir geben, erinnern mich an Mitschülerinnen im Bon Pasteur. Das Kloster war eine wunderbare Ausbildungsstätte für zukünftige Prostituierte. Ich entdecke, daß Madame Fernande nur eine der Antennen eines riesigen Netzes ist, das sich über ganz Algerien, Tunesien und Marokko erstreckt.

Ich lerne das »Gesetz des Milieus« kennen. Alle Prostituierten, außer denen, die wie ich direkt bei einem Bordellbesitzer verschuldet sind, sind abhängig von einem *maquereau* oder kurz *mac,* einem Zuhälter, der das von ihnen verdiente Geld kassiert. Mit einem *maquereau* schlafen heißt mit ihm »verheiratet« sein, und wehe dem Mädchen, das sich über seinen Mann zu beklagen oder ihn gar zu denunzieren wagt. Ihr Leben ist nicht mehr viel wert! Fliehen oder sich auch nur von seinem Zuhälter trennen zu wollen ist ein Vergehen. Jedes Vergehen rechtfertigt eine Geldstrafe. Je nachdem, was für einen Fehler man begangen hat, ist diese mehr oder weniger hoch und veranlaßt den Zuhälter, seine Frau in ein Bordell mit Massenabfertigung zu stecken. In diesen Häusern ist die Behandlung besonders brutal. Manche Frauen sind ihr ganzes Leben in solchen geschlossenen Häusern, um ihre Schulden zu bezahlen. Das ist organisierter Terrorismus; das »Gesetz des Milieus« ist dazu da, uns zum Stillhalten und zum Schweigen zu zwingen.

Dieses »Gesetz« wird noch verstärkt durch das andere, das der ordentlichen Bürger. Die staatliche Verwaltung verschließt willfährig die Augen vor der internen Organisation der geschlossenen Häuser, vor den Machenschaften der Bordellwirte; Beamte bekommen Schmiergelder und haben konkrete Vorteile. Man erzählt uns, sie hätten eine Art Vorrecht, die erste Nacht mit den Neuankömmlingen, den Jungfrauen, zu verbringen. Daß das vorkommt, dafür bin ich Beweis genug.

Gleich nach ihrer Ankunft in einem Bordell wird jedes Mädchen automatisch in die Kartei aufgenommen. Das heißt, daß ihr Chef sie zur Erfassung der Personalien aufs Polizeirevier mitnimmt. Dort wird sie registriert: Fotos, Personenbeschreibung, Fingerabdrücke, und sie erhält eine Karte, auf der die ärztlichen Kontrollen eingetragen werden. Einmal registriert, ist sie nicht mehr frei. Jede Ortsveränderung muß bei der Polizei angegeben werden. Sie kann das Bordell nur in Begleitung der Chefin verlassen oder wird, wenn sie in einem renommierteren Haus arbeitet, von der Aufseherin begleitet. Wenn eine Prostituierte den Fuß auf die Straße setzt, dann nur – davon geht man einfach aus –, um ihren Beruf auszuüben; Straßenprostitution ist aber verboten. Damit Anstand und Sitte gewahrt bleiben, sperrt man die Mädchen in die Häuser ein. Zuhälterei und Polizeiwesen stehen in enger Verbindung, da sie ja gemeinsame Interessen haben.

So also sahen das Gesetz und die Gewohnheitsrechte aus, die heutzutage einige gern wiederhergestellt sähen.

Allmählich lerne ich das System von Anwerbern, Kundenfängern, Zwischenhändlern, Zuhältern und Bordellwirten kennen, die alle von der Polizei gedeckt werden, und ich beginne, es zu durchschauen. Alle sind Komplizen und Protagonisten einer gigantischen Ausbeutung der Frauen. Selbst die Ärzte sind Glieder in dieser Kette der Sklavenhändler.

Einmal in der Woche findet der obligatorische Besuch aller Mädchen aus den Bordellen in Bône beim Amtsarzt statt. Dort versammeln sich in einem einzigen

Raum alle Prostituierten im Beisein ihrer Chefin oder Aufseherin. Ist es nicht angebracht, über die Gesundheit der männlichen Bevölkerung zu wachen? Wer diese eingesperrten Frauen anstecken kann – nämlich genau diese Männer –, dafür interessiert sich niemand. Alles spielt sich so ab, als wären die Frauen die einzig Verantwortlichen. »Muß man nicht mit allen Lastern behaftet sein, um diesen Beruf auszuüben?«

In diesem nicht gerade sauberen kleinen Raum, in dem es nach Krankenhaus riecht, findet eine Zurschaustellung aufgerissener weiblicher Geschlechtsteile statt, in entwürdigender Nacktheit, unter den Augen eines gleichgültigen Arztes, der routiniert die Untersuchungen durchführt; er würdigt die Frauen, die mit gespreizten Beinen auf dem gynäkologischen Stuhl liegen, die Füße in Laschen eingehängt, keines Blickes. Im Bordell haben wir wenigstens noch einen Vornamen, ein besonderes Kennzeichen, einen Spitznamen, während wir hier alle nur Geschlechtsorgane sind.

Als ich das erste Mal zur Untersuchung komme, fange ich an zu zittern und verstecke mich hinter den anderen. Die Krankenschwester, die dem Arzt das Spekulum reicht, schnauzt mich an; ich muß mich vor allen anderen nackt ausziehen, mitten im Raum. Ich steige auf den Stuhl und stecke meine Füße in die Laschen. Da ich die Knie zusammengepreßt halte, macht der Arzt eine verärgerte Geste, schlägt mir kurz auf die Schenkel und befiehlt mir gereizt, sie »anständig zu spreizen«. Verängstigt gehorche ich daraufhin und ertrage den Blick dieses Mannes zwischen meine Beine, dann das Eindringen eines harten, kalten Gegenstandes, der mich erstarren läßt. Als ich wieder vom Stuhl steige, bin ich völlig aufgelöst und muß einfach losweinen. Alle Frauen und vor allem der Arzt sind darüber äußerst erstaunt. Madame Carmen schüttelt mich: »Hör auf, wie ein Schloßhund zu heulen! Wer hat mir bloß so eine *tonta* aufgehalst!«

Eine Frau kichert: »Also nein, hast du die da gesehen! Man könnte glauben, daß sie noch nie die Beine breitgemacht hat!«

Den wirklichen Schrecken dieses Ortes lerne ich erst später kennen. Seit zwei Monaten bleibt meine Regel aus, und ich verstehe nicht, warum. Das wird wohl ganz normal sein, denke ich. Wozu denn auch die monatliche Blutung, wenn man einen Körper besitzt, der nur noch zum Vergnügen der Männer da ist, eine Art Fleischbehälter, in den sie sich ergießen?

Man hat mir kaum erklärt, was die Menstruation und ihre Funktion ist, so daß ich sie als das Geheimnis betrachte, das uns zur Frau macht – und ich bin doch keine Frau mehr. Ich weiß auch nicht, wozu die Samenflüssigkeit dient; für mich ist sie nur das Zeichen dafür, daß der Geschlechtsakt zu Ende ist.

Ich habe auch nicht das Bedürfnis, mit Madame über das Ausbleiben meiner Periode zu sprechen. Als ich nun eines Morgens starke Blutungen in regelmäßigen Abständen bemerke, schenke ich dieser Tatsache ebenfalls keine besondere Aufmerksamkeit, da ich fest davon überzeugt bin, daß meine Regel wieder eingesetzt hat. Am nächsten Tag findet die ärztliche Untersuchung statt, und wir müssen, wenn wir unsere Tage haben, dem Arzt sagen »Unpäßlich!«, wenn wir auf den gynäkologischen Stuhl steigen. Das mache ich auch. Mit der üblichen Gleichgültigkeit beugt er sich vor, schaut nach und ruft plötzlich aus: »Was ist denn das? Das ist ja eine Hämorrhagie!« Und zur Chefin gewandt, fragt er scharf: »Was hat sie gemacht? Was ist passiert?«

Wütend tritt Madame zu mir heran. »Hast du irgend etwas gemacht?«

Ich begreife überhaupt nichts, verteidige mich und erkläre es ihr; die verspätete Regel, daß mir das normal erscheint, dann die Blutung.

»Das ist eine Fehlgeburt«, unterbricht mich der Arzt hastig. »Bringen Sie sie ins Krankenhaus, ich unterschreibe die Einweisung.«

Er sieht so angewidert aus, daß ich den Eindruck bekomme, ich hätte etwas Schlimmes verbrochen. Aber wie kann es bei mir zu einer Fehlgeburt kommen? Ich war bis dahin überzeugt, eine Prostituierte könne nicht schwanger werden.

»Das hat mir gerade noch gefehlt«, beginnt Madame Carmen zu jammern. »Du Idiotin, nimmst du denn keine Verhütungsmittel?«

»Was für Verhütungsmittel?«

»Ach du meine Güte, das ist doch unglaublich! Jetzt komm mit!«

Die Verhütungsmittel sind, wie sich herausstellen wird, sehr simpel. Fatima erklärt mir später, wie ich tief in die Scheide ein Schwämmchen, eine sogenannte *mignonette,* einsetzen, nach jedem Verkehr herausziehen und waschen muß. Madame gibt mir mehrere davon, die Kosten dafür erhöhen natürlich meine Schulden.

Ich werde in einen Krankensaal eingeliefert, von dessen Wänden der Putz abbröckelt und in dem nur Prostituierte und Moslemfrauen liegen.

»Legen Sie sich dorthin!« befiehlt mir die Schwester und zeigt auf ein Bett. »Morgen früh kommt der Arzt zur Visite.«

Sie verläßt den Raum. Der Schlüssel wird umgedreht; wir sind eingeschlossen. Ich blicke zu den Fenstern – sie sind vergittert.

In der Nacht kann ich nicht schlafen. Ich habe Krämpfe im Unterleib, krümme mich vor Schmerzen und habe Angst. Was wird man morgen mit mir anstellen? Wie kann ich Vertrauen zu diesen Ärzten haben? Ich sehe ja, wie sie uns behandeln, sowie wir in ihren Händen sind. Diese Beamten haben das Recht, uns in ein Krankenhaus zu stecken, in dem man gegen Syphilis behandelt wird, und dann zu entscheiden, ob wir wieder gesund genug sind, um arbeiten zu können. Sie interessieren sich nicht für uns, unseren Fall, unsere Beschwerden, sondern für den Kunden. Wie sollte man sich nicht vor ihnen fürchten?

Am nächsten Morgen kommt ein Mann in weißem Kittel an mein Bett, deckt mich mit einem Ruck auf und tastet mich brutal ab.

Nur flüchtig streift mich sein Blick – lange genug, daß ich darin seine Verachtung ablesen kann.

»Sie kommt sofort auf den Stuhl!«

Wenig später holt mich eine Schwester ab, und ich folge ihr. Der Arzt untersucht mich.

»Wann war Ihre letzte Regel?«

»Ich weiß nicht, Herr Doktor.«

»Was, das wissen Sie nicht? Sie machen sich wohl über mich lustig! Welche Abtreibungsmethode haben Sie benutzt?«

»Überhaupt keine, Herr Doktor. Ich habe nicht abgetrieben. Ich hatte meine Regel nicht mehr, und dann ist sie plötzlich ganz stark wiedergekommen.«

Wütend schlägt er mit der flachen Hand auf den Tisch. »Diese Geschichte können Sie jemand anderem erzählen, aber nicht mir! Es ist in Ihrem Interesse, daß Sie mir die Wahrheit sagen.«

»Aber ich habe Ihnen doch gesagt, ich habe nichts gemacht.«

»Schwester, bringen Sie sie wieder zurück!«

Einige Stunden später befiehlt mir die Schwester aufzustehen.

»Der Arzt hat Ihre Entlassung angeordnet, und seien Sie froh, daß er nicht die Polizei benachrichtigt. Das hier ist ein Krankenhaus, Krankheiten wie diese werden bei uns nicht behandelt. Ihre Chefin ist unterrichtet, sie holt Sie ab.«

Man hat also überhaupt nichts mit mir gemacht. Als ich weggehe, habe ich nach wie vor diese Blutungen.

Ich kann nicht mehr arbeiten. Darin sehe ich meine Chance. »Madame, in diesem Zustand bin ich zu nichts mehr zu gebrauchen. Nur der liebe Gott weiß, wann das aufhören wird. Ich bin am Ende, lassen Sie mich gehen.«

»Wofür hältst du mich? Glaubst du, du kriegst was von mir geschenkt? Bis du wieder gesund bist, wirst du den Gästen Getränke servieren.«

Die Blutungen lassen allmählich nach, aber ich habe weiterhin unsägliche Schmerzen im Unterleib.

Großzügig gibt mir Madame Aspirintabletten.

»Hier, nimm das! Ich setze sie auf deine Rechnung.«

Meine Rechnung – wie hoch ist die? Das habe ich nie erfahren.

Einige Tage später erscheinen mir diese Blutungen geradezu als schicksalhaft. Sie ermöglichen mir die Bekanntschaft von zwei jungen Leuten, Maurice und Albert, die ins Bordell kamen, um etwas zu trinken. Es gibt wenig Vergnügungsmöglichkeiten in Bône. Die beiden sind Studenten in meinem Alter. Da ich nicht auf mein Zimmer gehen kann, leiste ich ihnen Gesellschaft. Es sind anständige junge Männer, Kunden von der Art, wie sie der Puffmutter gefallen, die ihr schmeicheln und sie glauben lassen, sie leite ein »schickes«, gut besuchtes Etablissement. Daß die beiden sich für mich interessieren, besänftigt sie etwas. Sie sind nicht so dumm, der Chef und sie, um nicht zu verstehen, daß ich niemals die richtige »Mentalität«, nie den richtigen Geschäftssinn haben werde. Der Skandal, den ich verursacht habe, indem ich versuchte, den Araber zu erschlagen, ist in der Stadt bekannt geworden. Ein geschlossenes Haus, in dem die Mädchen die Kunden attackieren, hat kein gutes Renommee. Mein eigener Ruf ist mir egal, mir ist es sogar lieber, er ist schlecht. Aber Monsieur und Madame sind da ganz anderer Meinung. Deshalb sehen sie es nicht ungern, daß ich an den Tisch von Albert und Maurice gebeten werde. Und dies um so mehr, als sie, wie es Monsieur Louis ausdrückt, Sektfreier sind.

Ich weiß jetzt, daß die Tür des »Schwarzen Katers« von innen nicht aufgehen wird. Was ich brauche, sind Komplizen, die von außen kommen.

Nach vierzehn Tagen nehme ich meine Arbeit wieder auf; ich bemerke, daß meine zwei »Freunde« mir mit den Augen folgen, wenn ich in Begleitung von Arabern auf mein Zimmer gehe. In ihrem Blick ist etwas wie Mißbilligung und sogar, was mich noch mehr überrascht, ein gewisses Mitleid. Ich habe nicht mehr gewußt, daß es solch einen Ausdruck überhaupt noch gibt.

Niemals sind Maurice und Albert meine Kunden gewesen – »man geht nicht rauf nach den Arabern«. Jedoch gestehen sie mir schließlich, daß sie nur meinetwegen kommen. Wir plaudern über die Stadt, über ihre Sorgen, über irgendwelche Ereignisse und sogar über Bücher, was sie zu erstaunen scheint. Lesen, das fehlt mir sehr, Bücher bekommen wir hier nicht zu sehen, und im übrigen: Wann hätten wir schon die Zeit, sie zu öffnen?

Als meine Tante Aïcha bei ihrem Rechtsanwalt arbeitete, nahm sie mich oft mit. Ich half ihr ein wenig, und so kam es, daß ich das Zimmer von Mademoiselle betrat, wo mich ein großer Schrank mit verglasten Türen faszinierte, vollgestopft mit Büchern. So hingerissen davon war ich, daß mir das junge Mädchen, das mich überrascht hatte, als ich bewundernd davorstand, vorschlug: »Wenn du Lust hast, kannst du dir welche ausleihen.«

Ich las damals begierig alles durcheinander, die Odyssee, die Comtesse de Ségur, Jules Verne, Balzac und viele andere. Seit dieser Zeit begeisterte ich mich richtig für das Lesen.

Meine neuen Freunde sind so unschuldig, wie man es von ihrem Alter erwartet. Deshalb haben sie eine romantische Vorstellung von mir. Ich merke, daß Maurice sich allmählich ein Bild von mir macht, das der Sehweise eines ritterlichen Mannes entspricht; ich bin die arme Gefangene, und er brennt darauf, mich zu befreien. Ich habe ihnen jedoch noch nichts Genaues über meine Gefangenschaft hier gesagt, genausowenig wie ich ihnen gegenüber ausgedrückt habe, daß mir das Zusammensein mit ihnen auch deshalb Freude bereitete, weil es eine Atempause während meiner Arbeit bedeutete, einen Waffenstillstand während eines aufreibenden Tageskampfs.

Diese feinfühligen Jungen, diese Bürgersöhne – sind sie meine Chance? So groß unser stillschweigendes Einverständnis auch ist, brauche ich doch tagelang, um mich ihnen völlig anzuvertrauen – dem ernsthaften, ein wenig feierlichen Albert und Maurice mit den goldbraunen, melancholischen Augen eines Märchenprinzen, der über dieses Kompliment errötet wie ein junges Mädchen, an das er auch wegen seiner zartgliedrigen, schlanken Erscheinung erinnert.

Vielleicht würde ich kräftigere Männer finden, aber keine, die aufrichtiger wären. Das merke ich, als ich mich entschließe, mich ihnen anzuvertrauen, und ihnen sage, daß ich die Absicht habe zu fliehen. »Das haben wir gewußt.« Sie sind entrüstet und entschlossen, mir zu helfen.

Ich bin nicht mehr allein, das ist ein erstaunliches Gefühl, ein Sonnenstrahl in meinem abgesperrten Zimmer. Ein paar Sätze aus Liedern, die meine Mutter besonders liebte, kommen mir in den Sinn. Sie hat mich gehört, sie kommt mir zu Hilfe. Ich bin nicht mehr verflucht.

Wie aber können wir die Überwachung durch Ahmed umgehen? Ich habe keinen Vorwand, um aus dem Haus gehen zu können. Es ist zum Verzweifeln. Und dennoch – eines Tages, im orangeroten Licht, bei den Klängen arabischer Musik, die aus dem alten Plattenspieler ertönt, an einem Holztisch sitzend, haben wir meinen Ausbruch beschlossen. Meine Flucht in die Freiheit hat begonnen. Sie sollte fünfzehn Jahre dauern, während deren ich nie die Hoffnung aufgab. Eine Hoffnung, die mich während all der Tage und Nächte aufrecht hielt, die ich in den Armen von Fremden verbrachte.

Mit Maurice und Albert schmiede ich Pläne, von denen uns keiner durchführbar erscheint. Jedoch wissen wir schließlich eines ganz sicher: Ich muß im Morgengrauen fliehen. Das ist der einzig mögliche Zeitpunkt; am Tage und sogar während der Nacht ist es undenkbar, da ist zu viel los.

Und dann, eines Tages, betritt ein Amerikaner die Bar. Er trinkt etwas, lächelt mir zu – das kommt selten vor. Die Männer, die sich sonst hier blicken lassen, verlieren keine Zeit mit Lächeln; sie brauchen nicht zu gefallen, sympathisch zu sein. Er hat einen kräftig gebauten Körper und die ruhige Art eines Mannes, der sich Zeit läßt; er hat es nicht eilig, nach oben zu kommen, schlägt mir sogar vor, ich solle mich einen Augenblick neben ihm ausruhen. Diese ungewohnte Aufmerksamkeit berührt mich, flößt mir Vertrauen ein, und sobald wir in meinem Zimmer sind, spreche ich mit ihm. Wir verstehen uns besser, als wir uns verständigen, er radebrecht nur Französisch. Dieser Mann von fünfzig Jahren in Zivil ist Marineoffizier, sein Schiff macht Zwischenlandung in Bône. Vor seiner Nähe habe ich keine Angst und ekle mich auch nicht.

Am nächsten Tag besucht mich Walter wieder, und ich denke, er ist meine Rettung; ich fühle mich ihm so nah, daß ich ihm mein Vorhaben anvertraue. Daraufhin gibt er mir Geld, ganz ruhig, lächelt dabei zufrieden – und mit dieser Geste hat er alle Hindernisse aus dem Weg geräumt, dessen ist er sich sicher.

»Du go, weggehen.«

»Nein, Walter, ich bin eine Gefangene.«

»Ja, ja«, antwortet er und nickt dabei mit dem Kopf. Aber ich lese in seinen blauen amerikanischen Kinderaugen, daß er mich nicht versteht. Er kann mich nicht verstehen.

Also erkläre ich ihm geduldig und ausführlich meinen Fall. Diese Enthüllung bringt ihn völlig durcheinander. Ich bedränge ihn: »Ich weggehen, Sie mir helfen …« Mein Wunsch zu fliehen ist so stark! Ich lege eine solche Ausdruckskraft in meine Worte, daß selbst ein Tauber mich verstehen würde.

Er geht auf mich ein, ist sogar bereit, sich zu schlagen, zeigt mir seine starken Fäuste.

»Nein, nein, es darf kein Aufsehen geben, wir müssen eine List gebrauchen.«

Und so sieht mein Plan aus: Walter sagt der Chefin, er wolle die Nacht mit mir verbringen. Ganz früh am Morgen geht er dann wieder, und wenn Ahmed, der um diese Zeit noch ganz verschlafen ist, die Tür öffnet, schleiche ich mich davon. Draußen werden Albert und Maurice mit meiner Fahrkarte nach Oran auf mich warten und mich zum Bahnhof fahren. Ich kenne mich nicht in der Stadt aus und habe keine Lust, auf der Straße hängenzubleiben.

Der Zeitpunkt meiner Flucht steht fest. Heute ist mein letzter Tag. Endlich werde ich aus meinem Gefängnis, aus dieser Höhle herauskommen. In meine Freude mischt sich auch Angst. Den ganzen Tag über habe ich das Gefühl, daß etwas Unvorhergesehenes passieren und meinen Plan über den Haufen werfen könnte. Aber alles geht seinen gewohnten Gang. Am Abend kommt Walter mit mir herauf. Meine letzte Nacht hier bricht an. Ich verbringe sie zitternd, eine Hand in der Walters, der mir Mut zuspricht. Keiner von uns beiden tut ein Auge zu. In meinem Zimmer kann man nicht sehen, ob die Dämmerung angebrochen ist, aber Walter sieht auf seine Uhr; jetzt ist es Zeit! Ich habe mein einziges Kleid angezogen, das, mit dem ich hier angekommen bin, mit dem ich zur Untersuchung gehe. Meine Hände sind leer. Ich habe nichts mitzunehmen. Walter geht hinunter, ich dicht hinter ihm. Er weckt den Portier. Ich bleibe im Hintergrund, lauere auf den Augenblick, in dem die Tür sich öffnen wird. Geschützt durch Walter, der zur Seite tritt, stürze ich hinaus. Das plötzliche Gefühl der Freiheit empfinde ich wie eine heftige Ohrfeige, die mir den Atem nimmt. Albert und Maurice kommen angerannt, sie nehmen mich an der Hand. Walter schreit noch: »Good luck!«, und alle drei rennen wir wie die Verrückten zum Bahnhof.

Ich sehe ihn schon, da höre ich Ahmed schreien, der uns verfolgt hat: »Haltet sie fest! Haltet sie fest! Sie ist aus dem Bordell abgehauen!« Fensterläden werden geöffnet und schlagen gegen die Mauern, man hört, wie gefragt wird: »Was ist los?«

»Rufen Sie die Polizei!« schreit ihnen mein Wärter zu. »Man muß sie fangen.«

Ich laufe, laufe, ohne zu wissen, daß alles schon vergeblich ist. Ich laufe, weil ich in diesen wenigen Augenblicken noch frei bin, und nur das zählt.

»Polizei!« brüllt Ahmed. Gerade waren die Straßen noch leer, so früh am Morgen schlief die Stadt noch. Wissen sie denn überhaupt, warum sie Jagd auf jemand machen und welches Wild sie jagen?

Ich erreiche den Bahnhof. Auf dem Bahnsteig sehe ich einen Zug, der offensichtlich gleich abfahren wird; zwischen ihm und mir ein Beamter. In der Hand habe ich die Fahrkarte, die Maurice mir gegeben hat: »Um Gottes willen, er soll mich einsteigen lassen!« Meine beiden Freunde reden auf ihn ein. Ich weiß nicht, was sie ihm sagen; inzwischen sind in allernächster Nähe Leute zusammengelaufen, eine richtige Meute. Ahmed wendet sich an den Bahnbeamten: »Lassen Sie sie nicht einsteigen, sie hat keine Erlaubnis wegzufahren!« Der Portier des Bordells verbietet mir wegzufahren! Damit ist es für mich zu Ende. Die Leute sind mir gegenüber feindselig: »Sie sind alle frech, diese Huren!« – »Aus dem Bordell abhauen, so eine Unverschämtheit!« – »Du Schlampe, dreckige Nutte!«

Von einem Nachbarn des »Schwarzen Kater« informiert, muß mich die Polizei nur noch unter dem allgemeinen Beifall der Umstehenden aus deren Mitte heraus schnappen.

Ich werde zum »Schwarzen Kater« zurückgebracht, wie eine Diebin.

Albert und Maurice sind mir bis dorthin zurück gefolgt, sie sehen mich an, wir wechseln verzweifelte Blicke. Ich werde sie nie wiedersehen, die Chefin verbietet ihnen den Zutritt. Und die Tür schließt sich wieder hinter mir.

Der Empfang, den mir meine beiden »Wirtsleute« bereiten, kümmert mich nicht. Ich habe es beinahe geschafft – das werde ich nie vergessen, und das wissen sie auch. »So ist das also, das Fräulein hat geglaubt, es könnte abhauen! Und all das Geld, das wir für sie ausgegeben haben – glaubt sie denn, das schenkt man ihr? Für wen hältst du dich bloß, du Schlampe!« Ihr Geschrei und ihr Sarkasmus treffen mich nicht mehr, nicht einmal die Schläge.

Am nächsten Tag darf ich den Besuch eines Polizisten empfangen, der mich über das Gesetz informiert, das offizielle, nicht das der Bordellbesitzer. Sie ähneln sich auf merkwürdige Weise: »Du hast nicht das Recht, aus diesem Haus hinauszugehen ohne die persönliche Genehmigung des Polizeikommissars. Und um die zu erhalten, mußt du uns über deine Wünsche bezüglich eines Ortswechsels in Kenntnis setzen, uns wissen lassen, in welche Stadt du gehen willst, damit wir unsererseits unsere Kollegen dort informieren können.«

»Ja, also, ich möchte nach Oran.«

»Nach Oran? Dein Chef hat mir nichts davon gesagt. Und wohin genau?«

»Zu meiner Familie.«

»Das ist unmöglich. Du kannst nur in ein anderes geschlossenes Haus gehen.«

Ich schreie ihn an: »Mein ganzes Leben lang?«

Er mustert mich, erstaunt und gereizt: »Das weißt du doch selber – solange du registriert bist.«

Die Unterhaltung ist beendet.

Ich bin allein wie nie zuvor.

»Was für eine Hitze! In deinem Zimmer ist es kühl. Du weißt nicht, wie gut du es hast. Wenn du diese Sonne draußen sehen würdest!« sagt zu mir ahnungslos der Mann, der mich »gewählt« hat.

Dieses Land, so heißt es, ist das Land der Sonne. Mir aber hat man sie genommen; die Türen der Zimmer gehen auf den Flur, der zur Treppe führt, und auch unten im Saal ist kein Fenster.

»Ja, ich habe Glück, mir ist es nie zu heiß. Auch nicht zu kalt.«

Es ist anscheinend Sommer, die Kunden erzählen es mir. Die Leute halten Siesta während der heißen Mittagsstunden, sitzen auf den Terrassen der Cafés, sie sind auf den Straßen, gehen baden. Die Leute leben.

Auch ich ging baden, in das *hammam,* das türkische Bad, mit meiner Tante Aïcha. Auf dieses Vergnügen freute ich mich schon tagelang im voraus. Am Abend davor sah ich zu, wie meine Tante den großen Korb vollpackte, mit dem *ghassoul,* dem *alfa,* den Handtüchern, dem Gebäck, dem Halva …

In den arabischen Bädern war die Atmosphäre heiter und herzlich, die Frauen kamen und gingen, trafen sich und plauderten in dem allgemeinen Lärm. Sie blühten richtig auf in diesen heißen Dämpfen. Die Kinder rannten überall herum, schrien, warfen sich in die

Becken mit kühlem Wasser und bespritzten sich. Das waren die Geräusche, die Bewegungen des Lebens. Eines leichten Lebens, das alles andere vergessen ließ.

In dem Raum, in dem man sich reinigte, waren die ganzen Wände ringsum mit bunten Keramikfliesen bedeckt. Ich fand sie herrlich, schön wie persische Märchen in einer Hollywood-Verfilmung. Ich hatte eine wahre Leidenschaft für das Kino. Es kam vor, daß ich heimlich hinging, mit dem Geld, das man mir für das Mittagessen in der Schule gab.

Auf den Fliesen waren Reiter dargestellt, die zu den Prinzessinnen aus Tausendundeiner Nacht galoppierten. Ein Traum ...

Aus den Wänden floß das kühle Wasser in Becken aus Sandstein. Es war ein wunderbarer Ort.

Tante Aïcha nahm mich zwischen ihre nackten Schenkel, rieb mir die Haare mit *ghassoul* ein, rubbelte mir den Rücken mit einer Handvoll *alfa,* das angenehm die Haut massierte. Mein Körper schwang unter ihren Bewegungen vor und zurück, und jedesmal, wenn ich gegen sie zurückfiel, fühlte ich ihren kühlen Bauch an meinem Rücken. Diese Berührung gefiel mir: Tante Aïcha hatte eine große, weiche Brust und zarte Haut. Wenn sie mich abwusch, stockte mir unter dem kalten Wasser und vor lauter Verzückung beinahe der Atem.

Alle Kinder wurden auf diese Weise gebadet, und jedes dankte und küßte ehrerbietig seine Verwandte, die dann antwortete: »*Sarrha* – danke sehr, meine Tochter, Gott möge dich segnen.«

Danach gingen wir zum Ausruhen in einen anderen Raum, der nach Pfefferminztee und Orangen duftete. Die Frauen lächelten sich zu – das Glück war hier zu Hause.

Diese Frauen waren oft dick und hatten kleine Füße;

offensichtlich waren sie glücklich, so mollig und sogar fett zu sein, denn die Männer mochten Frauen mit großem Hinterteil. Auf allen Tischen neben ihnen lagen Konfekt und Halva, was sie genüßlich verzehrten.

Das *hammam* vereinigte natürliche, blühende Nacktheit, Dicke und Schlanke, Hell- und Dunkelhäutige in der feuchten Hitze seiner Dämpfe. Nur die Schmucknarben zeugten von einem Unterschied der Rassen.

Was machte es an solchen Tagen schon aus, daß wir zu Hause kein Wasser hatten, weder fließendes noch trinkbares, und keine Elektrizität, wenn wir alle wie im Mittelalter lebten. Wir teilten dasselbe Elend und dieselben Freuden.

Dieses Baderitual, dieses Kommen und Gehen von einem Raum in den anderen, dauerte fast den ganzen Tag. Wenn wir schließlich abends satt und müde zu Hause waren, sauber, rosig und glänzend, sprachen wir noch darüber: »Also«, sagte meine Tante, »das hat heute wieder gutgetan. Ich würde nicht mit der Königin von England tauschen …«

Dort unten in meiner Heimat, in Oran, weckte mich morgens der Gesang des Muezzins, ein melodischer, gedehnter Gesang; er verband sich mit dem der Vögel, stieg zur aufgehenden Sonne empor. Für mich hatte er die Süße des Honiggebäcks und den Duft von Jasminblüten.

Hier schlafe ich zur Stunde, wenn die Muezzins ihren Gesang anstimmen, zerschlagen vor Müdigkeit; ich weiß nicht, ob sich im Himmel über Bône ihr Singsang begegnet.

Den Äußerungen meiner Kunden nach ist Bône sehr malerisch. »In Bône bekommt man im Stadion Lust zu laufen und auf dem Friedhof Lust zu sterben«, sagen sie mir des öfteren, ganz stolz auf ihre Stadt. Um mir eine Vorstellung davon zu machen, ist der Weg vom »Schwarzen Kater« zum Amtsarzt zu kurz.

Bin ich wirklich in einer Stadt? Jedenfalls in einer, die ich nie kennenlernen werde.

Juliette ist in meinem Alter, sie kommt aus Perrégaux, einem Dorf in der Nähe von Oran. Sie ist aus freien Stücken hier, und dennoch verabscheut sie das, was wir machen. Mit ihr kann ich reden. Vielleicht rede ich zuviel, ich vertraue mich ihr an und sie sich mir.

»Weißt du, wir waren fünf Kinder zu Hause, und da ich die Älteste bin, hab ich mich um die andern kümmern müssen. Gemeinsam haben wir nur die Mutter, wir stammen alle von verschiedenen Vätern. Das Elend, das hast du ja auch gekannt. Nur gab es bei mir außerdem noch alle diese hungrigen Mäuler, die ich stopfen mußte, und womit, bitte schön? Man mußte erfinderisch sein, und ich war's. Wir haben viel Brei aus Erbsenmehl gegessen, das ist nahrhaft!

Bis zum Alter von fünfzehn Jahren hab ich durchgehalten, da hat mich der Liebhaber meiner Mutter vergewaltigt. An diesem Tag hat er mich gelehrt, was Haß ist. Siehst du, sogar wenn ich heute davon erzähle, gerate ich immer noch aus der Fassung vor Zorn und Wut und Abscheu!

Und dann bin ich Pierrot begegnet. Wir haben uns verstanden, auch er kam aus einer kinderreichen Familie. Ich unterhielt mich mit ihm, ich fand seine Augen nett; erst später hab ich gesehen, daß sie auch schön sind. Es war vor allem sein zugleich trauriger und vertrauensvoller Blick, der mich gerührt hat. Unser beider Elend vereint, das ergab so etwas Ähnliches wie Glück. Eines Tages hat er zu mir gesagt: ›Ich geh nach

Oran, da unten finde ich Arbeit, und ich werde dich holen.‹ Er ist ohne einen Pfennig zurückgekommen. Tagelang hat er überall nach Arbeit gefragt: Er wollte im Hafen arbeiten, auf dem Bau, als Wagenwäscher, Tellerwäscher, egal was – es gab keine Arbeit für ihn.

Dann ist er zu mir zurückgekommen wie ein geprügelter Hund. Als ich ihn sah, trieb es mir die Tränen in die Augen. Es konnte mit uns nicht mehr so weitergehen, verstehst du?«

Ja, das verstand ich, ich wäre sogar gern an ihrer Stelle gewesen. Sie hatte jemand, den sie liebte. Nur was danach kam, das verstand ich nicht mehr.

»Ich hab zu Pierrot gesagt, wir müssen da herauskommen, wir können nicht jahrelang in dieser Misere steckenbleiben.«

»Und da hast du an Prostitution gedacht?«

»Ja, das klappt immer. Der Beweis: Der Puff wird nie leer. Man fragt dich nicht nach Referenzen, man nimmt dich einfach. Wir hatten die Nase voll von den Fragen, die man Pierrot immer stellte: ›Wo haben Sie gearbeitet? Zeigen Sie Ihre Zeugnisse. Wer hat sie hierher empfohlen?‹ Ich hab mit Mädchen vom Fach gesprochen, die sich auskannten, sie haben mir erklärt, wie das läuft auf dem Straßenstrich, mit den guten und schlechten Tagen, mit den Bullen im Nacken, aber sie haben Knete gemacht, viel mehr, als wenn sie gearbeitet hätten. Na ja, ich hab mir gedacht, ich geh lieber in ein Bordell, da muß ich mir den Kunden nicht suchen, der kommt zu mir ins Haus. Die Polizei steckt mit den Puffbesitzern unter einer Decke, völlig klar. Ich hab mir auch gesagt, da verdient man das Geld schneller als auf der Straße. Wenn Pierrot und ich einen Batzen zusammenhätten, würden wir erst mal ein kleines Café aufmachen in einer Holzbaracke am Strand.

Zuerst hat ihm meine Idee nicht besonders gefallen, dann aber hat er zugestimmt. Und weil die Mädchen mir erklärt hatten, daß man ohne Mann nicht zugelassen wird, hat eben er mich hier vorgestellt. Ganz einfach, sie halten ihn für meinen Zuhälter.«

Jeden Abend nach Arbeitsschluß besucht er Juliette und holt sich den Verdienst seiner Frau ab, den der Bordellbesitzer ihm übergibt, ohne ihn auch nur um einen Pfennig zu betrügen. Dieser respektiert das Gesetz; einen Beschützer zu prellen, das kann einen teuer zu stehen kommen.

Alles, was Juliette mir über ihre Armut und über ihr Leben erzählt, verstehe ich, aber ich kann nicht begreifen, daß man sich in den »Schwarzen Kater« einsperren läßt, wenn man in Freiheit gelebt hat …! Mir scheint, sie hätte etwas anderes finden können. Um so mehr, als sie die Atmosphäre in diesem Bordell haßt. Daß man ein Minimum von fünfzig Nummern am Tag machen muß, bringt sie auf. Sie kann auch unsere Bordellbesitzer nicht ausstehen, findet sie geizig, kleinlich, sie sagt, mit dem Geld, das sie verdienen, könnte man ein besseres Haus führen, eine andere Kundschaft haben. Und da sie mich sehr mag, ist sie empört über das, was sie mir angetan haben, über diesen Zwang, dem ich mich unterwerfen mußte, und darüber, daß ich über nichts informiert werde. »Wehr dich, verlang das, was dir zusteht.« Es tut mir gut, mit ihr zu sprechen. Nur weiß ich, daß ihre Ratschläge unnütz sind – wenn mich nicht ein Mann verteidigt, komme ich zu nichts.

Immer häufiger nörgelt Juliette an Pierrot herum: »Gestern abend hab ich ihm gesagt, daß ich die Nase voll habe, daß er bloß ein Schmarotzer ist. Der Herr hat ein Zimmer in der Stadt, keine Probleme, Taschengeld. Er wird bald ein richtiger Zuhälter werden.«

»Das stimmt nicht ganz, er bewahrt doch dein Geld für dich auf.«

»Ja, aber ich allein verdiene es.«

Sie wechselt das Thema, kommt auf andere Dinge zu sprechen: »Weißt du, wenn wir aus dem Gröbsten heraus sind, mache ich meiner Mutter, meinen Brüdern und meiner Schwester viele Geschenke. Ich weiß jetzt schon, was ich ihnen kaufen werden.«

Bei diesem Thema findet sie ihre gute Laune und ihren Mut wieder. Für sie ist der »Schwarze Kater« nur eine sehr kurze Etappe.

»Hör mal, wir können hier nicht bleiben. Wir müssen uns ein eleganteres Haus suchen, dafür sind wir zu jung und hübsch genug. Ein Haus, in dem wir anständig behandelt werden.«

»Du kannst dich doch nicht beklagen, dank Pierrot hat man Respekt vor dir.«

»Aber nicht vor dir. Wir werden dort für weniger Arbeit mehr bekommen, weil die Nummern teurer sind. Wie soll man denn anständige Kunden bekommen, bei den Preisen, die sie hier verlangen?«

Später werde ich erfahren, daß es keine »guten« Kunden gibt. Aber damals glaubte ich es noch. Und obwohl ich die Arbeit verabscheute, hoffte ich auf weniger mühsame Bedingungen.

Eines Morgens, nachdem Pierrot weggegangen ist, kommt Juliette zu mir: »Jetzt ist es soweit, mein Schätzchen, wir haben, was wir brauchen. Ein Bordell in Philippeville. Sie suchen dort Neue, die Nummern werden gut bezahlt, wir werden unsere Kohlen schneller verdienen. Pierrot wird demnächst hinfahren, die Sache für uns regeln, und dann hauen wir ab.«

»Du, aber nicht ich.«

»Als ob ich dich hierlassen würde! Pierrot wird sagen, daß du meine Kollegin bist, das ist kein Problem, zwei Mädchen statt einem, das kann ihnen doch nur recht sein.«

»Aber was sagen wir hier?«

»Daran hab ich auch schon gedacht. Pierrot wird zwei Nächte bei dir verbringen, ihr werdet natürlich nur schlafen. Morgens wirst du dann ausgelöst, er wird dein Zuhälter sein, und weil du ja keinen Mann hast, kann niemand was sagen. Sie werden alles glauben, du wirst mit uns weggehen, das ist nur noch eine Frage des Geldes!«

Ein anderes Bordell!

Das ist nicht die große Freiheit, von der ich träumte ... Aber ich werde realistischer – jetzt habe ich zumindest eine Chance, von hier wegzukommen, und die kann ich mir nicht entgehen lassen. Um den Klauen dieser Raubtiere zu entkommen, muß man mit den Wölfen heulen.

Das geplante Programm läuft ohne Zwischenfall ab. Pierrot hat es geschafft, er kommt von einem Monsieur Jo mit unseren beiden Engagements zurück. In »sehr korrekter Form« setzt er Monsieur Louis über seine Verhandlungen in Kenntnis.

Monsieur und Madame erklären ihm: »Das ist möglich, wenn du sie zurückkaufst. Du bezahlst nicht einmal den eigentlichen Kaufpreis, sondern ersetzt nur, was sie uns schuldet.«

Diese Summe war nicht zu überprüfen. Pierrot akzeptierte den Betrag: ein Jahr lang würde er ihnen jeden Monat eine Zahlungsanweisung schicken.

Damals war ich erstaunt, daß sie dem Mann Juliettes glaubten; ich wußte noch nicht, daß ein Bordellbesitzer den Zuhältern immer vertraut. Sicher haben sie deshalb so schnell nachgegeben; hätten sie gewußt, daß Pierrot ihnen etwas vorspielte, hätte ich mein Leben vollends bei ihnen verbringen müssen. Dabei ist zu sagen, daß sie über mein Weggehen nicht verärgert waren – sie hatten zu viele Scherereien meinetwegen gehabt, und da sie bei dem Handel wohl erheblich profitierten, schienen sie zufrieden.

Einige Tage lang muß ich einfach meinen Gedanken freien Lauf lassen: Ich denke an angenehme Dinge, an ein gesundes Leben in der Sonne, an Schlaf, an ein Leben ohne Männer.

Juliette muß das gespürt haben, denn sie macht sich Sorgen: »Du wirst doch keine Dummheiten machen und Pierrot in eine Scheißsituation bringen? Du wirst sehen, bei Monsieur Jo wird alles ganz anders sein. Wir verdienen unsere Kohlen, stellen uns gut mit der Polizei und basta.«

Die habe ich ganz vergessen, aber sie mich nicht. Am Tag vor unserer Abreise belehrt uns der »Kommissar«: »Mein Kollege in Philippeville erwartet eure Ankunft. Erinnert euren neuen Chef daran, daß er eure Anwesenheit innerhalb von vierundzwanzig Stunden melden muß.«

Selbst wenn ich es wollte …

Die so fest verschlossene Tür des »Schwarzen Katers« öffnet sich, aber schon höre ich, wie sich die nächste hinter mir schließt.

Meine Träume werden sich nicht erfüllen in diesem Land, in dem ich nur das Recht habe, von einem Bordell ins andere zu gehen.

Für mich wird Algerien für alle Zeiten nur aus Bordellen bestehen.

6

Joseph Fortuno holt uns auf dem Bahnhof in Philippeville ab. Mit einer »Lieferung« ist man vorsichtig und überläßt nichts dem Zufall.

Ich habe ihn nie vorher gesehen, aber ich erkenne ihn sofort – sein Äußeres läßt ahnen, welches Geschäft er betreibt: Eine große Narbe geht von seinem rechten Auge bis zum Halsansatz und zieht den Mundwinkel hoch. Von diesem Abschiedsgeschenk einer Frau, einer Araberin, ist ihm eine Art verzerrtes Grinsen geblieben, das man nicht für einen Ausdruck des Willkommens halten darf. Während der Fahrt erzählt er uns einiges über sein Haus und über sich selbst, damit wir ihn mit gebührendem Respekt einordnen können.

»Ich habe eine Aufseherin, die sich um alles kümmert. Für diese Dinge habe ich keine Zeit.«

Später erfahre ich den wirklichen Grund: Er lebt mit der ehemaligen Frau eines Offiziers zusammen. Von Monsieur Jo betört, verließ sie ihren Mann. Ein Bordell zu führen, das kommt für sie nicht in Frage, sie ist eine ehrbare Frau!

Der Mann hat ein sicheres Auftreten: »In meiner Villa am Meer veranstalte ich Pokerpartien für uns Männer, sag Pierrot Bescheid, wenn du willst. Bei mir fühlt man sich privat und im Bordell wohl, muß keine Angst haben, ich hab die Jungs da oben sicher im Griff, die Polizei frißt mir aus der Hand.«

Sicher übertreibt er aus Angabe, aber nicht nur.

»Hier nennt man mich ›Monsieur Jo‹, das ist ein Name, den mir die Amis gegeben haben. Der ›Rote Mond‹ – so heißt mein Puff – hat ihnen gefallen, ich hab ganz schöne Geschäfte mit ihnen gemacht.«

Während er spricht, beobachtet er Juliette und mich

im Rückspiegel. Daß wir so jung sind, befriedigt ihn offensichtlich. Er gesteht uns bitter: »Die Kunden werden schwierig, die Mädchen sind ihnen nie frisch genug. Aber sie können doch nicht alle zwanzig sein wie ihr, nicht wahr? Ihr werdet heute nachmittag noch keine Zeit haben, mein Etablissement kennenzulernen. Im übrigen ist heute der Arztbesuch dran. Ihr müßt zum Amtsarzt gehen und bleibt dort so lange, bis man die Untersuchungen gemacht hat, die für eure Arbeitsgenehmigung notwendig sind.«

Noch am selben Tag erkrankt Juliette schwer. Sie wird mit dem Krankenwagen ins Hospital gebracht, wo sie erfährt, daß ihr ein Eierstock, vielleicht beide, herausoperiert werden. Sie ist verzweifelt und jammert: »Ich kann kein Kind mehr bekommen.« Ich habe keine Zeit, sie zu trösten, sondern werde umgehend zum Amtsarzt gebracht.

Ein absurder Ort, in dem ein französischer Arzt, Doktor Z., die Aufsicht hat, ein alter Mann, der müde wirkt. Alle Frauen scheinen Respekt, ja Angst vor ihm zu haben. Offensichtlich übt er große Macht über alles, was mit den geschlossenen Häusern zu tun hat, aus. »Paß auf«, flüstert mir eine Frau zu, »ich sehe, daß du neu hier bist, er kann dich vierzehn Tage und länger einsperren lassen, wenn ihm deine Schnauze nicht gefällt. Das ist ein ganz schön schwieriger Typ.«

»Er sieht krank aus.«

»Krank vom Fixen; na ja, Morphium, er hat ganze Schränke voll davon. Der ist dauernd weggetreten.«

Wie in Bône sind alle Frauen aus den Bordellen in Begleitung ihrer Aufseherinnen da. Was hier anders ist, ist das Verhalten der letzteren dem Arzt gegenüber. Die eine bringt ihm Hühner, die andere Eier und Obst. Körbe, die von Lebensmitteln überquellen, werden diskret neben dem Untersuchungsstuhl auf den Boden gestellt.

Doktor Z. hat zitternde Hände, einen unsicheren Gang, sein Blick ist ins Leere gerichtet, und er bedankt sich nicht einmal. Beklommen sehe ich, wie die Mädchen ihm einen Geldschein in die Hand stecken, bevor sie auf den gynäkologischen Stuhl steigen. Er stopft ihn dann in seine Tasche wie in den Schlitz einer Sparbüchse.

Ich habe ihm nichts zu geben. Wie in Bône steigen die Mädchen, wenn sie an der Reihe sind, auf den Stuhl und spreizen die Schenkel. Das Spekulum führt sein Sohn, ein junger Medizinstudent, ein. Dasselbe für alle; es wird zwischendurch nicht desinfiziert, nicht einmal abgespült. Auch wenn blaßrotes Blut heruntertropft, wird es wieder bei der nächsten verwendet. Der Arzt sitzt dabei auf einem Drehhocker, sieht hin und macht sein Zeichen für »ja« oder »nein«.

So werden die Mädchen aussortiert, die Wismutspritzen als Präventivmaßnahme gegen Syphilis bekommen. Nur für diese Frauen interessiert er sich. Er bekräftigt jede seiner Injektionen mit demselben Satz: »Alle Araber sind syphilitisch bis auf die Knochen, also …«

Diese intravenösen Spritzen werden ohne die elementarsten Vorsichtsmaßnahmen verabreicht: Aus einer Schublade holt er eine Ampulle und seine Spritze, bindet den Arm mit einer Schlinge ab, die längst jegliche Elastizität verloren hat, sticht ein, drückt die Flüssigkeit auf einmal ins Blut, dann kommt die nächste dran.

Durch diese Schockbehandlung haben gesunde Frauen Syphilis bekommen. Aber wen hat das schon gekümmert? Wer hätte gewagt zu protestieren? Er konnte ja einfach sagen, die Frau sei schon vorher verseucht gewesen.

Dieses Gesundheitsamt, das sich im arabischen Viertel von Philippeville befindet, ganz in der Nähe der Bordelle, besteht aus drei Räumen: dem Untersuchungssaal und zwei weiteren Zimmern. In dem einen stehen Betten, der andere ist kahl: vier weiße Wände, ein gefliester Fußboden, den die stationär behandelten Kranken jeden Tag mit Bürste und schwarzer Seife blitzblank schrubben müssen – wegen der Hygiene! Da man meinen Namen, Aziz, nicht als einen europäischen einstuft, komme ich zu den Araberinnen. Und weil ich zunächst nichts von der daraus folgenden Diskriminierung weiß, protestiere ich.

»Geben Sie mir ein Bett, ich will nicht wie ein Tier auf der Erde schlafen.«

Der kahle Raum ist ausschließlich für »Eingeborene« bestimmt. Die *moukères,* die Araberinnen, brauchen kein Bett, dieser Luxus ist für die *roumies,* für die weißen Frauen, die Französinnen, vorbehalten.

»Zieh dich aus!« heißt es dann.

Ich gehe mit den anderen zum Duschen, wir werden wie räudige Hunde mit Desinfektionsmittel übergossen. Im Saal der Araberinnen bin ich mit ungefähr dreißig Frauen zusammen, die wissen, daß der Saal mit den Betten für die *roumies* bestimmt ist. Zwei Wärterinnen mit verdrossenen Gesichtern verteilen an jede eine Schüssel Suppe und ein Stück Brot.

Um mir Platz zu machen, rücken die Frauen, die in einer Gruppe auf dem Boden nach arabischer Art im Fersensitz hocken, etwas zusammen.

Weiche Leiber, verbraucht durch Leiden und Erniedrigung, zusammengepferchtes stummes Fleisch. Doch plötzlich erfaßt sie ein Schauer, wie eine Woge.

Ich spüre, daß gleich etwas geschehen wird, was ich unbewußt herbeisehne. Eine Stimme erhebt sich, ein heiserer Gesang, der mir durch und durch geht. Ich verstehe nicht alle Wörter, ich errate sie, es sind Worte meiner und ihrer Qual. Eine Klage wird angestimmt, eine Frage, die an Gott gerichtet ist – ein Gebet.

»*Ya Arhbi* – mein Gott, warum tust du uns so weh? Warum quälst du uns so? Sag uns, warum!«

Wütend hervorgestoßen, löst das Wort *roumi* eine Haßtirade aus, reißt die Frauen in eine Art kollektiver Hysterie. Die Franzosen, die nicht wahrhaben wollen, daß wir von gleichem Fleisch und Blut sind wie sie, und die uns auf diese Weise behandeln, wären höchst erstaunt, welch gewalttätige Reaktion sie hervorrufen.

»Uii! Uii! Uii!« schreien die Frauen; sie weinen, stöhnen, schlagen sich ins Gesicht und zerkratzen sich, während sie ihre Verwünschungen ausstoßen: »Mögest du verflucht sein!«

»Möge das Meer dich verschlingen, dich und die Deinen!«

»Möge der Donner dich zerschmettern!«

»Mögest du blutige Tränen weinen!«

»Mögen deine Eltern verflucht sein!«

Jede Frau formuliert ihre persönliche Verwünschung, und mit ihrer Litanei der Flüche, ihren Schreien spukken sie gewissermaßen ins Gesicht des Ungläubigen, des Franzosen. Sie erfüllen den Raum mit ihrem Haß. Und ich bin mit Feuereifer dabei. Ja, auch ich wünsche, daß diejenigen, die sich uns gegenüber das Recht über Leben und Tod herausnehmen, an den schlimmsten Qualen krepieren. Ich wünsche, daß sie alle vernichtet werden, selbst wenn ich mit ihnen umkommen müßte – damit sie uns nur einen einzigen Augenblick lang unsere Würde zurückgeben.

Ich bin neunzehn Jahre alt. Der »Rote Mond« ist mein zweites Bordell.

Ich begreife bald, daß Juliette nicht so schnell wiederkommt, ihre Genesung wird lange dauern. Pierrot bleibt in ihrer Nähe.

Hier sind wir im Moment drei Französinnen; doch wir werden nicht lange die einzigen sein. Die Rekrutierung ist in vollem Gange. Aufgrund des Marthe-Richard-Gesetzes hat man gerade die Bordelle in Paris geschlossen. Die Bitten um Übernahme kommen haufenweise. Da die Araber Blondinen bevorzugen – so äußert sich *ihr* Exotismus –, stellen die Neuankömmlinge eine ernsthafte Konkurrenz für die Araberinnen dar, die sich entsprechend beklagen, und die Bordelle sind in Aufruhr. Die Frauen bringen auch ihre Zuhälter aus Frankreich mit, die sie hier unterbringen. Dabei kann ein Mädchen das Gesetz des Milieus nicht unterlaufen, alles läuft geregelt ab. Wenn ein Mädchen allein ankommt und sich einem Bordell anbietet, informiert der Inhaber die Zuhälter bzw. die *caids,* die im Milieu tonangebend sind, und diese holen Auskünfte ein: Das Mädchen muß beweisen, daß sie mit einem Zuhälter »verheiratet« ist; kann sie das nicht, nimmt sie einer von ihnen mit Zustimmung der anderen in seinen Besitz. Eine Frau allein, das ist unmoralisch.

Manchmal meint eine, die nicht mehr ganz jung und ihres Zuhälters überdrüssig ist, sie könnte es besonders schlau anstellen und ihm entwischen, indem sie nach Algerien geht. Aber sie kommt vom Regen in die Traufe. Sie muß nicht nur vor ein Strafgericht, sondern wird auch mit einer Geldstrafe belegt. Ein Mädchen, das heimlich abgehauen ist, wird in ein Bordell mit Massenabfertigung oder, noch schlimmer, einen *bushbir* gesteckt. Das ist der große Schrecken aller Frauen hier, egal, welchen Alters oder welcher Rasse. Diese *bushbirs* in Algerien, Tunesien und Marokko liegen am Rande der Wüste. Sie werden von der Armee überwacht und dienen Fremdenlegionären, Strafbataillonen aus Afrika und einigen arabischen Nomaden als Bordelle. Kein Mädchen ist von dort jemals zurückgekommen, aber Zuhälter und alte Puffmütter wissen einiges darüber zu erzählen. Alles ist besser als diese Strafanstalten.

Um unsere Bordelle entsteht ein richtig kontinentales »Milieu«. Korsen, die alle möglichen Ämter bekleiden, treiben Vetternwirtschaft in der Verwaltung, vornehmlich beim Zoll und bei der Polizei. Dann kommen die Marseiller und schließlich die Pieds-noirs maltesischer Herkunft, das sind die »Kümmerlinge«, die unterste Stufe in der Hierarchie der Zuhälter.

Ob sie nun für den einen oder anderen Zuhälter arbeiten – die Frauen hegen alle dieselbe Illusion, um überleben zu können, wenn sie von ihrem *mac* sprechen: »Ich arbeite noch einige Jahre, dann nimmt mich mein Mann aus dem Geschäft, er hat es mir versprochen. Wir werden uns einen Laden kaufen, und ich werde Chefin sein.« Das sind jedoch alles Ammenmärchen. Wenn sie großes Glück haben, werden sie Bordellwirtin. Auch sie haben angeschafft, auch ihnen hat ihr »Mann« den Käfig mit Worten vergoldet. Und nach all den Jahren der Arbeit hat er sie sitzenlassen. Ein banales Mißgeschick, das sie eben hinnehmen, da er alle Macht ausübt. Der Mann hat alle Rechte, eingeschlossen das Recht, sie zu verlassen, wenn sie verbraucht und verblüht sind. Dann gibt es für sie nur noch die Möglichkeit, sich ins Bordell zurückzuziehen und Aufseherin zu werden. Verglichen mit dem, was sie zuvor gemacht haben, ist das eine Art Aufstieg;

endlich haben sie sich von diesem Blutegel, dem Zuhälter, befreit.

Man muß sehr schlau sein und ständig aufpassen, damit man den Zuhältern nicht ins Netz geht. Mir ist es dann doch lieber, von Monsieur Jo abhängig zu sein, der mich Monsieur Louis abgekauft hat.

Da Juliette und Pierrot nicht mehr im Hause sind, bin ich wieder in die Hände eines Bordellinhabers gefallen. Ich darf seine einführenden Worte hören: »Ich will keine Scherereien. Solange du mir gehörst und deine Schulden bei mir nicht abbezahlt hast, verbiete ich dir, zu ›heiraten‹.«

Ich bin also eine Zeitlang vor einem Zuhälter geschützt, mache mir aber keine Illusionen, und mein Schicksal bleibt ungewiß. Denn es reicht schon, daß Monsieur Jo ein interessantes Kaufangebot gemacht wird …

Genausowenig wie im »Schwarzen Kater« verdiene ich im »Roten Mond« einen einzigen Centime.

Monsieur Jo läßt sich selten blicken. Sein Haus wird von einer stark geschminkten, verbrauchten Aufseherin geführt, die streng für die Einhaltung der Hausordnung sorgt. Sie verteilt die Jetons, serviert Getränke, überwacht die Tür. Wenn es Streit gibt, fungiert sie als Schiedsrichterin. Der Kunde ist König; wenn er unzufrieden ist, sein Geld zurückfordert, wird es ihm zurückerstattet. Das gehört zum guten Ruf des Hauses, auf den viel Wert gelegt wird, denn die Kunden unterhalten sich miteinander, reden auch in der Stadt, geben entsprechende Empfehlungen weiter.

Unser Lächeln ist obligatorisch, es ist unerläßlich für die Komödie, die wir spielen müssen. Wie viele Male habe ich ein Mädchen dabei überrascht, daß es weinte, bevor es in den Saal hinunterging, und dann auf sein nicht mehr junges Gesicht dieses bewußte Lächeln zwang! Oft habe ich den Eindruck, daß wir eine Art Schmierenkomödiantinnen sind, die eine erbärmliche Vorstellung geben.

Erbärmlich ist hier alles außer dem Saal, der einen etwas besseren Anblick bietet als der im »Schwarzen Kater«. Mein Zimmer, das heißt mein Arbeitsplatz und meine Schlafstelle, besteht aus vier kahlen Wänden, von denen der Putz abblättert, einer Tür, einem Schrank und einem schmierigen Sofa mit einem Läufer davor, damit die Kunden mit ihren Schuhen nicht den Bettüberwurf beschmutzen.

Und in dieser Umgebung suchen Männer aller Schichten die Liebe!

All das wäre unerträglich, wenn es nicht Liliane gäbe, ein blondes, warmherziges Mädchen aus Lyon. Ihre blauen Augen sind für mich der Himmel, den ich niemals sehe. Mit ihren vierzig Jahren könnte sie meine Mutter sein. Im übrigen hat sie eine Tochter, von der sie mir viel erzählt: »Sie ist in deinem Alter. Sie lebt in Frankreich. Meine Eltern ziehen sie auf. Du kannst dir denken, daß sie nichts von meinem Beruf weiß. Ich arbeite in Algerien, mehr hat man ihr nicht erzählt. Sie studiert Jura, glaube ich ...« Liliane träumt: »Meine Tochter wird eines Tages eine gute Stelle haben, vielleicht in der Verwaltung. Weißt du, ich besuche sie lieber nicht, sie soll einfach glauben, daß ihre Mutter sie vernachlässigt. Mir ist alles lieber, als daß sie eines Tages in die Hände von diesen Dreckskerlen fällt ... Lieber würde ich sie eigenhändig umbringen. Glücklicherweise wird das aber bei der Ausbildung, die ich ihr ermögliche, nicht geschehen können.«

Von solch einer Ausbildung, die einen im Leben vor

dieser ganzen Gemeinheit schützt, kann ich nur träumen. Für mich ist es damit vorbei.

Mit Liliane lache ich sogar manchmal. Eines Tages hält sie mir ein komisches Ding hin, eine Art Gürtel aus schwarzem Stoff, an dem Gummibänder mit merkwürdigen Enden hängen.

»Hier, das ist für dich, zieh ihn an, damit ich sehe, ob er dir paßt.«

»Wie trägt man das?«

»Um die Hüften.«

»Was ist das? Wozu braucht man das?«

»Es ist doch nicht möglich, daß du das nicht weißt! Das ist ein Hüftgürtel, daran befestigt man Strümpfe.«

»Strümpfe – aber ich habe sowas noch nie getragen.«

Sie lacht wie verrückt und ruft dabei aus: »Eine richtige Wilde, eine richtige kleine Wilde …«

Es ist wahr, ich bin von zu Hause in weißen Söckchen weggegangen, ich war ja noch so jung.

Meine Unwissenheit ist noch viel größer, als Liliane vermutet. Seit zwei Monaten bleibt wieder meine Regel aus, und ich beginne erst im dritten Monat unruhig zu werden, erstaunt darüber, daß es nicht ganz natürlich wieder zu einer Fehlgeburt kommt wie beim ersten Mal. Ich weiß nicht, was ich tun soll, und lasse die Zeit verstreichen. Das einzige, was ich weiß, ist, daß ich kein Kind will. Ich will nicht ein Wesen in die Welt setzen, das von Geburt an dem Elend ausgeliefert ist. Ich bin nicht Liliane, und ich lebe nicht in Frankreich. Ich habe keine Eltern, die das Kind aufziehen könnten. Es käme nur ins Heim, das ich mir wie ein zweites Bon Pasteur vorstelle. Ich weiß, daß es legal ist, einer Prostituierten ihr Kind wegzunehmen, wenn sie nicht in der Lage ist, ihm eine moralisch einwandfreie

Erziehung zu geben. Alles, was gegen uns unternommen wird, geschieht ja im Namen der Moral.

Wie soll es mit mir weitergehen? Die erste, mit der ich über das Ausbleiben meiner Regel spreche, ist eine alte Araberin, die im Bordell die Hausarbeit macht. Sie rät mir, einen Bund Petersilie in die Vagina zu stopfen. Nichts passiert. Dann gibt sie mir Kernseifeblättchen – zum selben Zweck. Zu jener Zeit weiß ich noch nicht, daß diese Praktiken keine Abtreibung bewirken, sondern nur die Gefahr einer Infektion mit sich bringen, die tödlich sein kann.

Dann fange ich an, ein wenig Blut zu verlieren, und freue mich darüber: Es hat geklappt. Tatsächlich, als ich aufs Klo gehe, fühle ich, daß sich etwas aus mir herauslöst. Dieses Etwas ist ein Kind, ich habe es ausgestoßen. Eine große Panik erfaßt mich. Das war mein Kind, es lebte in mir, von mir. Meine Gefühle sind zwiespältig: Gewissensbisse, Befriedigung und Groll gegenüber dieser Gesellschaft, die mich zwingt, das Kind zu töten, das ich von einem Zufallsvater empfangen habe.

Tagelang verliere ich Blut. Es fließt aus mir heraus, ohne daß ich es aufhalten könnte. Wie soll es weitergehen? Ich bleibe im Bett und habe Angst, hier sterben zu müssen ohne den Trost, diesem Gefängnis auch nur für einen Tag oder eine Stunde entflohen zu sein, um das Leben eines Mädchens in meinem Alter zu leben.

Ich habe dann natürlich Liliane alles erzählt. Und eines Abends, als sie ganz aufgebracht darüber ist, daß niemand von meinem Zustand etwas ahnt, bekommt sie einen Wutausbruch, ergreift die Initiative und will mich ins Krankenhaus bringen. Niemand wagt es, ihr zu widersprechen. Die Anwesenheit der blonden Europäerin schmeichelt Monsieur Jo, steigert das Ansehen seines Bordells. Liliane wird von der Kundschaft geschätzt, ist sehr gefragt; sie gilt außerdem als seriös, und so läßt man mich mit ihr weggehen.

Der Empfang im Krankenhaus ist äußerst frostig, ja eisig. Sofort sieht der Arzt, worum es sich handelt: »Abtreibung wird gesetzlich verfolgt und bestraft. Ich kann Sie nicht behandeln, ohne die Polizei zu informieren, und Sie riskieren eine Gefängnisstrafe.«

Gefängnis – dieses lauwarme Leben, das aus mir herausfließt, macht mir viel mehr Angst.

»Zuerst müssen Sie mir dieses Entlastungsformular unterschreiben, das besagt, daß Sie abgetrieben haben.«

Ich unterschreibe, und dann führt man mich in den Operationssaal. Dort liege ich auf einem Tisch, und man stülpt mir eine Maske über das Gesicht. Ich rieche den süßlichen, scheußlichen Geruch des Chloroforms. Über mir das ausdruckslose Gesicht einer Schwester: »Durchatmen … entspannen. Tief durchatmen …« Ich bekomme keine Luft. Verzweifelt suche ich in diesem Gesicht nach einem Zeichen menschlichen Interesses, nach Wärme, nach Ermutigung. Aber die strengen kastanienbraunen Augen sind bar jeden Mitleids. Ich habe Angst unterzugehen … Angst vor der Leere, die mich verschlingt.

Als ich aufwache, erfahre ich, daß man bei mir eine Ausschabung vorgenommen hat und ich acht Tage im Krankenhaus bleiben muß. Bei meiner Entlassung nehmen mich zwei Polizeiinspektoren in Gewahrsam und bringen mich in das Frauengefängnis, ein Nebengebäude des Gesundheitsamtes. Dort treffe ich Araberinnen an, die aus demselben Grund eingesperrt sind wie ich. Stundenlang klagen sie, und ich höre die gleichen Verwünschungen, die im Gesundheitsamt ausgestoßen wurden. Natürlich sind Besuche verboten, aber ich bekomme Päckchen von Liliane und von den anderen Mädchen, mit denen ich kaum Kontakt gehabt habe, und sogar von Monsieur Jo, was mich erstaunt. Die Tage, die Nächte sind lang, aber da ich ja so oder so eingesperrt bin, ziehe ich dieses Gefängnis dem anderen vor. Hier gibt es keine Kunden. Ich muß weder sprechen noch lächeln, noch nett sein. Ich habe Zeit nachzudenken, und es kommt mir der Gedanke, meinem Vater zu schreiben, ihm meine Lage zu erklären, die Not zu schildern, in der ich mich befinde. Schließlich ist er doch mein Vater! Ich sage ihm alles, sage ihm vor allem, daß ich seine Hilfe brauche. In meiner Unschuld verspreche ich ihm, mich unsichtbar im Hintergrund zu halten und zu arbeiten, meine Halbschwestern zu lieben, auf sie aufzupassen. Ich schwöre ihm, ich würde ihn nie verlassen, er könne im Alter auf mich zählen, ich würde mich nicht verheiraten. Nur solle er mich retten!

Über meinen Brief hätte man wohl lächeln können, über seine Naivität, über die daraus sprechende Verkennung des Lebens und dessen Realitäten, aber er hätte sicher jeden bewegt.

Voller Hoffnung warte ich auf die Antwort. Ich muß nicht lange darauf warten. In seiner Wut hat er den Brief in einem Zug heruntergeschrieben – einen Schwall von Gehässigkeit und Zorn. Er verweigert mir den Zutritt zu seinem sauberen, ehrbaren Haus. Er habe immer gewußt, daß ich ein »räudiges Schaf« sei. Er habe seine Töchter in Würde und Anstand erzogen und wolle nicht Gefahr laufen, daß sie sich bei mir ansteckten, meine Anwesenheit allein würde sie schon besudeln. Er werde mir nicht gestatten, daß ich mich ihnen näherte.

Ein schrecklicher Brief, der mir lange in den Fingern

und im Herzen brennt. Nachdem ich diese – sicher ein wenig verrückte – Hoffnung verloren habe, bin ich erst recht ratlos.

Niemand wird kommen und mich hier herausholen, weder meine Tanten noch mein Vater, für sie existiere ich nicht mehr.

Die einzige menschliche Wärme finde ich bei meiner neuen Familie: im Bordell, bei meinen Gefährtinnen. Ihre Solidarität ist echt, frei von jedem Eigennutz. Dieses Verständnis sollte ich selten in der sogenannten »guten Gesellschaft« finden, als ich viele Jahre später schließlich auf die Seite der geachteten Leute hinüberwechselte.

Wutentbrannt tobt Liliane gegen die gesamte Gesellschaft, wenn ich mich über ihre Ungerechtigkeiten, ihre Widersprüche wundere, und sie kann heftig ausrufen: »Mich erstaunt nichts an dieser Hurengesellschaft! Nur noch in den Bordellen findest du Leute, die Herz haben. Zum Glück helfen wir Nutten uns gegenseitig, sonst wäre es wirklich zum Verzweifeln.«

Es ist zum Verzweifeln, aber aus einem anderen Grund: Seit drei Jahren bediene ich achtzig bis hundert Kunden am Tag. An den Markttagen ist die Schlange der Wartenden endlos; sie reicht bis außerhalb des Hauses. Die Aufseherin läßt die Männer immer in Dreiergruppen eintreten und schließt dann wieder die Tür. Die anderen warten draußen geduldig. Sobald sie aber den Fuß über die Schwelle setzen, haben sie es so eilig, daß sie sich nicht ein Mädchen auswählen, sondern die erste nehmen, die gerade frei ist; sie schauen unsere Gesichter nicht einmal an, sie folgen uns mit dem Penis in der Hand. Trotz ihrer Hast müssen wir prüfen, ob sie Tripper haben, und sie anschließend waschen. Die Araber, die an solchen Tagen besonders zahlreich kommen, sind tadellos sauber. Als Moslems sind sie beschnitten und zu vielen Waschungen verpflichtet. Bei den Franzosen ist das anders, sie nutzen oft die Gelegenheit, sich waschen zu lassen. Das ist eine abstoßende Arbeit. Die Mädchen, die gezwungen sind, die Vorhaut zurückzuziehen und dann eine dicke, scheußliche Schmutzkruste zu entfernen, protestieren allerdings: »Das könntest du wenigstens machen, bevor du herkommst!« Die Männer lachen, weil sie das nicht für nötig halten, wir sind auch dafür gut.

Am Abend riecht das Zimmer nach Sperma, Schweiß und ungewaschenen Füßen. Ein Geruch, der auch über Nacht nicht verschwindet.

Wir bekommen eine andere Aufseherin. Madame Theresina ist eine alte Malteserin, die nur einige Worte Französisch kann und uns das Leben schwermacht. Sie ist eine schreckliche Spießerin, die sich an uns nur wendet, indem sie ihren Mund zu einer Grimasse des Ekels verzieht. Offensichtlich hält sie uns für abscheulich, aufsässig, nur dazu da, sie zu ärgern. Meistens hockt sie mit lauerndem Blick aus kohlschwarzen Augen hinter ihrer Bar wie eine große, haarige Spinne und belauscht uns. Da sie nicht nur auf die Nummern, sondern auch auf die Getränke Prozente bekommt, ist sie sehr darauf bedacht, daß wir die Kunden auch zum Trinken animieren. Hinter der Kasse thronend, belästigt sie uns und fährt uns grob an.

»He du da, hast du nicht den Gast gesehen? Worauf wartest du noch?«

Dann wendet sie sich dem Mann zu und schenkt ihm ein Lächeln, das ihre vom Tabaksaft gebräunten Zahnstummel entblößt. Denn diese Schönheit kaut Tabak!

Liliane ist die einzige, die aufmuckt: »Halt die Schnauze, alte Puffmutter! Eines Tages wirst du krepieren wie eine dreckige Ratte!«

Wir lachen, Madame Theresina stößt spitze Schreie aus, überschüttet Liliane mit Flüchen auf maltesisch und spuckt auf die Erde, während Liliane nur mit den Schultern zuckt. Sie ist entschlossen, nicht lange hierzubleiben, und ich klammere mich an sie: Wenn sie mich doch mitnehmen könnte!

Liliane, die Bordelle in Frankreich kennengelernt hat, spart nicht mit Verachtung für die hiesigen und ihre Besitzer: »Eingebildete Dreckskerle! Wenn man ihre Puffs schließen würde wie in Frankreich, würden sie alle draufgehen, so unfähig sind sie.« Liliane mag weder Algerien noch die *Pieds-noirs:* »Aufgeblasene Angeber, die keine fünf Minuten einem Franzosen, einem richtigen Mann, standhalten würden.«

Ich höre ihr zu und bin still, doch ich denke mir, sie scheint genausowenig wie wir jemals einen richtigen Mann kennengelernt zu haben.

Ihre Geschichte ist einfach: Sie war verheiratet, ihr Ehemann schlug sie, betrog sie und zwang sie dazu, sich zu prostituieren. Nachdem sie sich von ihm getrennt hatte, fiel sie wieder in die Hände eines Zuhälters – »dieses Gesindel, das man nicht los wird«, wie sie sagt. »Aber Francis, das ist direkt ein anständiger Typ, ein Älterer, der im Milieu etwas zu sagen hat.« Die beiden machen zusammen Pläne, wollen ein eigenes Bordell in Tunis führen. Ich würde gerne mit Liliane zusammen weggehen. Nur – wie soll ich aus Algerien herauskommen, mit einem gefälschten Personalausweis?

»Verlang von deinem Standesamt einen Auszug aus deiner Geburtsurkunde, und wirf den gefälschten Ausweis weg.«

»Von hier aus kann ich nicht schreiben.«

»Dann gib mir die entsprechenden Informationen, und Francis wird den Brief abschicken.«

Einige Wochen später habe ich mein kostbares Dokument, das ich sorgfältig verstecke.

Dann, eines Morgens, teilt mir Liliane die Neuigkeit mit: »Kleines, diesmal haben wir's geschafft, mein Macker hat ein Bordell in Tunis gepachtet. Ich werd hier nicht versauern. Es geht bald los.«

Ich habe Tränen in den Augen.

»Nicht doch, mein Hühnchen, ich nehm dich mit.«

»Monsieur Jo wird mich nicht weggehen lassen.«

»Hör mal, wir werden es so machen: Francis kauft dir die Fahrkarte für die Eisenbahn, und ich geb sie dir dann. Ich gehe als erste, und dann haust du ab. Ich werde jeden Tag am Bahnhof auf dich warten.«

Während ich diesen neuen Ausbruchsplan im Geist hin und her wälze, wird mir bewußt, daß ich seit nunmehr drei Jahren keine andere Straße gesehen habe als die, die zum Amtsarzt führt. Obwohl man jahrelang alles aus mir herausgeholt hat, obwohl ich vollkommen erledigt bin, sind meine Schulden nach wie vor ungetilgt, habe ich keinen einzigen Centime mit meiner Arbeit verdient.

Eines Morgens packt Liliane ihren Koffer, so, wie sie es gesagt hat. Sie hat nichts vergessen – ich habe meine Fahrkarte und ihre Adresse: »Beeil dich und komm schnell nach!«

Ich beschließe, schon am Tag darauf wegzugehen.

In jener Nacht lauere ich auf das Schließen der Türen, stehle aus dem Schrank ein Laken, das mir als *haïk* dienen soll. In das Tuch gehüllt, steige ich auf die Terrasse hinauf, klettere ohne Schwierigkeiten die kleine Mauer hoch, gehe auf das Nachbardach hinüber, dann wieder eine Etage nach unten und kauere mich auf einen Treppenabsatz, um zu warten, bis es Tag wird. Nach ein, zwei Stunden höre ich gleichzeitig mit dem Gesang des Muezzins Schritte auf der Treppe. Es ist der mozabitische Händler, der gleich seinen Lebensmittelladen öffnen wird. Fest eingewickelt in meinen *haïk,* der nur noch eines meiner Augen frei läßt, gehe ich ruhig hinter ihm hinunter. Die riesige Tür unten ist verschlossen, er öffnet sie, ich gehe an ihm vorbei, lege meine Hand aufs Herz als Zeichen des Dankes und trete hinaus.

Mein Herz schlägt zum Zerspringen, meine Kehle schmerzt. Ich bin im Araberviertel von Philippeville und kenne mich nicht aus. Zuerst muß ich aus diesem Stadtteil herauskommen. In meiner Aufmachung als Araberin beachtet mich niemand. Bald befinde ich mich auf einem kleinen Platz mit Palmen, die sich im frischen Morgenwind biegen. Es ist schönes Wetter. Diese Zeit des Ausbruchs genieße ich, wenn ich auch nicht lange die Muße dazu habe. Ich frage einen jungen Araber nach dem Weg zum Bahnhof, er zeigt ihn mir. Dort mische ich mich unter die Menge, die auf den Zug wartet. Als ich dann in einen Waggon eingestiegen bin und allein in einem Abteil sitze, atme ich auf. Wenn sie meine Flucht bemerken, wird es zu spät sein.

Verstohlen befreie ich mich von meinem Laken und schiebe es unter eine Bank. An der Grenze gebe ich dem Zollbeamten den Auszug aus meiner Geburtsurkunde. Mehr will er nicht sehen. Dieses Mal bin ich frei.

Ich sehe die Landschaft vorbeifliegen, meine Augen sind geblendet, sie sind das Tageslicht nicht mehr gewöhnt und tun weh. Wie kann man menschliche Wesen derart reduzieren?

Liliane erwartet mich am Bahnhof, und ich weine in ihren Armen.

Diese Reise ist ein erster Schritt hin zur Freiheit – wenn auch einer etwas trügerischen Freiheit, da mein Ziel ja wiederum ein Bordell ist. Aber mit Liliane wird es nicht dasselbe sein. Ich brauche nur noch etwas Zeit, um das Geld für die Abreise zu verdienen …

Die Freiheit, die wahre Freiheit – das bedeutet, mühselig viele Stufen emporzusteigen.

7

Natürlich befindet sich auch die »Perle des Orients« im Araberviertel, zwischen den unvermeidlichen »Schwarzen Katern«, »Sphinxen« und »Roten Monden«. Unterwegs dorthin erklärt mir Liliane: »Wir haben hier ein Bordell pachten können, die Bedingungen sind in Tunesien viel günstiger als in Algerien. Außerdem sitzt uns die Besitzerin, Madame Baudet, nicht mehr lange im Nacken, weil sie nach Frankreich zurückkehrt.«

Auch wenn mir Liliane nichts gesagt hätte, wären mir das Leben und die Pläne der Chefin nicht lange verborgen geblieben. Sie ist eine großgewachsene, kräftige, derbe Frau mit großen, knotigen Händen, den Händen einer Bäuerin. Überhaupt ähnelt sie mit ihrem ungeschminkten Gesicht, ihren runden Wangen und ihren tief eingegrabenen Falten mehr einer Frau vom Lande als einer Bordellbesitzerin. Während sie mit mir spricht, wackelt sie mit dem Kopf, gestikuliert unbeholfen, stößt eine Tasse um und ruft dabei: »Heilige Jungfrau, was bin ich ungeschickt!« Dann fährt sie fort: »Seit zwanzig Jahren führe ich dieses Haus. Aber das ist nicht einfach für eine alleinstehende Frau, ich bin nicht mehr in einem Alter, in dem man zu unmöglichen Zeiten schlafen geht. Mein Mann ist schon vor etlichen Jahren gestorben. Und schließlich muß man sich nach der Decke strecken, wie ich immer sage. Mit meinem Mann, das war das Paradies, meine Kleine, er machte die Bar, und ich verteilte die Jetons. Als ich dann allein war, niemand hatte, der mir half … Oh, ich hätte welche finden können, aber ich habe kein Vertrauen, das ist es … Ich überlasse lieber das Haus den Jungen und kehre nach Hause zurück, in mein Heimatdorf. Da unten habe ich Land gekauft. Na ja, was wollt ihr, ich bin eben eine Frau vom Lande, ich werde mein Gemüse ziehen. Ich bin Witwe, kinderlos, trotzdem habe ich zu Hause noch Familie.«

Sie springt von einem Thema zum anderen, beendet ihre Sätze nicht und sieht mich an, als könne ich sie zu Ende führen.

»Ich will bei meiner Familie beerdigt werden. Mein Mann und ich, wir haben dieses Haus gekauft, und wir haben hart gearbeitet. Wir haben das Ganze erst auf Vordermann bringen müssen, das war ein Araberpuff, die hingen hier herum, bekifften sich, und die Nutten waren alles Araberinnen. Ich habe das ganz anders aufgezogen. Mein Mann ist zur Verwaltung gegangen und hat um die Erlaubnis gebeten, Militärs als Kunden zu bekommen, das belebt das Geschäft … im Ernst, wegen der Bezahlung braucht man da nicht zu diskutieren. Mehr als zehn Jahre lang sind wir das bevorzugte Bordell der Armee gewesen. Danach bekamen wir Konkurrenz. Obwohl ich nie zum Milieu gehört habe, respektiert man mich; das hier ist ein nobles Haus geworden. Ich zahle meine Steuern!« Sie wirft den Kopf in den Nacken, um besser lachen zu können. »Die Mädchen und die Zuhälter sind hier nicht schlecht dran. Hauptsache, das Geschäft läuft!« Erneutes Gelächter, in das Liliane und ihr Mann einstimmen.

»Also ich, Kleines, ich selber bin nie auf den Strich gegangen!« Warum diese Erklärung? Sie fährt fort: »Aber deswegen kenne ich trotzdem das Geschäft, alle Tricks ... Ich werde dich Nicole nennen, das wird den Gästen gefallen. Kinder, ihr werdet hier das Geld nur so scheffeln, nach den Französinnen sind sie alle verrückt. Morgen zeigen wir uns beim Spaziergang.«

Und am nächsten Tag begeben wir uns, das heißt Madame, Liliane und ich (mit geliehenen Kleidern und Schuhen), am späten Vormittag – das ist eine besonders günstige Zeit – zu einem Platz, auf dem Droschken parken. »Steigt ein«, befiehlt uns die Chefin, und zum Kutscher: »Fahr durch die ganze Stadt, und zwar langsam, damit man uns gut sieht!«

Das ist die Zirkusparade vor der Vorstellung. Im Geschäftsviertel ist unser Erfolg groß. Alle wissen, daß Madame ihre neuen Mädchen ausführt. Wie an Fäden gezogen, kommen die Männer aus ihren Läden heraus. Vor den arabischen Cafés werden wir von gierigen Augen angestarrt, taxiert und abgeschätzt. Man hört einen einzigen Atem, spürt eine einzige Begierde, ein einziger Blick aus schwarzen Augen durchbohrt uns.

Die Parade ist zu Ende. Heute abend werden sie alle dasein und warten, bis sie an der Reihe sind ...

Madame fährt nicht sofort ab, um zu ihren grünen Weiden zurückzukehren; sie führt Liliane ein, die an ihrem Rollenwechsel Geschmack gefunden hat und dabei große Talente zeigt.

Tagsüber merken wir von Madame Baudets Anwesenheit kaum etwas. Ihre *fatma,* ihr arabisches Dienstmädchen, bringt ihr den Kaffee ans Bett. Madame steht spät auf, macht ihre Abrechnung, geht aus und vergißt dabei nicht, uns zu fragen, ob wir etwas brauchen, was ganz neu für mich ist. Ansonsten interessiert sie sich nicht für uns und ist überhaupt nicht neugierig. Sie ist weder böse noch besonders egoistisch, für sie gehören wir einfach einer anderen Rasse an, und sie nimmt uns gegenüber die gleiche bevormundende Haltung ein wie die Franzosen hier gegenüber den Arabern.

Jetzt regieren sie abends zu zweit: Liliane, die ihre neue Rolle mit einer Ungeduld spielt, die ich vermutlich als einzige bemerke und die mich erstaunt, und Madame Baudet, die nach ihr im Morgenrock herunterkommt, einen kleinen Umhang über den Schultern, die Füße in Charentaisen, großen, karierten Pantoffeln. Wie um ihre Aufmachung zu entschuldigen, sagt sie: »In diesem Land ist es so feucht!« und bezieht ihren Platz an der Kasse, hinter dem Tresen. Über ihr steht in roten Buchstaben und in arabischen Schriftzeichen: »Hier wird kein Kredit gegeben.« Wenn ein Kunde dennoch darauf besteht, Kredit zu bekommen, und seinen ganzen Charme einsetzt, macht sie das Palaver zwar mit, gibt aber nicht nach. Das Spiel amüsiert sie, obwohl sie seinen Ausgang kennt.

»Nein, nein«, sagt sie dann, »da ist nichts zu machen. Du kannst offenbar nicht lesen« – sie duzt alle Araber –, »sieh mal, direkt vor deiner Nase steht es geschrieben. Komm wieder, wenn du Geld hast. Wenn ich euch Kredit geben würde, könnte ich meinen Laden gleich zumachen!«

Und indem sie uns als Zeugen nimmt: »Hör dir doch das an, diese Kameltreiber, immer versuchen sie zu schnorren!« Indem sie den Kunden nachäfft, fügt sie hinzu: »Ich schwör's, Madame Baudet, ich komm morgen, ich bring dir das Geld ...« Befriedigt darüber, wie gut ihr die Imitation gelungen ist, bricht sie in Gelächter aus und fährt fort: »Sie brauchen nur auf die andere Straßenseite zu gehen, da gibt es Araberfrauen auf Kredit. Aber sie wollen ja lieber Französinnen haben, da sind alle gleich. Doch vergiß nicht, Liliane: kein Geld – keine Frau.«

Liliane wird es nicht vergessen. Aber etwas anderes vergißt sie schnell, nämlich daß sie ein Mädchen wie wir, daß sie meine Kameradin gewesen ist, mehr noch, meine Freundin. Hat sie mir denn nicht durch ihr tatkräftiges Handeln das Leben gerettet? Hat sie mir nicht geholfen hierherzukommen? Jeden Tag erscheint sie mir ein wenig distanzierter. Vielleicht verhält sie sich so, weil eine Bevorzugung mit Mißtrauen betrachtet würde. Sie ist es, die seit kurzer Zeit die Jetons austeilt und wieder an sich nimmt, und ich wage nicht, sie zu fragen, was sie mit meinen macht, wenn ich sie ihr zurückgebe. Normalerweise sollte ich wie die anderen mein Geld dafür bekommen. Hier habe ich keine Schulden zurückzubezahlen. Am Tag meiner Ankunft hat sie mir nur gesagt: »Monsieur Jo wird dich bei uns nicht wieder schnappen, und wenn er's probieren sollte, käme er bei meinem Mann an den Richtigen!«

Ich weiß, daß das Risiko, das ich einging, als ich vor Monsieur Jo flüchtete, noch besteht und daß mich meine Flucht teuer zu stehen kommen könnte. Ich bin es gewohnt, umsonst zu arbeiten. Doch hier gibt es überhaupt keinen Grund, warum es wie bei Monsieur Jo sein sollte. Liliane hatte sich über das Verhalten der anderen, die in ihren Augen Diebe waren, zu sehr empört, als daß sie mich genauso betrügen könnte. Wir haben einfach noch nicht darüber gesprochen. Sie hat sicher andere Dinge im Kopf, und da es sich von selbst versteht, daß ich für meine Arbeit bezahlt werde, denkt sie nicht daran, mich zu beruhigen. Ich muß nur warten, die Dinge klären sich sicher von selbst.

Anläßlich ihres Abschieds gibt Madame Baudet ein kleines Fest, zu dem sie alle Freunde einlädt: Zuhälter, Polizisten, Bordell- und Barbesitzer, lauter vornehme Herrschaften. Sie spendiert Champagner und spricht in dieser familiären Abendgesellschaft mit heftigen, weit ausholenden Gesten über ihre Erinnerungen: »Ah, meine Kinder, hier habe ich schöne Zeiten erlebt, als ich meine Mädchen zum Baden an den Strand von Goulette mitnahm, zum Spazierengehen, zur Besichtigung der Ruinen von Karthago … Nur hat es dann Auswüchse und Skandale gegeben, und schließlich wurden diese Ausflüge verboten. Jetzt braucht man sogar, um zum Arzt zu gehen, eine Genehmigung dieser Herren von der Polizei! Und dann ist Tunis auch keine ruhige Stadt mehr, es gibt arabische Zuhälter. Wer hätte das je für möglich gehalten?!«

Ich langweile mich in dieser feinen Runde, in der Liliane allen vorgestellt wird und ihren ganzen Charme entfaltet. Sie ist bereits eine Helfershelferin der Zuhälter, wie sie im Buche steht, und wenn ich an die Reden denke, die sie früher hielt, kann ich mich nicht genug wundern.

Wir anderen Mädchen rangieren unter dem Begriff der »Damen des Hauses«. Damen mit der unterwürfigen Miene von Dienstmädchen! Niemand spricht mit mir, und ich hänge meinen Gedanken nach, als ein schöner dunkelhaariger Mann mit schwarzen Augen einen Satz zu mir sagt, der gewiß belanglos ist, der mich aber ganz durcheinanderbringt – jemand nimmt Notiz von meiner Existenz!

»Trinken Sie ein wenig Champagner.«

»Nein danke, ich habe schon getrunken.«

»Doch, bitte – um mit mir anzustoßen.«

Wir kommen ins Gespräch. Er erzählt mir, er sei Korse und habe eine Bar im Stadtzentrum. Ich sehe ihn genauer an; er ist ein Mann von vierzig Jahren, mit weißen Zähnen, wunderbaren Händen, groß, gut gebaut, und eine gewisse zugleich physische und moralische Kraft geht von ihm aus. Warum vertraut er mir an, daß er kein Zuhälter sei, sie aber alle kenne? In seiner Bar verkehren nur Korsen.

»Ich stehe gut mit ihnen, und zwar gerade deshalb, weil ich nicht zum Milieu gehöre und weil sie sicher sein können, daß ich unparteiisch bin. Es kommt vor, daß ich bei Streitigkeiten zwischen ihnen den Schiedsrichter spielen muß.«

Er sagt das alles ganz einfach, so als ob es unbedingt notwendig sei, daß ich wüßte, wer er ist. Es ist das erste Mal, daß ich auf einen Mann nicht mit Furcht und Mißtrauen reagiere. Der Abend hat für mich eine angenehme Wendung genommen, und als der Mann weggeht, habe ich das Gefühl, mich von einem Freund zu verabschieden.

Der Eindruck trügt nicht. Zwei Tage später besucht er mich, zahlt an der Kasse, geht mit mir nach oben, setzt sich auf mein Bett und sagt: »Ruh dich aus. Ich bin gekommen, um ein bißchen mit dir zu plaudern. Ich habe dir meinen Namen noch nicht gesagt – ich heiße Sylvio.«

Er kommt mehrere Male wieder. Eines Abends liegen wir beide nebeneinander ausgestreckt, da streichelt er sanft meine Haare, nimmt meine Hand. Ich bin ganz verwundert darüber, daß ich Vertrauen gegenüber einem Mann empfinde. Ich gehe aus mir heraus und wage zu ihm zu sagen: »Weißt du, ich fühle mich wohl.« Er antwortet: »Ich auch, ich fühle mich wohl mit dir.«

Und wegen dieser simplen Worte schnürt es mir die Kehle zu. Was kann ich ihm schon bieten?

Ich muß ihm sagen, daß ich betrogen wurde, daß man mich zu dieser Arbeit gezwungen hat ... und ich erzähle ihm mein bisheriges Leben. Ich gehe bis zu meiner Kindheit zurück – für ihn will ich rein sein, reingewaschen. Mein Bericht überrascht ihn nicht. Er ist ein Mann mit Erfahrung und Wissen, er beobachtet genau und spricht wenig. Die Worte, die er an mich richtet, sind erfüllt von einer Mischung aus Weisheit und Zärtlichkeit, die mich zutiefst aufwühlt. Noch nie hat sich jemand in dieser Weise für mich interessiert.

»Hör mal, du wirst nicht ewig durchhalten können, so ganz alleine«, sagt er oft zu mir, und ich weiß, er hat damit recht.

»Es hat in einem Bordell noch nie ein Mädchen ohne Beschützer gegeben. Siehst du, hier weiß man alles, in meiner Bar höre ich so Sachen ... und man redet viel von dir. Man versucht zu erfahren, wer dein Mann ist. Du kannst gekauft werden, ohne es zu wissen, und –«

»Liliane würde mir Bescheid sagen.«

»Glaubst du?«

»Ja, ich denke schon.«

»Wenn ein Zuhälter dich haben will, wird er dich bekommen, und ich fände es schrecklich, wenn du in einem *bushbir* enden würdest. Du mußt dir klarmachen, daß in diesem Land eine Frau nichts ist als eine Ware. In den Bordellen wollen sie ständig neue Mädchen haben, dann verbringst du also dein Leben, indem du von einem Puff zum anderen wechselst? Und wenn du schließlich doch von einem Zuhälter gekauft wirst, wird er dich bestimmt nicht vom Strich wegholen. Als verbrauchte Frau bist du dann gerade noch gut genug für den *bushbir.*«

»Ich weiß das alles, ich denke unaufhörlich daran, aber ich sehe keinen Ausweg.«

»Ich will dir helfen. Zunächst einmal werde ich dich unter meinen Schutz stellen. Solange ich erkläre, daß du meine Frau bist, bist du in Sicherheit. Dann mußt du dein Geld bekommen. Wenn ich mich hinter dich stelle, werden sie nicht wagen, es zu behalten. Ich werde mit deiner Chefin darüber sprechen. Du brauchst unbedingt Geld. Wenn du respektiert werden willst, wenn du willst, daß man dich als menschliches Wesen betrachtet, brauchst du eine gesellschaftliche Position, eine Familie, einen Beruf. Geld ersetzt das alles. Im Moment bist du eine kleine Jüdin, die dazu nicht einmal aus dem Bürgertum stammt. Geld stinkt auf dieser Welt nicht, sogar wenn du es scheißt, respektiert man dich.«

Sylvio gebraucht oft Sprichwörter und Aphorismen, und sie leuchten mir immer ein.

Dem, was er sagt, habe ich nichts hinzuzufügen; genau so ist es. Gerade in finanzieller Hinsicht bin ich immer ausgebeutet worden, und ich muß wohl oder übel feststellen: sogar von Liliane.

»Sie müssen dir nicht nur dein Geld zahlen«, fährt er fort, »sondem du mußt es beiseite legen, für den Notfall. Ich werde es an mich nehmen, denn mir wird man es geben. Sonst wirst du es nie bekommen. Man muß sie austricksen. Nur werde ich dein Geld auf ein Sparbuch einzahlen, das auf deinen Namen lautet. Du kannst es dann an dich nehmen, wann immer du willst.«

Als Liane von Sylvio erfährt, daß mein Verdienst an ihn auszubezahlen sei, sagt sie zu mir: »Du hättest mit mir ruhig schon vorher darüber sprechen können, Francis und ich haben für dich jemand sehr Ordentliches gefunden.«

Die Gefahr war also näher gewesen, als ich geahnt hatte.

Etwas Sanftes, Süßes ist in mein Leben gekommen. Etwas, auf das ich nicht mehr gewartet habe: die Liebe. Diese Liebe hat nichts zu tun mit dem, was ich als kleines Mädchen oder als Gefangene träumte – sie ist ganz und gar real. Ich liebe und achte Sylvio. Er ist der erste Mann, für den ich eine richtige Frau bin. Von ihm lerne ich Dinge, die ich bisher nicht kannte, von deren Existenz ich noch nicht einmal wußte. Er lehrt mich, daß ein Mann und eine Frau sich lieben, zusammen weinen, zusammen leiden, zusammen schlafen können …

Einfach weil es ihn gibt, beginne ich zu glauben, daß man so etwas wie Glück haben kann. Daß ich ihm an diesem Ort begegnet bin, ist schon ein großes, unverhofftes Glück. Er läßt mich ein wenig meine Lebensbedingungen vergessen. Ich löse mich von diesem Dasein, von diesem täglich verkauften Körper. Dabei weiß ich sehr wohl, daß es mich umbringen könnte, wenn ich mir meiner kläglichen Existenz zu deutlich bewußt würde. So lebe ich für die Stunden nach meiner Arbeit – nur diese zählen wirklich –, lebe für Sylvio, meinen Freund, meinen Bruder, meinen Vater, meinen Geliebten.

Für mich ist er der Mann, von dem alle Frauen träumen, der einen beschützt, einem das Gefühl der Sicherheit gibt, ohne die alles fragwürdig erscheint. Von ihm hätte ich gern eine Menge Kinder, die alle ihm ähneln sollten. Aber daran ist nicht zu denken! Er wäre jedoch ein wunderbarer Vater; er hat große Achtung vor seiner Familie und liebt sie innig. Von seinem Vater spricht er wie von einem Heiligen. Genauso respektvoll redet er von seiner Mutter und von seinem Bruder François. Was diesen betrifft, so kann ich heute sagen, daß Sylvio sich durch die Zuneigung zu seinem Bruder in die Irre führen ließ. Für ihn ist seine Familie untrennbar verbunden mit Propriano, dem kleinen Fischerdorf, in dem er geboren ist, und das ist wahrscheinlich der Grund für seine Sanftmut. Diese enge Bindung, dieser innere Friede machen mir begreiflich, wie wichtig die »Wurzeln« für ein menschliches Wesen sind. Auch ich möchte gerne von einer Heimat träumen, in die ich eines Tages zurückkehren könnte, von einem Zufluchtsort, an dem ich nie als Eindringling betrachtet, sondern wo ich willkommen geheißen würde. Einem Ort, an den allein schon zu denken mich trösten könnte, wo ich gerne meinen Lebensabend verbringen würde. Aber diesen Ort gibt es nicht.

Ich höre immer noch den *Chibani* an der Quelle: »An jedem neuen Morgen«, sagte der *Chibani*, »nahm Myriam ihren Krug und ging zum Brunnen.

Damals lebten die Familien weit entfernt voneinander, es gab keine großen Städte. Myriam lebte allein in ihrem kleinen Haus mit ihrem Mann Jacob.

Kein Kind hatte die Ehe gesegnet, und Jacob verzweifelte und verfluchte das Schicksal, das ihn an diese unfruchtbare Frau gebunden hatte, die unfähig war, ihm einen Sohn zu schenken.

Jeden Abend blickte Myriam zum Himmel empor und bat ihn, sich ihrer zu erbarmen. Jeden Abend überhäufte Jacob sie mit Vorwürfen.

Myriam litt unsäglich unter der Mißachtung ihres mürrischen Ehemanns und wußte schließlich nicht mehr, wen sie anflehen sollte. Und je öfter sie zum Brunnen ging, desto mehr peinigte sie der Wunsch, nicht mehr nach Hause zurückzukehren und vor diesem bösen Mann zu fliehen.

Da ihr niemand Zärtlichkeit und Liebe entgegenbrachte, weinte und klagte Myriam. Aber wer sollte ihr zuhören? Und die Jahre vergingen.

Doch eines Tages näherte sich ihr eine alte Frau, von der man nicht wußte, woher sie gekommen war, und fragte sie: ›Was hast du, Myriam? Warum klagst du so?‹

›Ach! Weil ich verflucht bin. Gott will mir keinen Sohn schenken, und Jacob mißachtet mich. Ich verbringe meine Tage am Brunnen, dann zu Hause, wo ich das Essen zubereite, den Weizen stampfe, das Brot knete, die Wäsche wasche, nähe, und am Abend muß ich mir die bitteren Vorwürfe Jacobs anhören. Ich habe nicht einmal einen Platz, an dem ich mich ausweinen könnte.‹

›Wenn du wieder zum Brunnen kommst‹, sagte die alte Frau zu ihr, ›vertraue dich dem Stein an, den du dort siehst, er wird dir zuhören, und wenn du nach Hause kommst, werden dir Jacobs Worte nicht mehr so weh tun.‹

Von nun an hörte der Stein alle Tage das Weinen und Klagen Myriams, und so fühlte sie sich weniger allein.

Die Jahre vergingen. Als Myriam merkte, daß sie alt war, wollte sie ein letztes Mal zu dem Stein sprechen.

›Ich muß dir dafür danken, daß du mir diese lange Zeit so geduldig zugehört hast.‹

Plötzlich wurde Myriam vom Wunsch erfaßt, zu erfahren, was sich im Innern des Steines verbarg. Sie nahm einen großen Kiesel, schlug damit auf den Stein, so daß dieser in zwei Stücke zersprang – und viele tausend Würmer krochen hervor.

Da sprach der Stein zu ihr: ›Siehst du, Myriam, wenn du mir nicht die ganzen Jahre dein Leid geklagt hättest, wären all diese Würmer in deinem Herzen. Geh jetzt nach Hause. Es ist Zeit, an Jacob zu denken, den man sehr bedauern muß, denn er hat nicht einmal einen Stein, der ihm zuhört, und sein Herz ist zernagt.‹«

Die Frauen, die den *Chibani* umstanden, hatten feuchte Augen, nickten mit dem Kopf, wiegten den Oberkörper hin und her und sagten: »Ah ja, ah ja, das ist wohl wahr!«

Das war eine Legende – konnte sie Wurzeln ersetzen? Ich fand, daß diese Erzählung zu der friedvollen Weisheit Sylvios hinführt, der mich die Dinge und die Menschen verstehen lehrte, der mir den Weg der Geduld zeigte, nicht den der Anpassung, im Gegenteil, wenn er sagte: »Du mußt dich gerade halten können, aufhören, das Rückgrat zu beugen. Du mußt lernen, den Wert der anderen richtig einzuschätzen, dann kannst du auch deinen eigenen ermessen. Ärgere dich nicht mit jemand herum, der es nicht wert ist. Verausgabe dich nicht für Unwichtiges. Das Leben ist kurz, und du hast nur eines. Wenn du dagegen jemand begegnest, dem du vertrauen kannst – solche Menschen gibt es selten –, sei großzügig. Dann wird deine Großzügigkeit auch nicht umsonst sein.«

Eines Abends kommt er mit einem tollen Radiogerät an: »Hier, jetzt kannst du Musik hören, das tröstet über vieles hinweg.« Niemals zuvor habe ich ein Geschenk bekommen. Sylvio ist der erste, von dem eine solche Geste kommt, und ich bin glücklich, daß es so ist.

An der Seite dieses Mannes erlebe ich, wie ich eine Frau wie alle anderen werde. Aber werden wir eines Tages auch ein Paar werden wie alle anderen?

Während ich nur daran denke, wie ich ihm noch näher kommen kann, tritt etwas ein, was unser Zusammensein behindert: Ich bekomme fürchterliche Schmerzen im Unterleib, gehe völlig gekrümmt, kann keinen Verkehr mehr ertragen. Liliane ist besorgt und läßt einen Arzt kommen. Ich bekomme eine Reihe von Spritzen, die meine Schmerzen lindern. Aber die Diagnose ist düster: »Die Besserung ist nur vorübergehend, Sie müssen irgendwann an den Eierstöcken operiert werden.«

»Unter diesen Umständen«, meint Sylvio, »kannst du nicht hierbleiben. Du darfst nicht mehr in einem Bordell mit Massenabfertigung arbeiten. Ich bin egoistisch gewesen, ich wollte dich in meiner Nähe haben. Wir werden uns trennen, ich schicke dich in das berühmteste Bordell von Algier, das ›Sphynx‹, da bist du gut aufgehoben. Ich werde dich oft besuchen. Ich spreche gleich mit Jeannot.«

Wenn er es für richtig hält – ich weiß, daß er niemals etwas tut, was nicht in meinem Interesse ist.

Später jedoch, nach seinem Tod, sollte ich mich schließlich fragen: Bis zu welchem Grad hat er wirklich in meinem Interesse gehandelt? Bis zu welchem Grad hat er mir geholfen?

Warum holte mich dieser großzügige, mir so nahestehende Mann nicht aus diesen Gefängnissen? Wie konnte er es hinnehmen, daß ich weiterhin im Bordell blieb – so, als sei es rnein Schicksal? Er hat nicht gewagt, die Verantwortung ganz für mich zu übernehmen. Fürchtete er Konsequenzen?

Ich glaube, daß es mir heute möglich ist, diese Fragen zu beantworten, weil ich inzwischen das Milieu nur zu gut kenne.

Zum einen kann ein Mann für eine Prostituierte, mit der er sich einläßt, nicht genau dasselbe empfinden wie für eine andere Frau. Zum anderen trennt ihn, wenn er zum Milieu gehört, sein Stolz auf seine Funktion als »Mann« einer Prostituierten völlig von dieser. Er weiß zudem, daß alles, was er mit ihr macht, von der großen Familie von seinesgleichen beurteilt wird. Und da gibt es Gesetze, die er nicht brechen könnte, ohne seine Funktion als Zuhälter in den Augen der anderen einzubüßen. So wird er höchstens dann eine Prostituierte dazu veranlassen, ihre Arbeit aufzugeben, wenn sie damit bezahlt hat, daß sie ihr ganzes Leben lang für ihn angeschafft hat. Eine Frau aus dem Bordell herausholen, das tut nur ein Freier, ein Schlappschwanz. Obwohl Sylvio nie Zuhälter war, wurde er im korsischen Milieu doch als solcher angesehen, und vielleicht hatte er Angst, daß man ihn dort für einen Verräter halten könnte.

Wegen dieser Mentalität, dieser Abhängigkeit von einem Milieu, wurde so ein ganzes Frauenleben verpfuscht ... und dennoch wird Sylvio für mich der beste Mann meines Lebens bleiben.

Was Sylvio außerhalb meiner vier Wände treibt, welche Kontakte er pflegt, davon weiß ich nichts. Er ist sehr verschwiegen, was ihn von den anderen gänzlich unterscheidet; niemals höre ich, daß er sich mit der

Beziehung zu jemand oder mit einer Fähigkeit brüstet. Und umgekehrt – wenn er etwas behauptet, muß man es einfach glauben. Deshalb ist auch für mich beschlossene Sache, was er gesagt hat: »Ich bringe dich im ›Sphynx‹ unter, bei Nana.« Das ist aber weitaus schwieriger, als ich es mir vorstelle.

Zwar ist Liliane wütend darüber, daß ich von der »Perle des Orients« weggehe und ihr nun endgültig entwische, doch macht sie mir dabei keine Schwierigkeiten.

Sylvio hat natürlich für alles gesorgt. In Algier werde ich von Hélène, einer seiner Freundinnen erwartet, einer hübschen, eleganten Frau von ungefähr dreißig Jahren, die ein luxuriöses Appartement bewohnt. Diesen Luxus, in dem sie lebt, verdankt sie, wie sie mir sagt, einem alten, sehr reichen Mann, der sie aushält. Am selben Abend, während das Essen von ihren Hausangestellten serviert wird, erzählt sie mir, wie sie es so weit gebracht hat: »Weißt du, ich sage immer, daß man nie den Mut verlieren darf. Ich bin ein Beispiel dafür: Mein Leben hat eher mies angefangen; zuerst kam die übliche Geschichte, ich falle auf einen Zuhälter herein, der mich in ein Bordell in der *Kasba* steckt. Eines Tages kommt an diesen unmöglichen Ort ein nicht mehr ganz junger, aber sehr eleganter Mann. Der hat nicht lange gefackelt: ›Du kannst hier nicht bleiben. Wenn du willst, miete ich dir ein Appartement.‹ – Ist doch gerade märchenhaft, diese Geschichte, nicht wahr? Da habe ich natürlich ja gesagt. Er hat meine Geldstrafe bezahlt, und jetzt habe ich ein Konto auf der Bank, einen Wagen, ein Appartement in Paris, eine Villa am Meer, Schmuck, Pelze. Und dann zeige ich dir noch etwas, sieh mal!«

Sie nimmt ein Leinensäckchen, öffnet es und läßt auf den niedrigen Tisch kleine Steine rollen.

»Das sind ungeschliffene Diamanten. Mein Freund ist Besitzer von Diamantenminen. Sie bestechen nicht gerade durch ihr Äußeres, meine kleinen Steinchen, das ändert aber nichts an der Tatsache, daß ich damit für die Zukunft versorgt bin.«

Von dieser Art sind die sagenhaften Geschichten, die die Frauen in den geschlossenen Häusern und überhaupt alle Strichmädchen an trübsinnigen und auch an anderen Abenden erzählen. Um den Wahrheitsgehalt zu betonen, berufen sie sich auf Aussagen von Kameradinnen, von denen man nie weiß, ob sie authentisch sind oder welcher Teil dazugedichtet wurde. Bei der Freundin Sylvios war es wirklich so. Jedoch beneide ich sie nicht, ich brauche nicht so viel Geld, nein, davon träume ich nicht, nur von Freiheit ... und ich gehe zu Nana, ins »Sphynx« in Algier, das renommierteste Etablissement in ganz Algerien.

Hélène hat noch Freunde im Milieu und erklärt mir: »Hier ist Jeannot der Chef der algerischen Prostituiertenszene, Nana hört auf ihn. Übrigens, wenn du nicht empfohlen wärst, hätte es keinen Sinn, daß du dich dort überhaupt vorstellst. Die Frauen drängeln sich nämlich nur so, um in ihr Bordell reinzukommen. Allerdings hat Nana so ihre Art, und man muß ihr gefallen. Du hast Referenzen: Du wirst eingeführt von Jeannot, bist die Frau von Sylvio. Nana will nur Frauen, die einflußreiche Männer als Zuhälter haben. Bei ihr gibt es keine Techtelmechtel rechts oder links, keine Liebhaber fürs Herz. – Mit einem einzigen Mann wie deinem, der Geld zu machen versteht und die richtige Einstellung hat, mit dem machst du dein Glück.«

All das ist mir nicht ganz neu, Nanas Ruf ist sogar schon bis in die tunesischen Bordelle gedrungen. Das schüchtert mich um so mehr ein.

Meine erste Begegnung mit Nana ist kurz. Sie ist eine Frau von ungefähr fünfzig Jahren, enorm in jeder Beziehung, sie wiegt um die neunzig Kilo und beeindruckt durch ihren Umfang wie durch ihre Art, einen mit ihren nachtschwarzen, tief in Fett eingebetteten, reichlich mit Khol umrandeten Augen unter die Lupe zu nehmen. Ihre Haare sind blond gebleicht, und sie scheint eine Vorliebe für Satin und durchbrochene Stoffe zu haben.

Während ich von ihr in wenigen Sekunden von oben bis unten gemustert und taxiert werde, fühle ich mich wie nackt. Dann sagt sie zu mir: »Im Moment habe ich nichts frei. Aber wenn du willst, wenn du fleißig bist, kannst du vorerst im ›Sofa‹ arbeiten. Sobald ich kann, werde ich dir Bescheid geben, dann kommst du zu mir. Aber unter einer Bedingung: Du darfst den Kunden nie sagen, daß du aus einem Bordell für Araber kommst. Mein Haus ist ausschließlich Europäern vorbehalten. Wer es auch sein mag – ein Kameltreiber kommt mir hier nicht herein. Verstanden?«

»Ja, Madame.«

Ohne Geld, Sylvio ergeben, den ich liebe, Gefangene dieses ineinander verzahnten Räderwerks, das das ganze System der Bordelle aufrechterhält, gefügig, wie Madame Nana es will, komme ich ins »Sofa«, einige Meter vom »Sphynx« entfernt, mitten in der *Kasba,* ohne zu wagen, bei der Gelegenheit ein oder zwei Tage freizunehmen. Auf der Straße habe ich Angst, verhaftet zu werden. Ich muß unverzüglich bei der Polizei meinen neuen Aufenthaltsort angeben.

Wenn auch die Massenabfertigung der Kunden Hauptaufgabe des »Sofa« ist und auch hier die Jetons als Zahlungsmittel verwendet werden, ist die Nummer teurer als in Tunis oder in Bône, und jetzt verdiene ich daran.

Das »Sofa« ist das feinste der Bordelle, die ich bisher kennengelernt habe. Zum ersten Mal habe ich ein anständiges Zimmer.

Die Chefin ist nicht viel anders als meine früheren, da besteht kaum ein Unterschied. Sobald der Abend anbricht, klebt sie an ihrer Kasse und betrachtet ohne jedes Wohlwollen ihre Truppe. Dabei sind wir so einträgliche dumme Schafe!

Tagsüber leitet eine Aufseherin das Haus. Sie ist Deutsche und spricht Französisch mit starkem Akzent. Sie hat blaue melancholische Augen und sieht nicht gerade aus, als wäre sie glücklich, hier zu sein. Sie kann jedoch das Haus verlassen, während es in unseren Zimmern nicht einmal Fenster gibt. Wenn ich ein Stückchen Himmel sehen will, muß ich auf die Terrasse hinauf, was nur erlaubt ist, wenn man Wäsche aufzuhängen hat, und nur tagsüber. Nachts sind alle Ausgänge hermetisch verschlossen.

Eines Abends, nachdem ich zwei Wochen da bin, sagt die Chefin zu mir: »Pack deine Sachen zusammen, morgen früh bringe ich dich zu Nana. Ich werde ihr bei dieser Gelegenheit einen Besuch abstatten.«

Ich bekomme Madame Nana nicht einmal zu Gesicht, die Aufseherin erwartet mich. Schlank, fast mager, sieht Madame Mado in ihrem schwarzen Kleid mit dem gestärkten weißen Kragen, mit weißen Manschetten und weißer Schürze wie eine etwas griesgrämige Gouvernante aus. Ihre grauen Haare sind streng nach hinten gekämmt und im Nacken zu einem Knoten gesteckt. Sie ist so schamhaft, daß sie beim geringsten

Anlaß erschrickt, und wirkt daher wie eine Klosterschwester oder eine Frau von der Heilsarmee. Mit fester und achtunggebietender Stimme belehrt sie mich über die Hausordnung, die genauso für ein Mädchenpensionat gelten könnte – nur daß die Aktivitäten ganz andere sind.

Hauptregel: Die Arbeitszeit geht von zehn Uhr morgens bis zwei Uhr nachts. Dann das Recht auf Ausgang – für mich etwas völlig Neues –, und zwar einmal die Woche, selbstverständlich in Begleitung der Aufseherin, um Einkäufe zu machen oder zum Friseur zu gehen, was mir herrlich vorkommt: in meinem ganzen Leben war ich noch nie beim Friseur.

Schnell wird mir klar, daß sich in diesem Haus alles um Madame Mado dreht. Sie stammt aus Algier, ist seit kurzem Witwe und hat keine Familie außer ihrer Schwester, einer böswilligen, dickleibigen Person, die so fett ist, daß sie sich nur mit Hilfe einer *fatma,* die ihr auf Schritt und Tritt folgt, fortbewegen kann. Madame verbringt die Zeit und ihr Leben damit, daß sie uns nachspioniert. Sie berichtet Nana alle unsere Verstöße gegen die Hausordnung, paßt auf, mit wem wir nach oben gehen, macht sich auf der Treppe so breit, daß wir rücksichtslos über ihre ausgestreckten Gliedmaßen steigen müssen. Dann bricht sie in Schluchzen aus oder fängt an zu schreien und wird von ihrer Schwester beschimpft, was uns Freude macht.

Niemals richtet Madame Nana an uns das Wort, noch würdigt sie uns eines Blickes, es sei denn, der »Dienst« verlangt es. Wir existieren für sie nur als eine Art Sklavinnen, die ihren Befehlen unterstehen, als minderwertige, verachtungswürdige Geschöpfe. Völlig blöde, ohne ersichtlichen Grund bricht sie manchmal in feistes Lachen aus. Sie ist sehr stolz auf ihr Haus, darauf, ein »nobles« Bordell daraus gemacht zu haben. Sie behauptet, es sei selbst in Paris bekannt, was auch stimmt. Von Paris träumt sie; ich weiß nicht, ob sie jemals dort war, aber es genügt, ihr zu sagen, daß man von dort kommt, und schon plustert sie sich auf wie ein Truthahn, als ob ein wenig von diesem Glanz auf sie zurückstrahlen würde.

Doch ihrem Haus, das um einen Innenhof maurischen Stils gebaut ist, fehlt gänzlich dieser Pariser Stil, dessen Eleganz sie rühmt. Die Zimmer sind um einen ziemlich großen, mit Spiegeln geschmückten Saal herum angelegt. Mit Samt bezogene Bänke stehen entlang den Wänden, vor denen wie in einem x-beliebigen Café Tische und Stühle aufgereiht sind. Aber der Gipfel von Nanas schlechtem Geschmack offenbart sich in der Gestaltung der Bar; eine zwei Meter lange Sphinx aus vergoldetem Pappmaché empfängt hier den erstaunten Besucher. Und in diesem beklemmenden, in seiner Häßlichkeit nicht zu überbietenden Rahmen verbringen die Kunden ihre Abende.

Bei Madame Nana wird nicht die Massenabfertigung praktiziert, sondern eine andere Form der Prostitution. Man gehört zum Dekor, mit dem wir eine Einheit bilden, verwachsen sind, und man gehört der Chefin, unser aller Mutter. Denn sind wir nicht alle »ihre Mädchen«? Unentwegt beobachtet sie uns mit ihren kleinen, schwarz umrandeten, in Fettpolster eingebetteten Vogelaugen.

Den Tagesablauf überwacht ein junger Diener, der schon vormittags seinen Dienst antritt. Er wohnt mit uns zusammen, doch das bedeutet kein Risiko, denn er ist wegen seiner Homosexualität eingestellt worden. Er serviert uns eine Art Limonade, die aussieht wie Tee, wenn der Kunde Champagner bestellt, den zu trinken wir ihn animieren müssen. Nanas Mädchen trinken keinen Alkohol, denn eine betrunkene Frau würde dem guten Ruf ihres Hauses schaden.

Das übrige Personal besteht aus einer arabischen Putzfrau und einer Köchin. Die Ausgaben für Kost und Logis – unsere »Pension« – werden jede Woche von unseren Einnahmen abgezogen, von denen wir nur die Hälfte bekommen, und dies wiederum nur mit der Auflage, das Geld unseren »Männern« auszuhändigen.

Die Tage verlaufen einer wie der andere, die Vormittage, die Nachmittage vergehen ruhig, unter dem strengen Blick Madame Mados. Abends vor dem Eintreffen der Kunden setzen wir uns um einen Tisch, und manche unterhalten sich miteinander. Madame Nana ist schon an ihrem Platz, sie sitzt hinter der Bar. Mit schnellen, gleichmäßigen Bewegungen fächelt sie sich mit ihrem winzigen Fächer Luft zu und beobachtet uns dabei scharf aus dem Augenwinkel. Um ihrem Blick zu entgehen, mache ich mich ganz klein hinter einem der Mädchen. Mich geschützt wähnend, nicke ich einen Moment lang ein, ohne mich zu rühren – und bekomme einen Schwamm an den Kopf geworfen! Ich öffne die Augen und begegne dem kalten, auf mich gerichteten Blick von Madame. Sie fährt fort, sich zuzufächeln, während ich vor mich hin brumme. »Schimpf ruhig weiter!« antworten mir ihre Augen.

Das Haus beginnt sich erst gegen zehn Uhr abends zu beleben, wenn die Bewohner von Algier ausgehen und ihre Frauen zu Hause lassen. Algier ist eine Stadt der Männer, wie Algerien ein Land der Männer ist. Die Frauen warten zu Hause mit den Kindern, während die Männer ins Bordell gehen. Das findet man hier völlig in Ordnung. Madame Nana kennt alle diese Männer, sie stammen aus der Gegend, und Nana hat nicht wenige von ihnen schon als junge Burschen, ja als Kinder gekannt, und manch einer brüstet sich damit, auf Nanas Knien geritten oder von ihr entlaust worden zu sein – einstige Privilegien, die man sich zur Ehre anrechnet.

Der Ehemann von Madame war zu seinen Lebzeiten ein bekannter, in der Welt des Sports einflußreicher Mann. Er hat sogar bei der Tour de France von Radsportlern sehr begehrte Prämien gestiftet. Das Paar war berühmt, und die Radrennfahrer kommen weiterhin, um Nana zu besuchen. Sie gehören zu »ihren Kleinen«. Sogar Adoptivkinder hat sie! Mehr als einer von ihnen verdankt es ihr, daß er seine Ausbildung fortsetzen kann. Sie ist so gut und so großzügig! Eine wahrhaft edle Gönnerin. Auch unser Arzt ist einer ihrer jungen Schützlinge. Er kümmert sich um unseren Allgemeinzustand. Die wöchentliche »Visite« wird vom Arzt des Gesundheitsamtes im Hause durchgeführt. Für Madame Nana kommt er extra hierher, denn für ihre Mädchen wäre das Zusammensein mit den anderen Frauen zu lästig.

Selbstverständlich sind unter ihren lieben Kindern einige Angehörige der Polizei. Sie kommen und trinken etwas, gehen mit einem Mädchen hoch – wie überall funktioniert auch hier die Zusammenarbeit zwischen Polizei und Bordellbesitzern reibungslos.

Geschätzt und respektiert wegen ihrer Herzensgüte, herrscht also Madame Nana über uns alle. Dabei stinkt das Geld tatsächlich nicht, und seine Herkunft schokkiert niemanden. Sie hat ein solches Renommee bei den Kunden, die ihr gegenüber alle unsere Äußerungen wiederholen, daß wir uns hüten müssen, etwas Schlechtes über sie zu sagen. Für sie gibt es nur eine geschäftliche Regel: Der Kunde muß zufriedengestellt werden. Ein gesundes Prinzip. Nur wissen das die lieben Kunden und mißbrauchen es. Und wir sind es, die dafür herhalten müssen.

Nana sonnt sich in diesem Licht, in dieser zärtlichen Ehrerbietung, die sie einflößt – ist sie denn nicht die »Mama« der Männer Algeriens?

Für uns ist sie die Karikatur einer Mutter, und wir sind eher geneigt, diese kleinliche, mittelmäßige und autoritäre Frau zu verabscheuen, als sie zu bewundern!

In ihrem Zimmer, in dem sie uns das Geld für die Jetons ausbezahlt, können wir ausgiebig das Kruzifix aus Elfenbein und Ebenholz über ihrem Bett bewundern; es ist eingerahmt von einem Rosenkranz aus Perlmutt und Silber, dem ihrer ersten Kommunion. Wie könnte man noch daran zweifeln, daß Gott ihr für so viele loyale Dienste seine Gnade schenkt?

Mein Zimmer ist fast luxuriös zu nennen, denn es enthält einen Schrank und ein Bett aus Mahagoni und, als höchsten Komfort, einen Waschraum, der durch einen Vorhang vom Zimmer abgeteilt ist. Es ist anständig beleuchtet, hat aber keine Öffnung ins Freie. Das Gesetz verbietet es. Die geschlossenen Häuser tragen zu Recht diesen Namen.

Hier bin ich nicht dem anstrengenden Rhythmus der Massenabfertigung unterworfen, die Arbeit ist weniger hart, wenn sie auch dieselbe bleibt. Ich glaube, daß ich mich nie an sie gewöhnen werde. Wie immer bin ich auch hier die Jüngste, und meine Kameradinnen geben mir gute Ratschläge: »Laß vor allem nicht zuviel mit dir machen. Es fehlt dir noch an Erfahrung, und die Kunden haben nicht alle Rechte, wie Nana uns glauben lassen will. Wenn du allem und jedem zustimmst, verdirbst du das Geschäft.«

Ich bedanke mich bei ihnen. Sie können ganz beruhigt sein, ich brauche ihre Empfehlungen nicht. Mehr oder weniger bewußt mache ich mir meine Jugend zunutze und wage, den Kunden zu sagen: »Weißt du, ich mache das noch nicht lange, also sei nett, verlang nicht zuviel von mir ... ich könnte es sowieso nicht ...«

Ich habe sie dadurch wahrscheinlich milde gestimmt, denn keiner hat sich bei Nana beklagt.

Am meisten hasse ich es, wenn sich die Kunden, die nicht gesehen werden wollen, die Mädchen wählen. Sie kommen nicht in den Saal, sondern benutzen einen Gang, der direkt in den Salon führt. Dann klatscht Madame Mado in die Hände, sagt – das Ritual ist immer dasselbe –: »Stellen Sie sich zur Wahl, meine Damen«, und wir gehen alle in den Salon. Während wir da stehen, sieht uns der Kunde genau an und zeigt mit dem Finger auf die, die er ausgewählt hat. Manche der Mädchen nehmen aufreizende Haltungen ein, entblößen ein Bein bis zum Ansatz des Schenkels oder eine Brust ... dabei können sie sicher sein, daß die Wahl eines Schüchternen auf sie fallen wird. Ich beteilige mich nicht an dem Wettstreit, verstecke mich hinter den anderen, so gut es geht, und setze mein einfältigstes Gesicht auf. Das entgeht Madame Mado nicht. Sie erteilt mir mit strengem Blick und hoch erhobenem Kinn einen Tadel: »Ist dir klar, daß deine Haltung für den Kunden beleidigend ist?«

Ich murmle etwas wie eine Entschuldigung, versichere, daß es nicht mit Absicht geschehen sei. Die Aufseherin gibt sich zufrieden, droht aber gleichzeitig damit, Madame Bescheid zu sagen, wenn ich wieder damit anfinge.

Sie tut es niemals.

So gehen die Tage dahin, einer nach dem anderen. Sylvio fehlt mir. Seine Stimme, seine liebevollen Worte, seine Klugheit, seine langen, schlanken Hände, ihre kräftige und doch zarte Berührung. Er hat mich noch nicht besucht, und ich bin beunruhigt. Mehrmals vor meiner Abreise klagte er über Blut im Urin, aber obwohl ich darauf drängte, entschloß er sich nicht, einen Arzt aufzusuchen. Ich schreibe ihm. Er läßt mir durch einen Freund sagen, daß er bald kommen werde, und meine Ungeduld steigert sich von Tag zu Tag.

Die Eintönigkeit dieser Tage wird durch eine verrückte Geschichte unterbrochen, ein wirkliches Märchen. Die Kunden sind immer gut über die Vorkommnisse in der Stadt informiert und lassen uns wissen, daß ein berühmter schwarzer Sänger am Morgen dieses Tages mit seinem ganzen Orchester angekommen sei. Sie hätten Musik gemacht, als sie aus dem Zug gestiegen seien, und der ganze Bahnhof habe getanzt. Jetzt spielten sie weiter, während sie durch die Stadt in Richtung auf die *Kasba* gingen. Kaum hat uns die Neuigkeit erreicht, da hören wir aus der Ferne ihre Musik, stürzen auf die Terrasse, drängeln uns, um das Orchester zu sehen. Sie spielen Jazz, herrlichen Jazz, der mich mitreißt. Ich spähe in das Labyrinth der Gassen. Und da sind die Musiker, jetzt sehe ich sie. Sie klettern die abgenutzten Stufen hoch, sie kommen hierher, Kinder folgen ihnen, schreiend und hüpfend. Eine kunterbunte Menge von verschleierten Frauen, Männern und Kindern gibt ihnen den Weg frei, um ihnen tanzend hinterherzulaufen, wobei sie mit den Fingern schnalzen und in die Hände klatschen. In der Gasse funkeln die Blechinstrumente in der Sonne. Ein wahrer Freudentaumel, ein richtiger Musikrausch hat die *Kasba* erfaßt, und auch ich werde auf meiner Terrasse davon ergriffen, ich drehe mich, klatsche in die Hände und tanze … Als ich mich von neuem hinunterbeuge, sehe ich, wie der Zug, immer noch spielend, ins »Sofa« hineinströmt. Zum ersten Mal wäre ich gerne dort drin gewesen. Sie bleiben nur kurze Zeit, fast unmittelbar darauf kommen sie wieder heraus; an ihrer Spitze, neben dem Sänger, geht Hilda, die deutsche Aufseherin, die immer so melancholisch war. Und der Haufen zieht unter demselben fröhlichen Getöse wieder ab.

Am Abend sprechen Nanas Kunden von nichts anderem, es ist das Ereignis des Tages. In Deutschland, noch während des Krieges, hatte der Sänger Hilda kennengelernt. Sie verliebten sich ineinander, und er versprach ihr, er würde sie, wenn der Krieg vorbei sei, mit seinem Orchester holen, wo sie auch sein möge, und sie heiraten. Das haben wir nun miterlebt.

Und wir Mädchen, wir träumen: singend aus einem Bordell hinauszugehen, am Arm des Mannes, den man liebt. Davon kann man wohl schwärmen!

Hilda ist aus dem Bordell hinausgegangen, andere werden manchmal nicht hereingelassen. Eines Tages kommt Manu, damals der bekannteste Zuhälter Algeriens, in den Saal der »Sphynx« gestürzt und droht, alles kurz und klein zu schlagen. Er scheint völlig außer sich, man hat ihn noch nie in diesem Zustand gesehen. Nana zerrt ihn aus dem Saal, um ihn zu beruhigen. Erst viel später erfahren wir den Grund seiner Wut.

Am Tag zuvor ist eine Neue ins Haus gekommen. Niemand kennt sie, niemand hat eine Ahnung, woher sie stammt. Man weiß nicht, wie Manu von ihrer Aufnahme erfahren hat, jedenfalls kennt er die Neue gut – es ist seine Nichte. Monsieur Manus eigene Nichte in einem Bordell!

Wie die meisten von uns ist sie in die Falle eines Zuhälters geraten. Wußte der nicht, wer sei war? Darauf ist sie im »Sphynx« gelandet. Mehr können wir nicht über sie in Erfahrung bringen, wir haben nicht die Zeit dazu. Nachdem sie eine ungeheure Tracht Prügel bekommen hat, holt ihr Onkel sie aus dem »Sphynx«. Was den Zuhälter betrifft, der diesen schrecklichen Fehler begangen hat, so wird er sicher gehörige Unannehmlichkeiten bekommen.

Für die Zuhälter und alle Leute des Milieus sind sämtliche Frauen, außer denen ihrer eigenen Familie, potentielle Nutten. Die eigenen Mütter und Schwestern sind heilig. Deshalb kann die Familie manchmal dabei helfen, daß man nicht zur Nutte wird.

Endlich habe ich ein wenig ausführlichere Nachrichten von Sylvio, aber sie sind nicht gut. Er ist krank. Sein Bruder François, den ich nicht kenne, schreibt mir. Sylvio wird von seiner Familie nach Paris gebracht, um einen Spezialisten aufzusuchen, man befürchtet eine unheilbare Krankheit. Sylvio ist mein einziges Gut. Ohne ihn kann ich das Leben nicht meistem. Jetzt schreibt mir François regelmäßig: Sein Bruder sei ins Krankenhaus gekommen, die Behandlung werde lang und kostspielig sein. François hat Korsika verlassen, um bei Sylvio zu bleiben, und gibt mir zu verstehen, daß es meine Aufgabe sei, meinem Freund zu helfen. Ich zögere nicht, hebe zuerst das Geld von meinem Sparbuch ab und schicke ihm dann regelmäßig, was ich verdiene.

Eines Morgens bringt mir der Briefträger die Nachricht: Sylvio ist tot.

Nichts und niemand wird mich jemals darüber hinwegtrösten können.

Von jetzt ab bin ich wieder in Gefahr. Im Milieu Algiers verbreitet sich die Neuigkeit schnell. Meine Kameradinnen, die so reich an Erfahrungen sind, sagen mir: »Bereite dich darauf vor, die Kondolenzbesucher zu empfangen. Wir werden alle diese feinen Herren hier auftauchen sehen, die die ›Witwe‹ trösten wollen!«

Madame Nana macht nicht viele Worte, wie es ihre Art ist: »Gib acht, wenn du dich wieder ›verheiratest‹; wähle sorgfältig. Und sag mir als erster, wen du nehmen willst. Ich werde dann sehen, ob ich dich behalten kann. Ich will hier keine Schwierigkeiten.«

Ich brauche keine Lösung zu suchen: Kaum ist Sylvio tot, besucht mich François. Ohne übertriebenes Zartgefühl versichert er mir, sein Bruder habe ihn gebeten, sich um mich zu kümmern, wenn ihm etwas zustoßen sollte. Ich glaube ihm kein Wort, schon gar nicht, als er mir vorschlägt, mein Zuhälter zu werden: »Ich bin also gekommen, um Sylvio zu ersetzen«, fügt er hinzu, und mit heimtückischer Höflichkeit, »wenn du einverstanden bist.«

Ihn zu ersetzen – ich habe sofort den Unterschied gemerkt; der eine war die Güte und Großzügigkeit in Person, der andere ist nichts als ein Zuhälter. Ich bin noch sehr jung, aber ich bin kein dummes Ding mehr. Wenn ich ihn nicht nehme, wird ein anderer kommen. Da aber meine Position François gegenüber nicht so schlecht ist, stelle ich meine Bedingungen: »Einverstanden. Du beschützt mich, und ich gebe dir, was ich verdiene. Aber unsere Beziehungen gehen nicht darüber hinaus, ich will nicht mit dir schlafen.«

Das ist ihm sichtlich egal, nur was ich ihm einbringen kann, interessiert ihn.

Dann werde ich deutlicher: »Ich will nicht hierbleiben, ich will nach Paris.«

Erstaunt fragt er: »Aber weißt du denn, wie das dort läuft? Es gibt keine Bordelle, die sind alle geschlossen. Da bist du ganz ungeschützt.«

»Ja, die Frauen gehen auf den Straßenstrich, es gibt genau abgegrenzte Bezirke und Stundenhotels. In einer guten Gegend kann man sich erlauben, teuer zu sein, das kann eine Menge einbringen.«

Ich weiß das alles von den Kunden und schmücke das Ganze ein wenig aus, um es ihm schmackhaft zu machen.

»Einverstanden. Ich gebe dir Geld für das Flugticket und ein wenig Kleingeld für die ersten Tage. Du mußt sofort nach deiner Ankunft meine Cousins aufsuchen, sie haben eine Bar an der Place Pigalle. Du sagst ihnen, daß du meine Frau bist, und sie werden dir die notwendigen Informationen geben. Was den Verdienst betrifft, den schickst du mir postlagernd nach Ajaccio. Was soll ich in Paris … Und vergiß nicht, immer ein anderes Postamt zu wählen, damit man deinen Aufenthaltsort nicht herausbekommt.«

Es war zu Ende. Zum ersten Mal hatte ich einen richtigen Zuhälter, aber ich verließ das Land der Bordelle. Ich war im Begriff, wie alle anderen Menschen die Luft im Freien zu atmen. Das Leben hinter Mauern war für mich vorbei.

Seltsamerweise fürchtete ich mich nicht vor dem Straßenstrich, sicher weil ich noch zu unerfahren war; er erschien mir wie der Beginn der Freiheit.

Zweiter Teil

8

Es ist Sommer, ich lasse Algier, die weiße Stadt, hinter mir. Adieu, Algerien, geliebtes Land. Für mich allerdings ist es so grausam geworden, daß ich es fröhlich verlasse.

Ich komme in eine Stadt, von der ich nur wenig weiß, wo ich meiner Kindheit wiederbegegnen werde. Meine Vergangenheit als Frau wiegt schon schwer, aber ich bin gar nicht unruhig, sondern glücklich. Im Augenblick bedeutet Paris für mich die Zukunft. Und an die glaube ich, ich glaube ganz, ganz fest daran.

Ich habe nicht viel Zeit, ich werde schnell mit der Arbeit beginnen müssen, aber zunächst will ich wie jedermann sein, wie irgendeine Frau, die sich in ein Restaurant setzen kann, im Autobus herumfahren, herumschlendern in diesen Straßen und Avenuen, die mir so groß und schön vorkommen.

Ich zeige dieser Stadt mein Lächeln, zeige es diesen Leuten, für die ich herrlich anonym bin. Am frühen Nachmittag, nach einem kleinen Imbiß, gehe ich in dem Viertel spazieren, wo ich wohnte, als meine Mutter starb. Nichts hat sich dort verändert, unser Haus ist immer noch genauso baufällig, mit klaffenden Mauerspalten. In derselben Straße lebt Tante Aïcha mit Jacob zusammen in einem alten Hotel. Ich besuche sie. Eine schmerzliche Zärtlichkeit treibt mich in ihre Arme; sie ist eine alte, verbrauchte Frau geworden.

Nachdem die erste Wiedersehensfreude vorbei ist, klagt sie: »Mein armes Kind, hier ist das Leben nicht leicht. Man muß sehr früh am Morgen aufstehen, in die Kälte, den Regen hinausgehen, um einen Hungerlohn zu verdienen.« Sie verkauft Gemüse in der Rue Saint-Denis.

»Du solltest deine Schwester Esther besuchen, sie wohnt auch in Paris mit ihren zwei Kindern.«

Ich gehe hin. Wir standen uns nie besonders nahe, und unser Wiedersehen ist eher frostig. Es ist aber auch schon so lange her, seit wir voneinander getrennt wurden. Esther erzählt mir von ihren Schwierigkeiten, ihren Sorgen, von der harten Arbeit in der Fabrik, den Kindern, die unter der Woche in Pflege sind und die sie nur sonntags sieht. Sie spricht in kurzen, abgehackten Sätzen, enttäuscht und müde: »Fernand, der Mann, mit dem ich lebte, wurde Alkoholiker. Ich mußte ihn rauswerfen, es ging einfach nicht mehr mit den Kindern. Ich habe Arbeit gefunden, ich muß Knöpfe von Radiogeräten mit einer giftigen Farbe anstreichen; trotz der Milch, die ich trinke, dringt sie in mein Blut und meine Lungen. Jedesmal, wenn ich von der ärztlichen Untersuchung komme, steckt man mich in eine andere Abteilung. Wenn es mir bessergeht, muß ich wieder an meinen alten Arbeitsplatz zurück, und alles beginnt von neuem.«

Ich höre ihr zu, es ist wirklich trist. Esther leidet unter allem, unter der Ungerechtigkeit der Chefs, der Atmosphäre in der Fabrik, dem Arbeitstempo, das sie kaputtmacht. Offensichtlich tut es ihr wohl, ihr Herz auszuschütten, und ich habe das Gefühl, sie kommt mir dadurch näher. Plötzlich muß sie ein Sinneswandel überkommen haben, denn sie schlägt mir vor: »Warum wohnst du nicht hier bei mir? Ich habe Platz.« Familienleben – danach habe ich mich so sehr gesehnt. Nach einem ruhenden Pol für mich, die ich so lange in die Irre gefahren bin. Ich nehme Esthers Angebot an. Das Zusammenleben wird sechs Monate dauern.

Am nächsten Tag besuche ich eine andere Familie – die Vettern von Sylvio und François in ihrer Bar an der Place Pigalle. Man empfängt mich freundlich, schließlich bin ich die »Frau« von François, also eine Cousine. »Du kannst kommen, sooft du willst. Aber Pigalle, das ist nicht das richtige Pflaster für dich. Du wirst nie so sein wie die anderen hier. Du gehörst an die Madeleine, mit deiner adretten Art wirst du dort ankommen.« Sie bieten mir etwas zu trinken an, wir sprechen ein wenig über die Arbeit. Ich täusche mich nicht, sie gehören zum Milieu. Je seltener ich sie sehe, um so besser. Ich spüre, daß sie bereit sind, mich zu überwachen. »Weißt du, wir helfen uns untereinander, und jetzt, wo du zur Familie gehörst, solltest du ruhig zu uns kommen und mit uns über deine Probleme sprechen.«

Ich fühle mich aber nicht zur Familie gehörig. Mir helfen und mich bei François denunzieren, das würden sie leicht durcheinanderbringen.

Der nun folgende Abschnitt meines Lebens wird aus der ewig gleichen, monotonen Abfolge bestehen: die Straße, die Kunden, die Polizei, die Freundinnen, die Bars ... und dann geht es wieder von vorne los: die Straße ... die Kunden ... die Polizei ...

Ich spaziere durch Paris, in Richtung Place de l'Opéra sehe ich mir die Schaufenster an. Ich wirke untätig, ich bin es tatsächlich, jedoch hat wenigstens mein Spaziergang, der mich zur Madeleine führt, ein Ziel. Ganz nahe, nur wenige Meter von mir entfernt, schlendern Frauen auf dem Bürgersteig. Ich sehe mir an, wie sie es machen: Sie nähern sich einem einzelnen Mann, sprechen ihn an, doch nicht jeder folgt ihnen. Bevor sie in einem Hotel verschwinden, verhandeln sie manchmal noch; ich bekomme mit, daß es um den Preis geht oder vielleicht um die Forderungen des Kunden. Nach ungefähr einer halben Stunde verläßt das Mädchen das Hotel wieder. Ich traue mich nicht, einfach hinter ihr zu laufen, und weiß nicht, wie ich es anstellen soll.

Ich bin kein bißchen mutig. Also gehe ich in eine Bar, bestelle irgend etwas und warte. Ein Mann fixiert mich, kommt zu mir heran, streift meinen Arm und bedeutet mir mit den Augen, ich solle ihm folgen. Er nimmt mich mit in das Hotel; wir wechseln praktisch kein Wort miteinander, und was er bezahlt, finde ich traumhaft.

Noch unglaublicher sein Verhalten: Wir gehen zusammen hinaus, und auf dem Bürgersteig küßt er meine Fingerspitzen, fragt mich nach meinem Namen und sagt, daß er mich wieder besuchen wird …

Ist das immer so in Paris?

Ich bin mir darüber im klaren, daß die Bar keine Lösung auf die Dauer für mich ist. Wenn ich anständig verdienen will, muß ich es wie die anderen machen.

Das Hotel befindet sich in der Rue Caumartin. Einige Mädchen, drei oder vier, halten sich in der Nähe auf. Ich versuche, mich ihnen anzuschließen. Ich bin noch keine drei Minuten dort, da kommt eine auf mich zu und sagt: »Du kannst hier nicht bleiben, du mußt woandershin gehen. Wenn du willst, kannst du ins Hotel gehen. Aber sowie du mit dem Kunden fertig bist, gehst du auf die Boulevards zurück. Kapiert?«

Nun ja, sie verteidigen ihr Revier. Kein Eindringling, kein frisches Wild wird hier geduldet, um so weniger, als ich neben ihnen besonders auffalle. Sie sind übertrieben geschminkt, exzentrisch gekleidet, tragen kurze, bis zu den Schenkeln geschlitzte Kleider, spitze Absätze, Pelze, auffälligen Schmuck; die Haare sind honiggelb, feuerrot, blauschwarz gefärbt. Mit meinem biederen Rock und dem braven Pullover falle ich hier aus dem Rahmen, und ich muß wohl so aussehen, als sei ich etwas Besonderes.

Wie sie es mir eingeschärft haben, gehe ich wieder auf die Boulevards zurück. Ich habe nicht die geringste Lust, es auf einen Streit ankommen zu lassen. In der dichten Menschenmenge komme ich nur langsam voran, ich mische mich unter die Leute, das gibt mir ein Gefühl von Freiheit, das mich ein wenig berauscht. Ich weiß zu dem Zeitpunkt noch nicht, daß auch die Straße einen zur Gefangenen machen kann. Ich fühle mich eigentlich wohl, ja ich bin glücklich und genieße das Nichtstun. Genausowenig wie im Bordell denke und fühle ich hier wie eine, die richtig anzuschaffen versteht. Nur – arbeiten muß ich. François wartet auf sein Geld. Wenn ich ihm nicht genug schicke, wird er hier auftauchen, und ich will ihn ja nicht sehen. Ich muß auch essen und etwas zum Anziehen haben. Abends bei meiner Schwester bin ich eine ganz andere Person; ich kehre zu meiner Familie zurück, das vor allem ist es, was ich mir immer sage, das ist mein Ziel. Esther freilich ist nicht gerade warmherzig, sie wird von ihren Sorgen ganz aufgefressen. Ich höre ihr zu, ohne zu wissen, ob ich ihr damit wirklich etwas Gutes antue oder ob sie das nicht noch mehr verbittert.

Selbst wenn ich wenig arbeite, verdiene ich mehr Geld als sie, also fühle ich mich gedrängt, sie und meine Neffen zu verwöhnen. Allerdings spüre ich manchmal, daß sie das als meine Pflicht ansieht, und ich habe den Eindruck, daß der gewisse Wohlstand, in dem ich lebe, sie neidisch macht, daß sie denkt, ich schufte nicht gerade übermäßig, das Geld fällt mir in den Schoß!

So leicht verdient ist mein Geld nun auch wieder nicht.

Die Tage und Wochen vergehen, und ich wage es immer noch nicht, die Männer direkt anzusehen, ihnen Entsprechendes zu verstehen zu geben, Kundenfang zu betreiben. Ich bleibe völlig unscheinbar, indem ich mich gleichzeitig weiterhin prostituiere.

Oft sind sie es, die – als gute Jagdhunde – mich entdecken, hinter mir hergehen und mich ansprechen: »Also, auf was wartest du, kommst du mit?«

Die Mädchen haben sich inzwischen an meine Anwesenheit gewöhnt. Allerdings sprechen sie nicht mit mir, halten Abstand; obwohl ich ihnen nicht besonders gefährlich vorkommen kann, ohne Schminke, Pelze und Flitter, muß man mich wohl im Auge behalten. Eines Nachmittags fragt mich dann aber doch eine große Blonde, gerade als ich das Hotel verlasse: »Wie machst du das mit den Untersuchungen? Wo läßt du sie machen?«

»Das ist es eben – ich weiß es nicht.«

»Na sag mal, für dein Alter bist du aber ganz schön unbedarft. Also, das ist gefährlich. Wenn du dir eine Krankheit holst, wird das allein dein Problem. Geh zu Dr. R. ... mit einem Gruß von mir, der ist gut.«

»Gehst du zu ihm?«

»Nein, keine von uns. Wir sind registriert und müssen uns jede Woche vom Amtsarzt untersuchen lassen. Du weißt, das blüht dir auch! Es reicht, wenn sie dich schnappen, und beim dritten Mal ist es soweit, dann verpassen sie dir die Karte.«

Mich schnappen lassen, registriert zu werden – das sind alles Fallen, die ich fürchte. Trotz meiner Vorsicht und Zurückhaltung bin ich, ohne es zu wissen, schon lange angepeilt worden. Obwohl ich wenig spreche und mich nur selten den Mädchen anschließe, wechselt man schließlich doch einige Worte, die Pausen in den

Cafés laden dazu ein. Allerdings wäre es ein Irrtum anzunehmen, daß wir in allen Bars wohlwollend bewirtet würden. Auch in der Beziehung habe ich dazugelernt. Jeder Barbesitzer bedient egal welchen Mann, aber keine Huren. Zum Glück haben wir unsere eigenen Bars; ich habe mich dort eingeschlichen, bevor ich von den Mädchen akzeptiert werde.

Wenn man bei einem Glas zusammensitzt, ist – nach den Kunden – die Polizei eines der wichtigsten Gesprächsthemen der Mädchen. Indem ich ihnen zuhöre, lerne ich viel. Sie sind ein so wichtiger Bestandteil ihres Lebens, diese Polizisten, daß sie sie alle kennen und ihnen Spitznamen verpassen. Im Prostituiertenmilieu mag man das. Da gibt es das »Schmalzgesicht«, einen beflissenen, kleinen Charmeur, dann den »Großvater«, einen ganz Eifrigen: Nach seiner Pensionierung ist er weiterhin zum Dienst angetreten, und von seinen weißen Haaren ist keinerlei Milde zu erwarten. Der »Dauerläufer« ist ein Typ, der fähig wäre, Zatopek im Langlauf zu schlagen. Schließlich ist da der »Tiger«, der einen anfällt, bevor man sich versieht, ein wahres Raubtier, ohne Gefühle. Im übrigen wissen auch alle anderen nicht, was das überhaupt ist.

Ich horche, blicke rings umher, versuche, sie zu entdecken. Das Dumme ist nur, daß sie mich schon im Visier haben, bevor ich sie sehe. Nur dadurch, daß ich ständig auf Trab bin, gelingt es mir immer wieder, ihnen zu entkommen.

Ich verlasse das Hotel allein. Wenn ich an der Seite eines Mannes ginge, den man für meinen Begleiter hielte, hätten sie nicht das Recht, sich an mich heranzumachen. Allein durch seine Anwesenheit wäre ich geschützt. Als ich aus dem Hotel herauskomme, sehe ich als erstes automatisch um mich. Hinter einem Wagen versteckt, lauert der »Tiger« mir auf. Er hat auf seine Stunde gewartet – nun ist sie da. Er fällt mich so plötzlich an, daß ich keine Zeit mehr habe, wieder loszurennen. Später erfahre ich, daß er mir stundenlang aufgelauert hat. Ich hätte es eigentlich an seiner freudigen Miene ablesen können, der eines Jägers, der gute Beute gemacht hat.

»Komm mit und mach keine Geschichten.«

Während er neben mir hergeht, brüstet er sich mit seiner Heldentat: »Ich habe dich schon lange aufs Korn genommen, dich mit deiner Unschuldsmiene. Ich hab mir gedacht, die da, die ist für dich. Meine Süße, du wirst schon noch erleben, wie der Tiger dich bespringt.« (Sie kennen ihre Spitznamen, manchmal sind sie sogar stolz darauf.) »Sieh mal, ich lasse mir Zeit, ich hab's nicht eilig. Aber wenn ich eine von euch erwische, lasse ich sie mir nicht durch die Lappen gehen. Dann ist es aus mit ihr.«

Damit hat er wahrhaftig recht. Auf der Polizeistation steckt man mich in eine Art hohen Käfig in der Ecke des Raumes: den »Hühnerkäfig«. Zwei Prostituierte spielen darin Karten mit einem Pornohändler und einem Schwarzmarktverkäufer. Letztere bleiben fünf Stunden eingesperrt. Nachdem die Ware beschlagnahmt worden ist, werden sie freigelassen. Bei den Mädchen hängt die Freilassung davon ab, ob sie registriert sind; wenn nicht, schickt man sie nach Saint-Lazare zur Untersuchung.

Ich warte. Ich habe den Auszug aus meiner Geburtsurkunde abgegeben, den einzigen Beleg für meine Identität.

»So geht das nicht. Du mußt einen Ausweis haben wie jeder andere auch.«

Ich bin ziemlich zuversichtlich, daß sie nichts gegen

mich unternehmen werden. Ich weiß nicht, wieviel Zeit vergangen ist, bis der »Tiger« ganz fröhlich wiederkommt.

»Also, hier heimlich tun, sich nicht darum kümmern, ob man registriert ist! Aber wir kennen unsere Pappenheimer. Du hast dein Erfassungspapier im Strafregister. Demnach kommst du aus einem Bordell in Algerien. Damit bist du reif für Saint-Lazare und das übrige.«

Das übrige, das bedeutet die Karte. Das bedeutet, wie ein Stück Vieh registriert zu werden.

Nach Mitternacht müssen wir in einen klapprigen, schmutzigen Lastwagen steigen. Eine Razzia hat fünfzig Mädchen auf einem Haufen versammelt. Sie drängen sich auf fünfundzwanzig Plätzen in diesem rollenden Schrottkasten, der uns nach Saint-Lazare bringt.

Die Krankenstation von Saint-Lazare wird von Nonnen geleitet, die dort Gelegenheit haben, ihre Nächstenliebe an den Tag zu legen. Was sie jedoch demonstrieren, sind das Herz und die himmlische Sanftmut von Gefängniswärterinnen. Für die Frauen ist Saint-Lazare ein gefürchteter Begriff. Es ist das alte Krankenasyl, das heißt das ehemalige Gefängnis der Armen und Elenden aller Art. Von hier aus wurden die in Ketten gelegten Prostituierten nach Amerika verschickt. Es ist ein düsterer Ort, an dem sich bis heute nichts geändert hat. Man könnte sich sogar fragen, ob er jemals einen neuen Anstrich bekommen hat; jedenfalls scheint die Dreckschicht aus dem achtzehnten Jahrhundert zu stammen. Die Betten, besser gesagt die Pritschen, sind widerwärtig schmutzig. Matratzen liegen darauf, nicht dicker als eine Handbreit, plattgelegen von unzähligen Frauenkörpern, müden, kranken, manchmal sterbenden Leibern.

Dort setzt man uns ab; das ist eine Methode, uns zu

demütigen, uns zu demoralisieren. Ein schreckliches Durcheinander von schönen und häßlichen, jungen und alten Frauen, aufgetakelten und armseligen, verwahrlosten und kranken. In diesem Raum gären die unterschiedlichsten Gerüche, es riecht nach Schweiß und Alkolholausdünstungen, vermischt mit Düften von Dior und Guerlain und dem üblen Geruch hastiger Liebesakte.

Beim Aufwachen ist jede von uns im grellen Licht, das durch die vor Schmutz starrenden Fensterscheiben dringt, mit ihrem eigenen Bild konfrontiert, das die anderen als Spiegel zurückwerfen. Dieser Spiegel ist lebendig. Wenn wir uns jung und schön vorkommen, können wir sehen, wie wir in jeder Altersstufe unseres Lebens sein werden, in fünf, in zehn, in dreißig Jahren. Was nützt es uns da, den Blick abzuwenden, um dem Anblick dieser runzligen Lippen zu entgehen, die blutlos geworden sind durch so viele lieblos gegebene Küsse, dem Anblick dieser Tränensäcke unter Augen, die müde sind vom freudlosen Wachen? Diese scharlachroten Fingernägel versuchen Hände zu verschönern, die sich seit langem nicht mehr ausstrecken können. Um uns herum sind nur im Stich gelassene, erschlaffte Leiber, und lange ist es her, daß sie voller Lust tanzten, sich darboten, um die Begierde eines Mannes zu erregen. Alle, die so hübsch in Vers oder Prosa von Dirnen sprechen, müßten einmal ihr Bild mit der Wirklichkeit eines frühen Morgens in diesem Gefängnis hier konfrontieren, wie das schon Louise Michel beschrieben hat.

An diesem Schreckensort verteilen Schwestern Tabletten und Spritzen. Die ärztliche Untersuchung findet jeden Morgen statt, sie wird unter kaum weniger unhygienischen Umständen als in Algerien vorgenommen.

Als ich aus Saint-Lazare herauskomme, ist es mit meiner Ruhe vorbei. Jetzt kennen mich die Beamten der Sittenpolizei, sie können über mich bestimmen, sie brauchen mich nur zu Gesicht zu bekommen und können mich sofort mitnehmen.

Manchmal bin ich kaum auf der Straße, da finde ich mich schon im »Hühnerkäfig« wieder. Der Lastwagen, Saint-Lazare – da gibt es keine Abwechslung. Hin und wieder schaffe ich es, mehrere Tage hintereinander zu arbeiten, ohne daß ich geschnappt werde. Ich lerne sämtliche Tricks, um zu entkommen. Zum Beispiel sehr schnell laufen, die Boulevards erreichen, in der Menge untertauchen, in ein Gebäude hineingehen, bis zum obersten Stock hinaufgehen, sich im WC im sechsten Stock einschließen. Neben einem Mann hergehen, als ob er ein Kunde wäre. Zu dieser Zeit beginnen die Mädchen mich wirklich zu akzeptieren: Sie geben mir Bescheid, daß Polizisten in der Nähe sind, rufen mir im Vorbeigehen zu: »Verzieh dich!«

Manchmal begnügen sich die Polizisten nicht damit, uns fünf Stunden lang einzubuchten, sondern bringen einen vors Gericht: »Fünfzig Francs Geldstrafe oder acht Tage Gefängnis. Die Nächste ...« Damals, als ich anfing, bekam ich zwar häufig eine Geldstrafe, aber längst nicht so oft wie später. Wir sollten noch zu spüren bekommen, welche Konsequenzen eine gut organisierte Polizeiaktion haben kann.

Regelmäßig jede Woche besuche ich die »Vettern« an der Place Pigalle. Sie setzen mir etwas zu trinken vor, und ich liefere rneine Einnahmen ab, die sie dann François schicken. Ganz diskret begnügen sie sich damit, mit einem Blick die Summe abzuschätzen. Komplimente oder Kritik behalten sie für sich, und das ist auch besser so. Denn ich denke, daß es idiotisch von mir ist, einem Mann Geld zu geben, den ich überhaupt nicht schätze, eher verachte, und mich widerwillig für ihn zu prostituieren.

Solange ich François nicht los bin, kann ich nichts machen. Ich hasse diesen Beruf, aber wie soll ich da herauskommen?

In welche Richtung ich mich auch wende, ich stoße nur auf verschlossene Türen. In die ehrbare, normale Gesellschaft, das heißt die, die einem andere Arbeit verschafft, kann ich nicht eindringen, ich kann mir nicht einmal vorstellen, wie man die Fußspitze da hineinschieben könnte.

Wie all die anderen Mädchen fühle ich mich unwiderruflich am Rande der Gesellschaft.

Seit ich in Paris bin, habe ich mehrmals nach einer Hilfsorganisation für Frauen in Not gesucht, aber ohne Erfolg. Kein Verband oder Verein nimmt sich der Wiedereingliederung von Prostituierten in die Gesellschaft an. Wahrscheinlich spricht man davon in schönen Worten in den Salons, wo man ungeheuer humanitäre, vorurteilslose Reden hält. Doch konkret existiert sie nicht. Eine andere Arbeit finden? Aber wie? Und welche? Ich habe keine Ausbildung, kann nur lesen und schreiben. Ohne einen Mann bin ich nur eine Beute. Also hänge ich wie meine Kameradinnen meinen Träumen nach: Ein Kunde holt mich hier heraus, und er liebt mich so, daß er mich dann auch heiratet. Eine schöne Geschichte jedenfalls. Endlich meine Chance bekommen …

Ich schätze die Kunden von Paris nicht, obwohl sie im allgemeinen bessere Manieren haben. In Algerien war alles ganz anders; zunächst einmal verbrachte man weniger Zeit mit ihnen, denn Zeit kostete Geld. Und manchmal kamen sie schon in solcher Erregung an, daß sie einen Orgasmus hatten, bevor sie einen überhaupt berührten.

In Paris sind die sexuellen Beziehungen zwischen den Kunden und den Prostituierten ganz anders. Die Madeleine ist ein schickes Viertel, der Kundschaft merkt man das an, und je vornehmer die Kunden sind, um so abwegiger sind ihre sexuellen Phantasievorstellungen. Wahrscheinlich war dies in Algerien nicht anders, vielleicht hatten die Kunden dieselben Wünsche, aber sie befriedigten sie dann wohl in ihrer Vorstellung. Der Geschlechtsakt blieb einfach: Beine breit machen, eindringen lassen, waschen, all das sehr oft wortlos. Sie wagten nicht, uns um etwas zu bitten, und nur unser Körper nahm teil. Hier, bei den Pariser Kunden, wird nicht nur der Körper erregt, sondern auch der Geist, die Vorstellung. Wir müssen alle Arten von sadomasochistischen und perversen Begierden befriedigen.

Daher die Angst der Dirne, von einem Mann umgebracht zu werden, der als Kunde kommt. Und eine Prostituiertenleiche zählt nicht viel, die Leichenrede ist schnell gehalten – eine Nutte weniger!

Über die Kunden und ihre sexuellen Phantasien unterhalten wir uns während der Pausen, im Café, das hilft uns an schlechten Tagen. Zu wissen, daß man nicht die einzige ist, die die Misere dieses ganzen Daseins erleidet, das hilft einem dagegen, daß man durchhängt. Und aus einer gewissen Distanz betrachtet, sind ihre Phantasievorstellungen lächerlich. Der Humor und der Spott, die bleiben uns zum Glück.

»Ah«, sagt Katia, eine dynamische Blonde, die im Bistro zu uns gestoßen ist, »so ein Scheißtyp! Er wollte, daß ich ihm den Hintern lecke – also sagt bloß! Ich hab meinen Finger abgeleckt, und dieses Arschloch war ungeheuer angefeuert. Aber meine Nase in seinem stinkenden Hintern – bei dem Gedanken wird mir jetzt noch schlecht. Ich brauch was richtig Hartes, Kräftiges!« bestellt sie beim Wirt. »Also diese Typen kennen wirklich keine Scham«, fährt sie fort. »Sie sagen einem einfach so, ohne das Gesicht zu verziehen: ›Leck mir die Rosette‹ – daß diese unappetitliche Sache überhaupt was mit einer Blume zu tun hat! Bei denen stimmt's doch nicht richtig!«

»Arme Schweine sind das!« schaltet sich Suzy ein, eine Rothaarige mit falschen Sommersprossen.

»Und dann die, die vom Sperma nicht genug kriegen können, die auf dich warten, bis du mit einem anderen Kunden zusammen warst, und dir dann ans Herz legen: ›Wasch dich vor allem nicht.‹ Sie können's kaum abwarten, dich sofort hinterher zu besteigen, sie haben's so widerlich eilig, diese Kerle, wie Gören, denen man gleich die Lieblingspuppe wegnehmen will! Und der ganze Scheiß, den sie dabei verzapfen: ›Hast du dich ganz bestimmt nicht gewaschen, hat dein Kunde schön abgespritzt, hat er dich ordentlich vollgepumpt?‹«

»Es kommt vor, daß sie dabei krepieren«, läßt sich Katia wieder hören.

»Erinnert ihr euch an Marie-Jo? Eines Tages, wir sitzen ganz ruhig bei einem Glas, so wie jetzt, da kommt Marie-Jo plötzlich an, total durcheinander, die Haare zerzaust, das Augen-Make-up läuft ihr die Bakken hinunter, sie sieht aus wie ein Clown. Wir lachten, aber es war überhaupt nicht komisch. Sie war mit einem Stammkunden raufgegangen, den sie seit Jahren kannte. Er hatte so seine kleine Angewohnheit, die ›Windhundnummer‹. Marie-Jo hat überhaupt nichts gemerkt, erst als sie spürte, daß er sehr schwer wurde, fragte sie sich: Was ist mit dem los?«

»Ich wette, der Windhund ist eingegangen«, sagt Suzy und lacht.

»Ja, aber die Hände von dem Typen lagen fest um ihre Taille, und er ließ nicht los. Zwar war er mausetot, aber stark war er immer noch. Er hat sich mittendrin davongemacht, der letzte Schuß war gut gewesen.«

»Und dann, wie ging es weiter?«

»Marie-Jo hat die Wirtsleute gerufen, und die holten die Polizei. Die Bullen haben ihre Unschuld festgestellt und den guten Mann schnell wieder angezogen. Sie haben ihn ins Krankenhaus gebracht, das war ein Typ aus der feinen Gesellschaft, an seinen Klamotten sah man das; die Bullen haben in seiner Brieftasche nachgesehen, die war vollgestopft mit Knete. Ihr könnt euch denken, daß seine Familie alles tat, damit man nicht erfuhr, daß er ins Gras gebissen hat, als er eine Prostituierte fickte.«

Ich glaube, am meisten bringt mich die Tatsache auf, daß alle diese Typen in der Gesellschaft als respektable Bürger, als gute Familienväter und gute Ehemänner betrachtet werden; manche sind sogar hochangesehene Männer des öffentlichen Lebens. Manchmal macht es mir Vergnügen, mir vorzustellen, man würde alles auf Tonband aufnehmen, was sie in unseren Zimmern sagen, ihre pubertären, kindischen, obszönen Äußerungen, ihr Gestammel, und das würde man im Anschluß an ihre Reden über Politik, Wirtschaft oder Soziologie abspielen. Könnte man sie dann noch ernst nehmen, nachdem man gehört hat, wie sie bellen oder daß sie gewickelt werden wollen wie ein kleines Kind? Aber zweifellos mache ich mir Illusionen, denn die Männer sind in solchen Dingen sich selbst gegenüber grenzenlos nachsichtig.

Wenn ich mir so meine Kameradinnen ansehe, glaube ich, daß ich sie gerne mag.

Da ist zum Beispiel »Herzchen«, eine noch junge Frau, die völlig verrückt nach ihrem Kind ist. Ständig führt sie seinen Namen im Mund, man kann mit ihr über egal was reden, das interessiert sie überhaupt nicht, sondern sie kommt unweigerlich auf ihre Göre zu sprechen: »Also, wenn du meine Tochter sehen könntest! Sie hat schon zwei Zähne, wahre Perlen, also so was Hübsches! Und dann ist sie so drollig. Du müßtest mal sehen, wie sie in meiner Handtasche wühlt, die muß ich ihr als erstes geben, wenn ich komme.«

Eine Frau, die sie sehr viel kostet, hütet ihr Kind, während sie auf dem Strich schuftet. Die anderen machen sie darauf aufmerksam, daß sie bei dem, was ihr von dem Geld noch bleibt, genausogut in einem Büro arbeiten und ihr Kind in eine Krippe geben könnte, sie stünde dann nicht schlechter da. Aber »Herzchen« ist das völlig egal, man kann ihr sagen, was man will, sie hört auf niemand. Für ihr Kind geht sie anschaffen; um ihm eine strahlende Zukunft zu ermöglichen, läßt sie sich einsperren, zahlt sie Strafen.

Mit der »Roten Lily« habe ich nur geringen Kontakt. Ein schönes Mädchen mit viel Pailletten, sie trägt stets Lackschuhe mit hohen Absätzen. Ihre Kleider, die sie jeden Tag wechselt, sind aus schwarzem Satin. Eine Schneiderin näht sie ihr, immer nach dem gleichen Schnitt, mit sehr tiefem V-Ausschnitt, der den Brustansatz sehen läßt, nicht mehr. Der Rock sitzt sehr knapp um das Hinterteil und ist an der Seite geschlitzt, damit sie überhaupt gehen kann. Er ist so eng, daß es aussieht, als würde sie auf Eiern gehen, wenn sie mit kleinen, kurzen Schritten dahertrippelt. Lily nennt diese Aufmachung ihre Arbeitsuniform. Selbstbewußt behauptet sie: »Ich wähle mir die Männer aus, da kann nicht einfach jeder mit mir hochkommen. Wenn sie nicht Klasse haben, sage ich nein.«

Die »Rote Lily« macht eine Menge Geld. Sie ist die feste Freundin eines Zuhälters, der kein Anfänger ist, und ihr Mann hat noch andere Frauen, die in den Halles arbeiten. Sie selbst, sie gehört zur Hautevolee, ist eine elegante Frau, von der ihr Zuhälter sagt: »Ich habe eine Frau, die an der Madeleine anschaffen geht.« Eine »Klassefrau«, wie sie von sich selbst zu sagen pflegt.

Von Zeit zu Zeit, wenn sie Geld braucht, erscheint die »Puppe«, mit blonden Locken und porzellanblauen Augen. Manchmal sehen wir sie mehrere Monate nicht.

Man weiß nicht, wo sie sich aufhält, man kennt nichts von ihrem Leben, und dann taucht sie wieder auf, ist mit von der Partie, so als ob sie nie von uns weggegangen wäre. Sie klebt geradezu auf dem Trottoir, man könnte meinen, sie verläßt es tage- und nächtelang nicht. Sie ist da, wenn man ankommt, ist da, wenn man weggeht. Trotzdem macht auch sie Pause im Café, nur auf ganz andere Weise als wir: Die »Puppe« holt ihre Puderdose heraus, schüttet mit einer geschickten Bewegung eine Prise weißen Pulvers auf ihre Hand und zieht dann ganz selbstverständlich mit einem schniefenden Geräusch das Pulver in die Nase hoch. Klick – die Puderdose wird wieder geschlossen. Ihre Augen glänzen. Wenige Augenblicke später lächelt sie, als sei sie im siebten Himmel. Und sie zieht los und geht in Kampfeshaltung das Trottoir auf und ab. Manchmal rennt sie einem Typen hinterher, nichts entmutigt sie, vor nichts hat sie Angst. Geld zusammenzuraffen, nur das zählt für sie.

Eines Abends, nachdem sie ihre Prise genommen

hat, sagt sie zu uns: »Ich hau ab, ich such mir ’ne andere tote Ecke.«

»Wohin gehst du?«

»Nach Algerien, mein Macker schickt mich ins Araberviertel, ich werd da ’ne ruhige Kugel schieben.«

»Geh nicht hin, mach irgendwas anderes, aber geh da bloß nicht hin!«

Ich habe das richtig hinausgeschrien, ohne nachzudenken.

Die anderen werden neugierig: »Wieso denn das? Hast du ’ne Ahnung davon?« Ich weiß nicht, warum ich lüge: »Nein, aber ich habe welche gekannt ...«

Ist sie glücklich oder einfach gleichgültig? Man kann es ihr nicht ansehen. Und ich denke, daß wir sie nie wiedersehen werden. Ohne ihre Droge, eingeschlossen in einem Bordell, wird sie verrückt werden.

Katia hat eine alberne Idee, die uns alle zum Lachen bringt: »Sagt mal, das wäre doch zum krumm und bucklig Lachen, wenn alle Frauen einen obligatorischen Ersatzdienst auf dem Strich ableisten müßten! Alle müßten eine bestimmte Zeit lang anschaffen gehen, das wäre doch Gleichberechtigung, oder nicht?«

»Da wären manche ehrbaren Frauen ganz schön froh drüber.«

»Glaubst du?«

»Na klar, die haben doch auch ihre Sexphantasien.«

»Also wißt ihr, meine, die ist nicht kompliziert: die Missionarsposition mit einem Mann, den ich liebe. Ich habe schon immer einen einfachen Geschmack gehabt«, sagt das verträumte »Herzchen«.

»Also so hast du deine Göre produziert!« spottet eine Kameradin.

Wenn auch über vieles ganz locker geredet wird, gibt es gefährliche, heikle Themen, und das hier ist eines, nämlich der Mann, den man richtig liebt, mit dem zusammen Sexualität kein Problem bedeutet.

Diejenige, die ich am liebsten mag – so eine hat man immer –, das ist die große »Aida«. Wir haben ihr diesen Spitznamen gegeben, weil sie an den Straßenecken singt. Sie ist ein großes Mädchen mit üppiger Brust, breiten Hüften und langen Schenkeln, die sich nach unten zu ungeheuer schlanken Beinen fortsetzen. Sie geht mit vorgeschobener Brust, die sie ihr »Holz« nennt. Sie pflegt lachend zu sagen: »Ich hab Holz vor der Hütte, ja, das gefällt jedem.« Aida lockt die Kunden an, indem sie nach einer Melodie aus Rigoletto singt:

»Komm her, mein Schatz,
Aida, die hat's,
Du wirst seh–hen,
Es wird schö–ön!«

Bei den Flics legt sie eine andere Platte auf, und wenn sie sie ansprechen, schaut sie sie von oben herab an und singt: »Weicht von hinnen! Euer Hohn kann mich nicht treffen!«

Daraufhin sind sie ganz verdutzt und antworten ihr: »Es reicht, hör mit der Scheiße auf, im Knast kannst du besser singen!«

Und in dem Polizeiwagen, der sie mitnimmt, rezitiert sie ganz großartig Gedichtfragmente, und wir hören verblüfft zu.

»Wir waren zwanzig und hundert, wir waren Tausende …« oder »Ja meine Eleganz, die liegt in der Moral …«

Das ist wirklich wahr!

Ich fühle mich direkt wohl zusammen mit diesen Frauen. Manche amüsieren mich mit einem verrückten

Tick, andere mit ihren komischen Streichen, ihrer unbeholfenen, naiven Auflehnung, ihren kleinen Schurkereien, ihrem Spott, manchmal auch mit ihren Gemeinheiten.

Wenn man für uns, für diese Ansammlung unterschiedlichster Frauen, das Wort Familie verwenden kann, dann sind wir eine »große Familie«. Wenn eine wegbleibt, wird das bemerkt. Man ist beunruhigt, man fragt sich: »Ist ihr vielleicht etwas zugestoßen?« Wie in allen Familien hat man auch hier Vettern, die man nicht ausstehen kann, über die man herzieht, nämlich unsere Ausbeuter, die Zuhälter und die Hotelbesitzer.

Er saß da wie ein richtiger großer Hund, ganz aufrecht auf seinen Hinterbeinen, und dabei war er erst drei Monate alt … dieser Dackel mit struppigem Fell. Er war in einem Schaufenster ausgestellt, saß in einem Käfig, er sah auf die Straße, und ich sah ihn an. Es war ganz einfach. Ich betrat den Laden und habe ihn gekauft. Damit kaufte ich auch ein wenig Liebe. Ich weiß jetzt, daß ich erwartet werde, daß meine Wohnung nicht leer ist. Sowie ich zu Hause bin, sind seine kastanienbraunen Augen auf meine gerichtet, als hinge sein Leben von mir ab. Wenn es mir passiert, daß ich festgenommen werde, bekomme ich wegen Zouzou Gewissensbisse, und ich sage mir, daß Nutte sein heißt, nicht einmal das Recht auf einen Hund zu haben, da man ja diese geringe Verantwortung nicht übernehmen kann, nämlich einem Tier ein normales Leben zu garantieren.

Jeden Morgen und Abend führe ich meinen Hund lange spazieren, auch wenn ich völlig kaputt bin vom Laufen und Rennen, total erschöpft, weil ich immer noch auf den Beinen bin.

Seit etlichen Monaten wohne ich nicht mehr bei meiner Schwester. Das war nur eine vorübergehende Lösung, und wir beide wußten das. Wir haben nichts miteinander gemeinsam. In der Rue de la Fayette, nahe bei der Kirche Saint Vincent-de-Paul, habe ich eine kleine Wohnung mit Küche und Dusche gemietet, in einem gutbürgerlichen Wohnblock. Die Nachbarn sind verschlossen, geradezu feindselig. Ich weiß nicht, wie sie erfahren haben, daß ich Prostituierte bin, jedenfalls wissen sie es. Wahrscheinlich entehre ich das Haus. Jedoch ist meine Zurückhaltung vorbildlich, man kann mir nicht einmal Herrenbesuch vorwerfen!

In meinem Haus ist mir eine jüngere Frau aufgefallen, die oft zur selben Zeit wie ich kommt oder geht. Wir haben dieselbe Größe, dieselbe Haarfarbe und vor allem einen Hund von ähnlicher Rasse; ihrer heißt Phil. Sie lächelt mir zu; ich bin für sie also nicht die Prostituierte vom dritten Stock? Zunächst grüßen wir uns mit einer kleinen Kopfbewegung, dann wechseln wir einige Worte. Schließlich sagt sie zu mir: »Kommen Sie doch einmal abends zu mir, zum Plaudern.« Ich gehe hin, bin aufgeregt – ist das Gerede bis zu ihr gedrungen? Weiß sie, welchen Beruf ich ausübe? Wenn ja, hätte sie mich dann überhaupt eingeladen?

Sie lebt in einer kleinen Wohnung, die so ähnlich ist wie meine, mit ihrer Tochter Nisou, die zwei Jahre jünger ist als ich und studiert, ich wage nicht zu fragen, was. All das ist für mich so weit weg.

An diesem ersten Abend sage ich nicht viel, ich höre ihr vor allem zu. Sie ist Kriegerwitwe. Ruhig erzählt sie mir von sich selbst, als ob es wichtig wäre, daß ich sehr schnell wüßte, wer sie ist.

»Sehen Sie, ich bin Jüdin, und es gibt nichts Schlimmeres als Rassismus, alle Formen von Rassismus.«

Vielleicht ist das auf mich gemünzt? Will sie mir auf diese Art sagen, daß sie Bescheid weiß über mich, daß sie versteht?

Ida – so heißt sie – fährt fort: »Während des Krieges haben sie meine Mutter abgeholt. Man hat sie in ein Konzentrationslager deportiert, aus dem sie nicht mehr zurückkam. Bei ihrem Abtransport morgens hörte man Wutgeschrei – und dann war Stille. Daran denke ich heute noch.«

Ich hätte gerne so frei und offen wie sie sprechen mögen. Aber was hatte ich ihr zu sagen? Ich gehe in meine Wohnung zurück, bin völlig durcheinander und kann nicht einschlafen: Zum ersten Mal habe ich eine Freundin aus der »anderen« Gesellschaft. Und wenn ich mich täusche?

Einige Tage später siegen ihre Freundlichkeit und ihr aufmerksames Wohlwollen über mein Mißtrauen, und ich erzähle, etwas durcheinander, zuerst zögernd, von meiner Jugend, vom Getto, von den Bordellen. Ich komme mir ein bißchen vor wie ein Pokerspieler, der auf den letzten Zug seine Haut gesetzt hat, da er selbst sein Hemd schon verspielt hat. Das ist beängstigend. Es ist aber auch das erste Mal, daß ich mit jemandem »von der anderen Seite« spreche, ohne mich gezwungen zu fühlen, etwas zu verheimlichen oder zu lügen. Es dauert lange, bis ich zum Schluß komme: »Du siehst, ich mache eine schmutzige Arbeit, und ich hasse sie.«

Ida wendet ihren verständnisvollen, warmherzigen Blick nicht von mir ab, und so rede ich mir ein wenig von meiner Scham, meiner Not, meinem Haß gegen die Gesellschaft von der Seele: »... man verachtet uns Prostituierte, verweigert uns alles. Wir werden völlig abgelehnt, wir gelten als Schandfleck.«

»Sag das nicht. Du wirst sehen, eines Tages wirst du

etwas anderes kennenlernen. Hab Geduld, du wirst da herauskommen, du wirst ein anderes Leben führen, und das wird dann dein eigenes Leben sein.«

Und da sie es ist, die mir das versichert, glaube ich es. Ida ist mein Garten, meine Insel der Frische, ein Grund zur Hoffnung, der Ast, an den ich mich klammere, um zu glauben, daß das Leben nicht nur aus der Welt rund um die Madeleine besteht.

Weihnachten und das neue Jahr sind nicht mehr weit. Diese Feiertage lassen mich, genauso wie die Sonntage, meine Einsamkeit besonders deutlich spüren. Um ein Ziel zu haben, gehe ich an solchen Tagen auf den Friedhof, zum Grab meiner Mutter. Ein merkwürdiger Dialog wird da geführt, wobei der eine nie antwortet. Ich stelle mir vor, was sie mir sagen könnte, indem ich in meine Kindheitserinnerungen eintauche. Dann schäme ich mich, jung und doch schon des Lebens überdrüssig zu sein.

In dieser Stimmung betrachte ich, während ich nach Kunden Ausschau halte, die glänzenden Schaufenster mit Weihnachtsmännern, glitzernden Tannenbäumen, Blumen, Leckereien und Geschenken und wünsche mir dabei, daß diese ganze hier ausgebreitete Freude schnell, sehr schnell verschwindet …

Am Morgen des dreiundzwanzigsten Dezember begegne ich Ida: »Ich war bei dir, ich wollte dir einen Vorschlag machen. Was hältst du davon, Heiligabend mit uns zu verbringen?«

Was ich davon halte? Nichts im Moment, denn meine Kehle ist wie zugeschnürt.

Niemals in meinem ganzen Leben hat es für mich einen Weihnachtsbaum gegeben. Das ist eine Kinderherrlichkeit, eine Freude, die ich nicht mit Worten beschreiben kann, als ich die kleinen Päckchen mit meinem Namen darauf entdecke und öffne! Fünf Jahre Bordell und dann Straßenstrich, fünf Jahre körperliches und seelisches Elend sind wie ausgelöscht. In diesem Augenblick bin ich wie jedermann. Im Licht, in der Wärme, angesichts der Zuneigung versöhne ich mich mit den anderen, mit allen, die diese Nacht feiern, und ich finde wieder zu mir selbst.

Einige Tage später weckt mich das Telefon. Ich höre die verstörte Stimme Nisous: »Kannst du zu uns herunterkommen, schnell, es ist etwas Schlimmes passiert.«

Als ich in die Wohnung komme, bin ich völlig entsetzt: Ida liegt im Bett, das Gesicht und die Augen ganz verschwollen, Mund und Kinn eine einzige offene Wunde. Sie ist nicht wiederzuerkennen.

Ich bin fassungslos, stehe da wie blöde.

»Mein Gott, was ist mit dir passiert?«

Nisou antwortet für sie.

»Mama ist gestern abend runtergegangen, um den Hund spazierenzuführen, es war so gegen zehn Uhr. Als sie wieder hereinkommen wollte, hat sich direkt vor der Tür ein Mann auf sie gestürzt und sie geschlagen. Er hat nicht versucht, ihr die Handtasche wegzunehmen, er wollte sie nicht berauben, er wollte sie nur zusammenschlagen ...«

Das ist nicht zu fassen! Keiner von uns dreien sagt etwas. Dann fährt Nisou in ihrem sachlichen Ton fort: »Wir haben eine Erklärung gefunden, nur ist es nicht ganz leicht, es auszusprechen.«

»Hat es etwas mit mir zu tun?«

»Ja.«

»Nisou, bitte, sag es mir.«

»Also, ihr habt beide denselben Hund, dieselbe Haarfarbe, ungefähr dieselbe Größe, da haben wir gedacht, daß es in der Dunkelheit eine Verwechslung gegeben hat, daß dieser Mann, der wohl aus dem Milieu stammt, sich in der Person geirrt hat. Er kannte dich nicht, er hatte nur deine Beschreibung. Bei deinem Beruf hast du sicher Feinde, und man hat Mama für dich gehalten.«

Wie sollte ich da nicht wie erschlagen sein? Ich kann nicht zulassen, daß dieser Gedanke sich zwischen uns festsetzt, ich muß reden, erklären, überzeugen. Soll denn unsere Freundschaft wegen eines solchen Dreckskerls zerstört werden? Wie soll ich da nicht diesen widerlichen Beruf verfluchen, der mir so etwas beschert?

»Das glaube ich nicht. Einmal deshalb, weil ich zwar eine Prostituierte bin, kein Mann aber irgendeinen Grund hat, mich zu bestrafen. In unserem Milieu schlägt man eine Frau nicht zum Vergnügen. Wenn, dann gibt es einen Grund dafür, und der ist immer, daß sie bestraft werden soll. Aber es gibt Männer, die Spaß daran haben, eine Frau zu schlagen. Das war hier wahrscheinlich der Fall, er hat gewartet und auf ein Opfer gelauert, und er hätte genausogut auf irgendeine andere Frau stoßen können.«

Sie sehen mich an, erstaunt, aber nicht ungläubig: daß Männer Vergnügen daran finden können, eine Unbekannte zu schlagen, das erscheint ihnen wie eine Geschichte von einem anderen Stern. Sie haben recht, sie kommt aus einer anderen Welt, einer Welt, in der alles auf den Kopf gestellt ist, in der ihnen ihre Kenntnis des Lebens überhaupt nichts nützt. Doch diese Erklärung reicht noch nicht aus, ich muß ihnen sagen, daß wir, die Prostituierten, solchen Männern als Ventil dienen, daß manche von uns dabei umkommen, wenn ihr Sadismus über Schläge hinausgeht, viel weiter ... Ihnen sagen, daß viele Männer nur zu uns kommen, um geheime, oft gespenstische Bedürfnisse zu befriedigen. Sie hören zu, ich merke, daß sie entspannter werden. Sie begreifen, aber gleichzeitig entdecken sie entsetzt eine andere Wirklichkeit.

Den ehrbaren Leuten leuchtet Schwarzweißmalerei ohne weiteres ein: Da sind auf der einen Seite die Guten, sie und die Ihren, und auf der anderen Seite die Bösen, die Huren, die Zuhälter, die Diebe …

Ich komme von meinem Thema ab, so sehr empören mich diese hassenswerten Klischees.

»Sieh mal, Nisou, du bist alt genug, um Bescheid zu wissen, um solche Dinge zu verstehen. Ich bin wie du im zwanzigsten Jahrhundert geboren, und trotzdem bin ich verkauft worden. Du meinst, das seien mittelalterliche Praktiken, die es längst nicht mehr gibt. Irrtum. Es genügt, in einer ungünstigen Umgebung geboren zu werden, damit so etwas möglich ist. Du bist ein behütetes junges Mädchen, kannst du dir vorstellen, daß du vor dem, was mir passiert ist, auch nicht völlig geschützt bist? Weißt du, daß man mit Frauenfleisch handelt, daß es höchst ehrbar wirkende Männer gibt, die damit Handel treiben und die nicht unbedingt zum Milieu gehören? Sie gehen diesen Geschäften mit derselben Kaltblütigkeit, derselben Gleichgültigkeit nach, als wenn es sich um irgendeine andere Ware handelte. Sie haben eine weiße Weste, und man kann nichts gegen sie ausrichten. Die Polizei drückt dabei übrigens oft beide Augen zu. Ahnungslose junge Mädchen werden unter verschiedenen Vorwänden geködert und verschifft, ihre Ausweise sind gefälscht, man sieht sie nie wieder. Caracas, Tanger, Saigon, Algier … von diesen Städten träumst du vielleicht, aber für zahllose Frauen sind diese Namen zu Synonymen der Hölle geworden.«

Unsere Freundschaft hat durch diesen schrecklichen

Vorfall keinen Schaden genommen. Aber ich habe Angst bekommen.

Später ist Ida an Krebs gestorben. Fünf Jahre lang hat sie gekämpft, wurde mehrmals operiert, unterzog sich unangenehmen chemotherapeutischen Behandlungen, nahm alles auf sich um ihrer Tochter willen, die ihre Mutter sehr brauchte.

Als man sie beerdigte, warf ich in das offene Grab eine Rose. Ihre Lieblingsblume. Mit dieser Geste blieb ein Stück von mir selbst auf dem Sarg. Daß ich Ida zur Freundin hatte, machte es mir möglich zu existieren: Sie mochte mich gern, also war ich lebendig.

Manchmal fragen mich meine Kameradinnen besorgt: »Und dein Macker, stört es dich nicht, daß er so weit weg ist?«

»Was redest du denn, so hat sie ihre Ruhe!«

Was dieses Thema betrifft, halte ich mich zurück. Für mich ist der Zuhälter das schlimmste aller unserer Übel.

»Und trotzdem«, wendet die »Rote Lily« ein, »sind das unsere Verbündeten. Sie sprechen dieselbe Sprache wie wir, sie kennen alle Laster, alle Tricks unseres Berufs. Sie beschützen uns. Wenn wir im Knast sitzen, kümmern sie sich um uns.«

Ich habe große Lust, ihr zu sagen, daß wir ja gerade wegen der Zuhälter in den Knast kommen, weil sie uns zwingen, auf den Strich zu gehen. Aber ich bin still. Bei diesem Thema sind wir kaum je einer Meinung.

»Aida« wird ganz träumerisch: »Wenn du 'nen Zuhälter hast, also, dann bist du so gut wie verheiratet. Wenn er von dir spricht, sagt er ›meine Frau‹. Bloß diese beiden Worte bringen dein Herz zum Schmelzen.«

Es stimmt, was sie sagt, damit sind in hohem Maße Sehnsüchte angesprochen, vor allem die Sehnsucht, einem einzigen Mann ganz und gar zu gehören.

»Verstehst du, der Freier, der steht auf der anderen Seite, der ist unwichtig. Aus den Augen – aus dem Sinn! Der, der zählt, das ist dein Mann, der, dem man die Knete gibt. Er kann böse sein, er kann dich wie ein kleines Mädchen bestrafen, das eine Dummheit gemacht hat.«

Was soll man dazu sagen?

Meiner Meinung nach ist es entsetzlich, an einen Mann gebunden zu sein, der nur deshalb Wert auf einen legt, weil man sich für ihn prostituiert.

Für einen Augenblick vergißt »Herzchen« ihr Kind, um sich in unsere Unterhaltung einzuschalten.

»Sagen wir doch, wie's ist: Alle hoffen wir, daß uns der Zuhälter eines Tages nicht mehr anschaffen schickt. Das wär dann ein bißchen wie eine Belohnung nach einer langen Strafe.«

Einen vom Strich wegzuholen, dazu hat nur er die Macht, und die Mädchen, die hinten in diesem Bistro sitzen, im Licht der Neonröhren, inmitten von Alkoholdünsten und kaltem Rauch, fangen an, auf den Zeitpunkt zu hoffen, an dem die Bestrafung zu Ende sein wird. Ihre Apologie des gerechten Zuhälters, der einen am Ende erlöst, überzeugt mich nicht. Und dies um so weniger, als sie in Wirklichkeit selbst nicht so recht daran glauben. Es gibt nur wenige Mädchen, die ihren Zuhälter tatsächlich lieben. Die Geschichten von wegen »ohne ihn kann ich nicht leben«, die sind was für sentimentale Gemüter, die noch an Märchen glauben. Die Wirklichkeit ist anders, nur in den Träumen der Mädchen sind die Zuhälter Stütze und Halt, und um durchzuhalten, muß man viel träumen!

Was passiert mit all den Frauen, die sich abgerackert, ihr ganzes Geld abgegeben haben, die von einer Hand in die andere gegangen sind, wenn es diesen Herren gefiel? Was bleibt ihnen von dem Vermögen, das sie verdient haben? Wo enden sie? Als Zimmermädchen in Bordellen. Krank und hilfsbedürftig im Hospital. Wenn sie Kinder haben, dann sind es Problemkinder. Eine Prostituierte als Mutter, das belastet verdammt schwer. Ihr Zuhälter dagegen, ihre Stütze, der, der sie überwacht, heiratet ein junges Mädchen, das noch Jungfrau ist, und kehrt mit ihm in seinen Heimatort auf Korsika oder sonstwohin zurück. Da hat es schon viele gegeben, die sich mit einem Mädchen aus gutem Hause verheiratet und Kinder gezeugt haben – als ob diese Schufte Nachkommenschaft verdienten!

An diesem Abend bin ich besonders aufgebracht, und ich schwöre mir, daß ich mich nicht mehr von einem Mann beherrschen lasse. Ich werde das nicht mehr ewig mitmachen.

François hat mir seine Ankunft angekündigt. Dieses Mal muß ich handeln. Aber wie? Mein Plan ist noch unbestimmt, nur mein Entschluß steht fest.

In Paris hat »mein« Zuhälter wirklich das schönste Leben. Seine Tage verbringt er beim Kartenspiel in korsischen Bars. Abends geht er – von meinem Geld gut gekleidet – ins Restaurant, danach in die Nachtbars. Weil er das große Wort führt und mit Geld um sich wirft, nennt man ihn respektvoll »Monsieur François«. Er geht spät ins Bett, steht noch später auf, zieht ein seidenes Hemd und seidene Strümpfe an und spult das gleiche Programm wie am Vortag ab, mit derselben frechen Nonchalance.

Eines Abends erklärt er mir, daß ein Siegelring mit

einem Diamanten den Mann erst ins rechte Licht rükke, und ich täte gut daran, ein wenig aktiver zu werden. Ich sage nichts, sehe ihn nur an und denke dabei an Sylvio. Er brauchte das nicht, damit man ihn als richtigen Mann respektierte. Er hätte mich nie um so etwas gebeten.

Schon seit einigen Wochen übergebe ich François jedesmal dieselbe Summe. Auch jetzt denke ich nicht daran, sie zu erhöhen.

»Na sag mal, machst du dich über mich lustig?«

Die Unterhaltung fängt nicht gut an.

»Madame taxiert mich!«

Ihm jedesmal dieselbe Summe auszuhändigen, das bedeutet eine Verletzung seiner Männerehre. Es ist offenkundig, daß die Höhe der Summe meiner Einschätzung entspringt; ich habe seinen Wert abgeschätzt. Der Gedanke ist ihm unerträglich!

»Du hältst mich wohl für einen Schwachkopf. Aber mit mir kannst du das nicht machen.«

Ich antworte nicht sofort. Meine Rede ist vorbereitet, sie basiert auf den Gesetzen des Milieus. Entweder er wird nachgeben oder das Gesicht verlieren.

»Hör mal zu, du bist nicht zufrieden, ich bin es aber auch nicht.«

Ihm bleibt die Spucke weg.

»Ich will mich nicht mein ganzes Leben lang prostituieren, vor allem nicht für dich. Ich will nichts mehr von dir wissen. Ich will frei sein.«

»Also das ist das Größte! Bist du verrückt geworden oder was? Was du brauchst, ist eine schöne Tracht Prügel und eine Geldstrafe, und dann wird man sehen, wer hier das Sagen hat.«

»Ich bin nicht deine Frau. Und du wirst mich gefälligst in Frieden lassen. Jetzt ist Schluß. Und glaub ja nicht, daß ich dir eine Geldstrafe bezahle. Wenn du mich nicht freigeben willst, geh ich zu deinen Vettern am Pigalle und zu den Mackern, die hier das Gesetz machen, und sage ihnen die Wahrheit. Ich werde ihnen sagen, wie du mich bekommen hast: Ich war die Frau von Sylvio, du hast seinen Tod ausgenützt und einfach seine Nachfolge angetreten, obwohl zwischen euch nichts vereinbart war. Nie und nimmer hat mich dein Bruder dir anvertraut. Und diese Geschichte wird im Milieu nicht gefallen, sie wird dich in ein schlechtes Licht setzen.«

Es stimmt, daß das nicht geschätzt würde. Man respektiert im Milieu bestimmte Regeln. Aber werde ich dabei tatsächlich meine Freiheit gewinnen? Das ist alles andere als sicher. Zwar wäre er nicht mehr mein Zuhälter, aber ich würde einen anderen nehmen müssen, und das will ich nicht.

Ich habe François' Charakter einkalkuliert, sein Stolz ist leicht zu verletzen, und dann fürchtet er das korsische Milieu, wo er nur akzeptiert wird, weil man seinen Bruder respektierte. Ich merke, daß er unruhig und unsicher ist. Diese Gelegenheit benütze ich, um wegzugehen, und ich bin sicher, daß er nicht wagen wird, etwas gegen mich zu unternehmen.

Er nicht, aber die anderen. Man erfährt alles im Milieu, und ich bekomme schnell mit, daß die Zuhälter, die von allen Seiten aufkreuzen, wissen, daß ich frei bin. Wenn ich manchmal abends in einem Restaurant sitze, kommen sie heran, werfen sich in Positur und wiegen sich in den Hüften, selbstgefällig und wichtigtuerisch. Sie sprechen mich an, hinter ihrer Ironie ist die Drohung herauszuhören. Sie versuchen, mir angst zu machen.

»Na?« fängt einer von ihnen an, mit starkem korsischem Akzent, der die Worte dehnt, und mit einem Grinsen, das wohl gönnerhaft aussehen soll. »Was machst du mit all dem Geld, das du verdienst? Du wirst mir doch nicht sagen wollen, daß dir jetzt die Mäuse die Scheinchen wegfressen?«

Ein anderer macht weiter: »Sieh mal einer an, seit vielen Jahren arbeiten unsere Frauen hier, du willst ihnen doch nicht das Brot vom Munde stehlen und dann das Geld einem schwachköpfigen Freier hinterherwerfen!«

Weder einem Freier noch einem Zuhälter – es gehört mir allein. Ich antworte nicht, schlage die Augen nieder und setze eine unterwürfige Miene auf. Sie schleichen um mich herum, bedrängen mich, und da ich nicht widerspreche, denken sie, daß ich nachgebe.

Ich verhalte mich ganz unauffällig, meide selbst die Kameradinnen, die bereit sind, mich für ihren Zuhälter anzuwerben; ich will nicht auch noch Nebenfrau werden.

Sowie ich einen Zuhälter entdecke, der in meine Richtung strebt, steige ich in die Métro, auf jeden Fall gehe ich weg von der Straße. Abends bleibe ich nicht zu lange draußen. Diese Männer sind Nachtschwärmer, sie verlassen das Haus, wenn die Neonlichter angehen. Tagsüber habe ich fast keine Angst. Schließlich verschwinde ich für vierzehn Tage, das ist lange genug, daß sie sich Fragen stellen können, dann tauche ich wieder auf. Ich treffe Kameradinnen und erzähle ausführlich, daß ich mir einen Zuhälter gesucht hätte, einen aus Marseille, der viel auf Reisen sei, er habe noch andere Mädchen in Nordafrika. Die Geschichte kommt so gut an, daß ich mehr oder weniger Ruhe habe.

Frei sein! Der Schritt, den ich gerade getan habe, ist wichtig, aber er ist nicht endgültig. Ich möchte ganz aussteigen, nur – wie soll ich es anstellen?

Die Zeit vergeht schnell, so eintönig mein Leben auch ist. Es kommt mir vor, als würde ich auf den Grund eines Trichters rutschen, dessen Ränder glatt und schlüpfrig sind – so wie ein Insekt, das in eine leere Badewanne fällt und verzweifelt versucht, wieder herauszukommen.

Ich fange an zu trinken, da wird alles leichter, man wird gleichgültiger. Im Winter wärmt einen der Alkohol, bevor man sich wieder in die Kälte, auf die verlassene Straße stürzt. Die Straße ist mein Universum geworden. Das Trottoir kenne ich wie meine eigene Hosentasche, bis in seine feinsten Furchen und Unregelmäßigkeiten. Die Schlupfwinkel, die Türen, in die man bei Gefahr schlüpfen kann, kenne ich in- und auswendig.

Manchmal fühle ich mich wie ein Tier, dem man auflauert. Wie eines der wilden Tiere, die man aus dem Kino kennt. Sie gehen zitternd, mit aufgerichteten Ohren, dann stürzen sie mit einem Sprung los, und man sieht den Jäger, der hinter ihnen her ist und sie hetzt. Ich denke oft an diese Tiere. Ich verstehe ihre Angst, es ist dieselbe Angst, die mir das Herz bis zum Halse schlagen läßt. Für mich sind die Flics die Jäger. Dadurch, daß sie uns provozieren, legitimieren sie ihre Funktion: Sie verdienen ihren Lebensunterhalt damit, daß sie uns verfolgen, und diese Arbeit erledigen sie äußerst gewissenhaft und reichlich unsachlich, denn sie behandeln nicht alle gleich. Denjenigen, die ihnen nicht gefallen, bleibt nichts anderes übrig, als das Viertel zu wechseln.

Lange Zeit gab es dieselben Strafen, dieselbe Leier: fünf Stunden im Hühnerkäfig, zudem eine Geldbuße.

Manchmal machen sie eine Razzia, gewissermaßen den Fang mit dem Netz, in dem wir nur kleine Fische sind. Aber fangen sie andere? In einer Verhandlung, die nur ein Blendwerk der Justiz darstellt, wird dann jeweils eine Geldstrafe verhängt.

Dann wird mit einem Schlag das alltägliche Einerlei durch die politischen Ereignisse verändert. Wir interessieren uns an sich für Politik nur in dem Maße, in dem sie uns unmittelbar betrifft. Wir wissen, sie kann unangenehme Auswirkungen auf unser Leben haben. Frankreich befindet sich im Krieg mit Algerien. Die verschiedenen Regierungen lösen einander ab, ohne daß eine Lösung in Sicht wäre. Da kommt de Gaulle zurück, der Retter dieses siechen Frankreichs, das nur durch Heldentaten gesunden kann.

Ich erinnere mich daran, wie ich eines Abends im Mai 1958 aus einem Kino an den Champs-Élysées kam und mir das frenetische Gehupe der Autofahrer in den Ohren dröhnte und der Ruf: »De Gaulle an die Macht!« Eine Freundin sagte zu mir: »Siehst du, du erlebst gerade eine historische Minute.«

Diese historische Minute markiert für uns Prostituierte den Beginn einer finsteren Repression, die dem Staat ungeheuren Gewinn bringt. Es herrscht das totale Paradox: Der Staat legalisiert unsere Existenz durch Geldstrafen. Er kassiert damit den Lohn der Lust, ist also der oberste Zuhälter. Auf der einen Seite bekämpft er das Prinzip der Prostitution selbst, auf der anderen Seite zieht er daraus seinen Nutzen. Und das ist der Gipfel der Doppelmoral: Je heftiger der Staat die Dirnen bekämpft, um so mehr Geld bringt die Prostitution ihm ein. Der Höhepunkt ist damit erreicht, daß der Finanzminister unsere Einkünfte besteuert, obwohl unser Beruf verboten ist und zu finanziellen Sanktionen führt. Verwarnungsgelder, Geldstrafen, Steuern – kurz, wir sind für den Staat gute Milchkühe.

Gleich nachdem de Gaulle Staatspräsident geworden ist, hagelt es nur noch so Geldbußen, und sie werden von fünfzig auf zweihundertfünfzig Francs erhöht. Die Polizisten sind zum kleineren Übel für uns geworden, während die Razzien so häufig aufeinander folgen, daß die Motoren der Polizeiautos ständig heiß laufen. Wir werden nicht mehr ausschließlich von der Sittenpolizei geplagt, sondern auch die Zivilen vom Drogendezernat beschäftigen sich mit uns, ja man richtet sogar eine spezielle Truppe für unsere Verfolgung ein. Wenn man aufgegriffen wird, ist das Ziel zunächst immer dasselbe, nämlich die Polizeiwache, wo wir weit länger festgehalten werden als die üblichen fünf Stunden und auf unsere neuen Wagen warten, richtige rollende Gefängnisse. Diese fassen fünfzig Personen, die aufrechtstehend in Einzelkabinen eingesperrt sind, in denen man sich weder setzen noch umdrehen kann. Eine Reihe von hochgestellten, vergitterten Särgen. Wir werden beim Fahren derart hin und her geworfen, daß wir voller blauer Flecken wieder herauskommen.

Spektakuläre Razzien, die die braven Bürger hinsichtlich der Wirksamkeit des tugendhaften Kampfes gegen die Prostitution beruhigen. Das Viertel um die Madeleine mit seinen luxuriösen Geschäften wird besonders intensiv kontrolliert. Für uns ist das äußerst nachteilig, denn die Nähe der Läden bringt uns deren Kundschaft. Es gibt sehr feine Herren, die sich kurz mit uns verlustieren und dabei einen kleinen Topf Kaviar oder ihr Lachspaket abstellen. Dieser Repression verdanke ich einige schlechte Erinnerungen.

Ich werde verfolgt und bin kurz davor, verhaftet zu werden, da fange ich an zu rennen. Auch der Polizist ist schnell. Schon hat er mich am Arm erwischt; ich versuche, mich loszureißen, und verliere einen meiner Schuhe. Er denkt, ich würde mich bücken, um ihn aufzuheben, und läßt mich los. Das nutze ich aus, renne weiter und verliere meinen zweiten Schuh. Ich komme nach Hause, heilfroh darüber, daß ich dem Gefängnis entkommen bin.

Aber der Polizist, der wahrscheinlich sehr wütend ist, nimmt diese Niederlage nicht hin. Schon am nächsten Tag werde ich vom Inspektor des Viertels vorgeladen. Er empfängt mich, indem er mir mit meinen Schuhen vor der Nase herumfuchtelt. Ich habe etwas Mühe, sie zu identifizieren, so kaputt sind sie, man hat sogar die Sohle abgerissen.

»Das sind doch Ihre?«

»Ich glaube schon.«

»Wachtmeister X. sagt, Sie hätten ihn mit Ihren Schuhen geschlagen. Er mußte eine Woche krankgeschrieben werden, und er hat Klage gegen Sie erhoben. Was haben Sie dazu zu sagen?«

»Nichts. Ich habe versucht zu entwischen. Als ich wegrannte, verlor ich meine Schuhe. Ich habe ihn nicht damit geschlagen. Im übrigen waren sie in gutem Zustand, als ich sie verlor.«

»Wenn ich Ihnen einen guten Rat geben darf: Lassen Sie sich in Zukunft festnehmen, ohne irgendwelche Geschichten zu machen. Die Polizisten sind Beamte, die dafür zu sorgen haben, daß die Ordnung respektiert wird. Sie sind vereidigt, niemand wird Ihnen glauben, und sie werden Ihnen das Leben zur Hölle machen. Sie würden bloß Ihre ganze Zeit im Gefängnis verbringen.«

Einige Tage später sitze ich auf der Anklagebank und

werde wegen »Beamtenbeleidigung« zu einem Monat Gefängnis auf Bewährung und hunderttausend alten Francs Geldstrafe verurteilt.

Nicht nur die Häufigkeit der Geldstrafen hat zugenommen, auch die Fristen, innerhalb deren sie bezahlt werden müssen, sind verkürzt worden, so daß wir nicht einmal mehr die Zeit haben, das dafür notwendige Geld heranzuschaffen.

Ein anderes Mal verheddert sich der Richter bei seinem Urteilsspruch, der so schließt: »... Geldstrafe auf Bewährung oder acht Tage Gefängnis.«

Dieses Mal bin ich nicht in der Lage zu bezahlen und muß ins Gefängnis.

Man sperrt mich in die Petite-Roquette ein. Die Gefängnisordnung verbietet uns, in der Kantine irgend etwas zu kaufen, dazu muß man länger als acht Tage bleiben. Es ist jedoch nicht verboten zu arbeiten. In einer Werkstatt binden wir Stücke von Seilen zusammen für die Herstellung von Espadrilles-Stoffschuhen mit Hanfsohlen. Unsere Gefängniswärterinnen sind, wie üblich, Schwestern. Abends komme ich mit zwei anderen Frauen in eine Zelle. Es ist kalt, feucht, muffig, und es riecht nach körperlichem und seelischem Elend. Vom Hof aus, in dem wir spazierengehen, hören wir die Geräusche des Lebens hinter den hohen Mauern. Wahrscheinlich ist eine Schule in unmittelbarer Nähe, das Geschrei fröhlicher Kinder dringt bis zu mir, sie spielen wohl mit dem Ball, rempeln sich gegenseitig an ... Wenn die Pause zu Ende ist, tritt wieder Ruhe ein, eine Ruhe, die dennoch erfüllt ist vom Lärm der Großstadt. Ich höre ganz deutlich zwei Frauen miteinander sprechen; sie sind wohl am Fuße der Mauer, an der Straßenecke, stehengeblieben. Ich stelle sie mir mit einem Netz voller Lebensmittel am Arm vor. Sie unterhalten sich darüber, wie teuer alles ist, über die Kinder und die Schule, den Ehemann, der spätabends nach Hause kommt ... Wie gerne wäre ich an ihrer Stelle, trüge eine zu schwere Einkaufstasche mit dem Vesper für die Kinder und dem Abendessen.

Hausfrauensorgen haben, das müßte erholsam sein!

9

Ich habe keinen Zuhälter mehr, und dennoch fühle ich mich nicht wirklich frei. Kommt man vom Strich los? Die Veränderung in meinem Leben beschränkt sich zunächst auf eine Veränderung meines Bezirks.

Von der Rue Caumartin wechsle ich über zur Rue Volney. Man überquert eine Straße, und alles wird anders: neue Gesichter, neue Kunden, eine neue Bar, und zunächst noch die Anonymität, das Vergnügen, sich in der Menge zu verlieren, während einiger Minuten eine Frau ohne Etikett zu sein.

Die Mädchen, die auf dem Boulevard des Capucines arbeiten, sind gutbürgerliche Erscheinungen, ohne auffallende Kleidung und Schminke, sie geben sich schlicht: dunkler Pullover, Hemdbluse und Perlenkette. Selbst die Polizisten pflegen einen weniger aufwendigen Stil. Sie sind aber auch rigoroser und bornierter. Kaum haben sie mich aufgespürt – und das dauert nicht lange! –, da klären sie mich auch schon auf: »Sie klappern hier die Boulevards ab, also müssen Sie aufs Revier mitkommen, wenn Sie dazu aufgefordert werden. Beachten Sie diese Regel, dann haben Sie Ihre Ruhe.«

Diese Ansprache läßt keinen Raum für Illusionen.

Das Hotel in der Rue Volney ist anders als die, die ich bisher kannte. Es wird von einem unnachgiebigen alten Paar aus der Auvergne geführt. Sie verachten uns, sehen auf uns herab, stellen absurde und paradoxe Regeln auf; mit unserer Kundschaft haben sie wenig Kontakt, obwohl ausschließlich diese ihnen zu ihrem Gewinn verhilft.

Wie Spinnen lauern sie ständig bei weit geöffneten Türen an ihrem Eßzimmertisch mit Wachstischtuch, um uns zu überwachen. Jedesmal, wenn eine von uns auf den Fahrstuhl zugeht, beugt sich der Alte vor, um sie zu begutachten. Wenn ihr Pullover oder ihr Kleid die Brust zu stark betonen, macht dieser Moralapostel ein ablehnendes Zeichen mit dem Kopf und sagt in barschem Ton: »Alles belegt.« Seine Frau, mit der typischen Ehrbarkeit einer Ladenbesitzerin, hat uns gewarnt: »Wenn ich Sie dabei erwische, daß Sie vor dem Hotel stehenbleiben, lasse ich Sie nicht mehr herein.«

Wurde man einmal auf diese Weise abgewiesen, dauert die Bestrafung manchmal wochenlang; dann können wir uns nur dadurch rehabilitieren, daß wir dem Alten versprechen, »nicht wieder damit anzufangen«. Benimmt sich eine von uns auch nur ein bißchen provozierend, tauchen diese beiden auf, die wie Fliegen in alle Richtungen zugleich sehen können, und drohen uns: »Passen Sie auf, gleich wird für Sie auch alles belegt sein!«

Weder Paris noch der Beruf, den sie ausüben, haben sie verändert. Sie haben ihre ländlichen Sitten bewahrt, und sowie die Tage schön werden, stellt der Besitzer seinen Stuhl vor die Tür und läßt sich dort nieder, mit offenem Hemd, in weiten Hosen an straff gespannten Hosenträgern. Breitbeinig sitzt er da, schnappt ein bißchen frische Luft, so wie er es zu Hause tat, und beobachtet lauernd, wie die Paare sich bilden und wieder trennen, ständig bereit, uns für unsere Ausschweifungen zu bestrafen.

»Du lieber Gott«, stöhnen die Mädchen, »warum betreiben sie bei einer solchen Einstellung überhaupt dieses Geschäft!«

Ein Geschäft, das ihnen allerhand einbringt: zwanzig Zimmer, die für dreißig neue Francs pro Kunde vermietet werden, und ungefähr vierzig Mädchen gehen täglich durchschnittlich zehnmal hoch. Das ergibt eine hübsche Summe nach Feierabend. Im übrigen schließen sie das Hotel, wenn die Polizei meint, daß es mit diesem Treiben genug sei, und bezahlen eine Geldstrafe. Diese kann leicht fünfhunderttausend neue Francs betragen. Was soll's, man macht diesen Verlust wieder wett, indem man das Hotel neu eröffnet. Eine solche Geldstrafe wird die Besitzer nicht daran hindern, sich nach einigen Jahren mit einem großen Vermögen aufs Land zurückzuziehen. In der Kette unserer Ausbeuter sind sie nur ein Glied mehr.

Ich empfinde allmählich einen Überdruß, eine Art Sättigung, die meinen ganzen Kampfgeist vernichtet. Das Trottoir ist wie eine graue Rolltreppe geworden, auf die ich aus Gewohnheit meinen Fuß setze und auf der ich mich gleiten lasse.

Meine Freundinnen, Ida und Nisou, sind weggezogen. Diese Nachbarschaft, die mein Haus abends und sonntags freundlich erscheinen ließ, fehlt mir, und das Gebäude ist für mich wieder ein feindseliger Kasten geworden.

Die Fenster meiner Wohnung gehen auf einen Hof. Eine hohe schmutzigfarbene Mauer verstellt den Himmel. Nichts zieht mich zum Fenster. Als ich vor einigen Wochen zufällig doch einmal hinausblickte, schüttelte eine andere Frau gerade ihr Staubtuch aus und lächelte mir zu. Seither tauschen wir jeden Tag ein Lächeln aus oder nicken uns flüchtig zu. Ich weiß nicht, wer sie ist, ich bemühe mich auch nicht, es zu erfahren. Sie und ich, wir begnügen uns mit diesem leichten, freundschaftlichen Augenzwinkern. Das ändert sich eines Tages völlig: An einem sehr frühen, grauen Morgen im Gefängnis von Saint-Lazare entdecke ich beim Aufwachen meine Nachbarin von gegenüber. Wir brechen in Gelächter aus, so daß sich viele nach uns umdrehen, denn Lachen ist an diesem Ort der Gipfel der Unverschämtheit.

Lola, so heißt die Frau, erzählt mir mit einer Flut von Worten alles über sich.

»Also wirklich, wenn ich das gewußt hätte, als du an meinem Fenster standest ... Ich fand, du sahst eher gutbürgerlich aus, deshalb habe ich mich nicht getraut, dich anzusprechen. Ich hab mir gesagt, was wird die wohl von dir denken? Wenn die wüßte ..., dann wär Schluß mit dem Grüßen und der Freundlichkeit. Und jetzt bist du eine Kollegin, wir werden richtige Kumpel. Das find ich prima, daß wir im selben Haus wohnen. Schade, daß wir nicht in derselben Gegend arbeiten. Mein Revier ist der Bahnhof Saint-Lazare, dort ist es nicht so schick wie an der Madeleine, aber ich bin an das Viertel gewöhnt. Ich hab vierzig Jahre auf dem Buckel, seit ich zwanzig bin, kämpf ich bereits in dem Geschäft, ganz schön lang schon!«

Während wir auf unserem Strohsack sitzen und warten, daß man die Tür öffnet und uns den Kaffee bringt, erzählt sie weiter: »Weißt du, vom Glück, da hab ich nichts abgekriegt. Pech hab ich dafür reichlich gehabt, ganze Kübel voller Scheiße. Hatte keine Zeit, mal richtig Luft zu holen. Mein erster Typ war mein Zuhälter.

Dann auf einmal, ohne daß ich weiß, warum, sagt er zu mir: ›Du gehörst nicht mehr mir, hol deine Klamotten, pack deinen Koffer, ich hab dich verkauft.‹ Na ja, die Art Scheidung ohne langes Fackeln. Alles unzuverlässige Typen. Der zweite wird mich so lange behalten, bis er mich davonjagt. Na klar, ich kenne die Farbe seiner Augen, die sind übrigens gar nicht so häßlich, aber sie haben mich nicht direkt um den Verstand gebracht. Ich seh ihn nur, wenn ich ihm mein Geld gebe. Zu seiner Knete kommt der immer.«

Sie seufzt: »Zukunftsträume mit ihm hab ich nicht, mir bleibt nur der Strich, aber weil er ziemlich zuverlässig ist, sag ich mir, er hilft mir, wenn ich in den Knast komme. Ich bin dann nicht allein, verstehst du.«

Ich verstehe. Es ist immer dieselbe Geschichte, dieselbe Angst vor dem Alleinsein.

Obwohl sie behauptet, keine Illusionen zu haben, nährt Lola einen Traum.

»Mich fallenlassen, das wird er nicht machen. Aber er ist nicht mehr der Jüngste, er wird eines Tages krepieren, und an dem Tag, das sag ich dir, da werd ich wieder bei meiner Familie aufkreuzen, die Arme voller Geschenke, gekauft mit der Knete von den Freiern, damit überschütte ich sie dann. Sie werden sich so freuen, daß sie mir verzeihen.«

Sie holt tief Luft und fährt fort, mit verträumtem Blick: »Weißt du, ich bin Armenierin, bei uns versteht man keinen Spaß, wenn es um die Moral geht. Vor allem nicht, wenn es sich um Frauen handelt. Deshalb haben sie mich rausgeworfen, als sie erfahren haben, womit ich mein Geld verdiene, und das verkrafte ich nicht. Von meiner Familie abgeschnitten zu sein, das tut mir weh. Wenn du wüßtest, wie schön das war an den Festtagen, wenn alle zusammenkamen. Es war warm und hell, man sang, man war glücklich ... Deshalb will ich zu ihnen zurückkommen, mit Paketen beladen wie der Weihnachtsmann.«

Ihre Augen glänzen so, daß ich ihr alles nachfühlen kann.

Dieses Bedürfnis nach Anstand und Würde, das in uns steckt, dieses Bedürfnis, derselben Sorte Mensch anzugehören wie die anderen, das ist unser Übel.

Lola ist vulgär, grob und aggressiv, unsere ehrbaren Nachbarn mögen sie nicht. Sie stört sie allein schon durch ihre Existenz. Ihre einzige Verteidigung, ihre einzigen Waffen, mit denen sie gegen die Verachtung kämpft, der sie jeden Tag ausgesetzt ist, das sind ihre Schimpftiraden, Verzweiflungsschreie, die sie unüberlegt ausstößt, in der einzigen Sprache, die ihr geläufig ist, nämlich der Sprache der Gosse. Die Leute im Haus finden sie unerträglich; gehässig und rachsüchtig beklagen sie sich beim Verwalter über die »Skandale«, die sie verursache.

Die »Skandale« Lolas: Ihre Bettlaken, die sie um die Mittagszeit am Fenster ausschüttelt, ihre Blumen, die sie zu reichlich gießt, ihr Lachen, ihr Singen, ihre hohen Absätze, die auf den Treppenstufen klappern – all das beeinträchtigt die Ruhe des Hauses. Hure sein und fröhlich dazu – was für eine Beleidigung! Sie gehen zu sehen, mit ihren wiegenden Hüften und der vorgeschobenen Brust, ihr zu begegnen, das bedeutet eine ständige Provokation für diese Leute, die in ihr nie etwas anderes als die Prostituierte sehen. Und je bedrohter Lola sich fühlt, um so hochnäsiger wird sie.

Eines Tages werden die Mieter siegen: Mit schlecht begründeten, aber heftigen Klagen werden sie es schaffen, daß Lola gekündigt wird. Ist dem Verwalter diese Ungerechtigkeit bewußt? Er quartiert Lola in ein Loch um, wo man sie eines Morgens mit durchgeschnittener Kehle findet.

Ich weiß nicht, ob der Schuldige gefunden wurde, wahrscheinlich nicht. Diejenigen, die jedoch im Grunde für ihren Tod verantwortlich sind, das sind die, die sie verjagen ließen. Aber wer wird denen das sagen?

Doch noch ist Lola meine Nachbarin, wir trinken ein Glas zusammen in einem Bistro, und sie hält mir eine Moralpredigt. Schulmeisterlich schüttelt sie den Kopf: »Ein Kunde bleibt immer ein Kunde, einer, der nicht zu uns gehört, dem du nicht vertrauen kannst, weil er dir nicht vertraut. Für ihn wirst du nie etwas anderes als eine Nutte sein. Das ist wie ein Makel, den du herumschleppst, für jeden sichtbar, und den man nicht wegwischen kann.«

Das weckt in mir vage Erinnerungen an Bon Pasteur, an die Erbsünde. Ich glaubte damals nicht daran, warum sollte ich es heute tun? Ich schüttle den Kopf.

»Pierre ist nicht wie die anderen.«

Darauf hat sie die bestürzende Antwort parat: »Hör mal, ein Mann, den du auf dem Strich kennenlernst, das ist nie etwas Ernstes!«

Wo könnte ich ihn sonst kennenlernen? Die Straße, das ist mein Wohnzimmer.

»Du wirst doch nicht sagen wollen, daß du ihn liebst.«

Nein, aber wie gerne würde ich das tun, wie gerne es hinausschreien können! Wagen, von Liebe zu reden, kann man das in diesem Beruf? Ich erwidere: »Ich würde gerne mit ihm zusammenleben. Ihn nicht mehr verlassen.«

Nachdenklich antwortet mir Lola über ihr Aperitifglas hinweg: »Es hat dich also doch erwischt!«

Vielleicht mehr, als ich verlauten lasse.

Er war als Kunde zu mir gekommen; erst beim dritten Mal fiel er mir auf. Glücklicherweise hatte ich solche Stammkunden, die immer wieder kamen. Bei ihnen ging alles leichter; man kannte sich, eine gewisse Vertrautheit stellte sich ein, allerdings waren sie doch nur Freier. Es muß beim vierten Mal gewesen sein, daß er mir ein Geschenk machte: Unterwäsche mit schwarzer Spitze und Tanzschuhe aus schwarzem Lack mit hohen, dünnen Absätzen. Ich wußte, daß er mir dies auch um seiner selbst willen schenkte, daß er Fetischist war. Die Art, wie er mir sein Geschenk überreichte, wirkte ein wenig kindlich, sein Blick verriet eine Spur Unsicherheit. Dieser Mangel an Selbstvertrauen hat mich berührt.

»Gefällt es dir?« Er drängte richtig darauf, meine Meinung zu hören, ich sollte antworten, das war keine rhetorische Frage.

Und angesichts seines fragenden Blickes aus blauen Augen bekam ich Lust, ihn glücklich zu machen, ich wollte es sein, die ihm dieses Glück schenkte. Und so fing es an, mit einem Blick, einer Geste; er lockte mich irgendwie aus meiner Reserve, nahm mir mein Mißtrauen.

Als er mir sagte: »Sieh mal, ich mag nur mit Nutten schlafen. Mein Traum, das wäre, Zuhälter zu sein. Dann würde ich zu eurem Leben gehören, ich würde euch nicht verlassen« – da hätte ich schon begreifen müssen, daß er bei mir nichts anderes suchte, als eine Illusion zu befriedigen, daß er ganz ähnlich wie alle anderen war, und ich hätte Nutte bleiben sollen, denn das schätzte er an mir, er bat mich um nichts anderes. Aber ich fing an, unsinnige Träume zu nähren. Nicht, weil er schön war – blond, mit blauen Augen –, sondern weil er mir zuhören konnte. Ihm konnte ich alles anvertrauen, die Laster der Kunden, meine Verwirrung angesichts des Lebens, der Zukunft, der Einsamkeit … alles. Er versicherte mir: »Ich verstehe dich«, und ich glaubte ihm.

Ich glaubte ihm alles. Er wirkte aufrichtig, als er mir, auf dem Bett ausgestreckt und eine englische Zigarette rauchend, sagte: »Sieh mal, mein Sohn« – ein hübscher kleiner Junge, dessen Foto er mir zeigte –, »das ist das einzige, was mich davon abhält, mich scheiden zu lassen. Meine Frau bedeutet mir nichts mehr, ich mag sie wie eine Schwester. Ich hätte sie nicht geheiratet, wenn sie nicht schwanger gewesen wäre. Am nächsten Tag tat mir das schon leid …«

Diese Banalitäten, von denen andere mir erzählt hatten und die ich damals ein wenig lächerlich und unangebracht gefunden hatte, dieses Mal glaubte ich sie. Pierre war nicht glücklich, er brauchte mich. In seinem Herzen hatte er Platz für eine andere Frau, die in der Lage war, ihn zu verstehen.

Zwei- bis dreimal in der Woche essen wir abends zusammen. Ich bin ein ganz anderer Mensch geworden, ich bin keine Prostituierte mehr, sondern die Geliebte eines verheirateten Mannes. Ich richte mich in dieser Rolle ein, und wenn Pierre mir erzählt, welche Lügen ihn die paar Stunden gekostet haben, die wir zusammen verbringen, lache ich mit ihm darüber. Diese Komplizenschaft erscheint mir herrlich. Um meinetwillen betrügt ein Mann, ein guter Bürger, seine Frau. Eine armselige Aufwertung, deren Fragwürdigkeit ich noch nicht empfinde. Ich habe eine fremde Welt betreten, in der ich bisher noch nie war, und bin überzeugt davon, daß ich dank Pierre auf die andere Seite gewechselt bin. Ich höre weder auf meine innere Stimme, die mich warnt, noch auf die von anderen. Lola kann mir erzählen, was sie will – ich liebe und werde geliebt.

Das Erwachen ist nicht nur brutal, es vollzieht sich auch auf schäbige Weise.

Pierre ist bei mir. Heute habe ich nicht gearbeitet, ich habe wie eine gute Ehe- und Hausfrau den Nachmittag mit Kochen verbracht. Der Tisch ist gedeckt, alles ist fertig. Ich habe Lust, Pierre zu danken für die Freude, die er mir schenkt. Ich mag es, wenn er sich beim Hereinkommen umsieht, wenn sein Blick von meiner Wohnung Besitz ergreift. Dabei denke ich, daß es gut wäre, wenn er hier einen Schlafanzug und ein paar Toilettensachen hätte. Vielleicht könnten wir die Nacht zusammen verbringen. Zusammen schlafen. Da klingelt es an der Tür. Ich erwarte niemanden. Lola? Sie muß noch bei der Arbeit sein. Ich öffne. Vor mir steht eine kleine, braunhaarige, recht hübsche Frau, eine Unbekannte. Zitternd, aggressiv tritt sie näher. Soll ich sie hereinlassen? Sie sieht Pierre an, betrachtet dann abschätzig mich.

»Ich will wissen, was Sie für meinen Mann sind.«

»Fragen Sie ihn.«

Pierre läßt sich nicht aus der Ruhe bringen, bleibt völlig Herr der Lage. Etwas theatralisch zeigt er auf mich: »Sieh sie dir gut an, sie ist es, die ich liebe.«

Ich weiß in dem Moment noch nicht, daß dieser wunderbare Satz, der es vermag, Jahre der Prostitution gewissermaßen auszulöschen, nur ausgesprochen wurde, um meine Person zu dramatisieren. Ich bin die Geliebte, um derentwillen man seine Frau verläßt. Die Komödie wird sich aber nur zwischen dem Ehemann und seiner Frau abspielen, ich habe keinen Anteil daran.

Sie schluchzt, spricht von ihrem gemeinsamen Leben, von ihrem Kind. Er bleibt völlig gleichgültig, auch als sie ihn anschreit: »Was wird dein Sohn sagen, wenn er erfährt, daß sein Vater eine Mätresse hat!« Dann weitet sie das Thema geschickt aus und bittet ihn: »Verlaß uns nicht!«

Welche Genugtuung bezieht er daraus, wenn er so angefleht wird? Während er sich, wie in einem schlecht inszenierten Theaterstück, eine Zigarette anzündet, sagt er ruhig: »Beruhige dich, ich komme nach Hause zurück, ich vergesse nicht, daß du meine Frau bist. Aber meine Freundin werde ich behalten.«

Wie alle anderen Männer verfügt er über mich. Gibt er mir nicht mehr, als mir zusteht, indem er mich in sein Leben einbezieht? Zumindest während dieser einen Szene. Ich erhebe Einspruch: »Glaubt ihr nicht, daß ich auch mein Teil dazu zu sagen habe?«

Einen Augenblick unterbrechen sie ihr Spiel, drehen sich gemeinsam nach mir um. In beider Blick liegt dasselbe Erstaunen. Giftig und plötzlich vulgär schleudert Pierres Frau mir herausfordemd entgegen: »Was glauben Sie denn? Pierre ist nicht nur mein Ehemann, sondem auch mein Liebhaber. Er nimmt mich in Stundenhotels mit, das erregt ihn, und ich mache mit, weil ich ihn liebe!«

Pierre ohrfeigt sie mit dem Handrücken.

»Sei still! Wag bloß zu sagen, daß du mich liebst, du Schlampe! Wo du mit Jean, dem Belgier, schläfst, diesem Zuhälter!«

Monsieur treibt es mit einer Nutte, Madame mit einem Zuhälter. Sie genießen es, ordinär zu sein. Inwiefern betrifft das alles mich? Meine Gegenwart stört sie überhaupt nicht bei der Fortsetzung ihres Auftritts. Daß ich, die Nutte, das einzig würdige Element in diesem Trio bin, ist ihnen nicht peinlich. Im Gegenteil, wenn ich meinerseits noch zu schreien anfinge, würde ich sie stören.

Schließlich packt Pierre seine Frau am Arm und zieht sie mit sich hinaus. Haben sie es eilig, miteinander zu schlafen?

Ich fühle mich grotesk und lächerlich, wie ich da allein zurückbleibe mit meinem Abendessen für zwei, mit meinem Diner für Verliebte. Es ist zum Weinen. Aber ich spreche nicht darüber. Weder Lola noch sonstjemandem erzähle ich von dem erbärmlichen Ende dieser Geschichte, die ich für eine Liebesgeschichte hielt.

Ich kenne Pierre, er wird wiederkommen. Auf ihr Vergnügen verzichten die Männer nicht so leicht. Wir Nutten haben aber das Recht, uns zu weigern, mit einem Kunden nach oben zu gehen. Ich werde ihm sagen … nichts werde ich ihm sagen.

Zwei Tage später habe ich stechende Schmerzen im Unterleib. Man bringt mich mit dem Rettungswagen ins Krankenhaus, ich werde operiert. Wie hat er es erfahren? Als ich aufwache, ist er da, neben meinem Bett. Er legt seine Hand auf meine Stirn. Jeden Tag kommt er, kümmert sich um alles, übernimmt alle Kosten. Ich bin schwach, wie könnte ich seine Anwesenheit verbieten? Die Szene, die sich an jenem Abend abgespielt hat, war ein Alptraum, der schließlich aus meinem Gedächtnis verschwinden wird. Pierre ist es, der mich aus dem Krankenhaus abholt, mich mit dem Auto zu mir nach Hause bringt, zärtlich, fürsorglich, wie Freier es sein können. »Aber er ist eben nur ein Freier«, wie Lola sagt, und ich darf es nicht vergessen. Man kann nicht auf ihn zählen, er bietet keinerlei Sicherheit.

Ich fange an, jenen Abend zu vergessen, und hoffe dabei auf irgend etwas, darauf, daß es doch Liebe gibt, wenn auch nicht die, von der man träumt, sondern eine andere, vernünftigere.

Meine Genesung schreitet voran, und als es mir wieder leidlich gut geht, eröffnet mir Pierre, es tue ihm leid, aber er könne unser Verhältnis nicht mehr fortsetzen.

Und wie steht es um mich? Kaum habe ich gelernt, mich mit der Zeit zu begnügen, die er mir gewährt, da verliere ich ihn ganz. Enttäuscht und bitter werfe ich ihm vor, er habe ein unredliches Spiel mit mir getrieben: »Du hast meine Zuneigung, meine Zärtlichkeit ausgenützt, und jetzt entledigst du dich meiner, als sei ich für dich ein Klotz am Bein.«

Ein Klotz, der hat keine Seele, kein Herz.

Seine hellen Augen füllen sich mit Tränen, er widerspricht.

»Ich will nicht, daß du mich für einen Schuft hältst!«

Verblüfft sehe ich ihn weinen, und ich bin ihm dankbar für seine Tränen. Kann er mir ein schöneres Geschenk machen? Niemals zuvor hat ein Mann meinetwegen geweint. Seine Tränen verfehlen nicht den Zweck. Völlig durcheinander vergesse ich mich, um ihn zu beruhigen, er sei nicht schuld daran, ich selbst sei es, ich hätte ein zu großes Bedürfnis nach Liebe gehabt.

»Du konntest es nicht wissen. Ich war zu empfindlich, und ich habe mich benommen wie eine dumme Gans.«

Sein Blick ist ungläubig.

»Aber du kennst doch die Männer!«

Wie soll ich ihm begreiflich machen, daß ich von ihnen so weit entfernt bin, als sei ich noch hinter

Klostermauern? Ich habe überhaupt keine Erfahrung in der Liebe. Ich habe nur Erfahrung mit Sex.

Durch die Operation verstümmelt, kehre ich wieder zu meiner Arbeit zurück. Ich weiß nicht, ob ich wirklich geglaubt hatte, daß ich eines Tages eine Frau wie die anderen sein würde, daß ich ein Kind haben könnte; auf jeden Fall hatte diese Möglichkeit immer noch bestanden. Am Ende meiner Nacht, wie am Ende eines Tunnels, gab es die Hoffnung eines Lichtstrahls. Und damit war es nun vorbei. Verwüstet durch die Jahre im Bordell, die Jahre der Prostitution, war mein Leib unfruchtbar geworden. Man hatte mir nicht nur meine Freiheit genommen, man hatte mich meiner Möglichkeiten als Frau beraubt. Diesen Zeitpunkt wählte Pierre, um mich seinerseits zurückzustoßen.

Ekel und Schlaffheit. Im Bistro sind die Kameradinnen besorgt über mein angegriffenes Aussehen, meine verschwollenen Augen. Sie halten mir eine Moralpredigt.

»So, wie du aussiehst, bist du für die Kunden nicht attraktiv. Du mußt dich zusammenreißen. Sonst bleibt dir nur übrig, den Beruf zu wechseln.« Den Beruf wechseln – wenn sie wüßten, wie oft ich daran gedacht habe, wie sehr ich an diese Möglichkeit geglaubt habe und wie wenig ich jetzt noch daran glaube. Diese Wahl hat man mir nicht gelassen. Gleichgültig höre ich, wie sie mit ihrer alten Lieblingsleier wieder anfangen, das Thema des Freiers erörtern, das Lola so am Herzen liegt. Sie machen es diesmal gründlich, es ist zu meinem Besten: »In unserem Beruf darf man keine Gefühle haben, sonst ist man verloren. Ein Freier muß bleiben, was er ist: ein Kerl, der bezahlt. Man gibt ihm etwas für sein Geld, aber nicht mehr. Man muß schon verrückt sein, wenn man sich in einen verknallt. Lieber vor Einsamkeit irgendwo krepieren als ihm vertrauen. Vertraut er denn dir? Du zählst für ihn nur einen Augenblick.«

Einen Augenblick – warum habe ich für Pierre mehr sein wollen als nur das Vergnügen eines Augenblicks?

»Mit einem Freier darf man sich nicht einmal so weit gehenlassen, daß man Spaß an der Sache hat, auch wenn er der bestaussehende Typ ist, auch wenn er dich stundenlang streichelt. Man darf ihm nichts geben. Und dann sind diese Männer auch irgendwie verdorben, das muß man ja sein, wenn man fürs Bumsen bezahlt.«

Aber in den Augen der Kunden muß man auch verdorben sein, wenn man sich dafür bezahlen läßt. Eine Art Wechselwirkung stellt sich ein zwischen dem bezahlten und dem in Empfang genommenen Geld. Eine gegenseitige Verschmutzung. Ich ghe zu weit, ich komme ins Schleudern, sie haben recht. Sie versichern mich ihres Schutzes.

»Man darf seine Kreise nicht verlassen wollen, die Welt der anderen taugt nicht für uns.«

Und ich, ich tauge weder für die eine noch für die andere Welt.

Nie zuvor sind mir die Straßen so trist und feindlich erschienen. Ich hasse diese Stadt, trotz ihrer glänzenden Schaufenster und ihrer vielfarbigen Lichter; man verliert dort seine Seele.

»Gehen Sie weiter, sonst rufe ich die Polizei!« sagen uns mürrisch die Ladenbesitzer von der Türschwelle aus.

Man ist dauernd auf den Beinen. Ich zähle meine Schritte, ganz genau hundert sind es vom Hoteleingang bis zur Rue Volney. Ich bin müde. Müde, weil ich zu lange Illusionen verkauft habe, schwarze spitzenverzierte Unterwäsche und schwarze Strümpfe anzog, auf zu hohen Absätzen ging. Ich bin es müde, den Kunden zuzuhören, wenn sie ihren Überschuß an Lebenskraft in meinen Armen verströmen. Ich bin es leid, daß sie ihren Kummer in dieses anonyme Zimmer mitschleppen, bin ihrer lieblosen Umarmungen überdrüssig.

Was kann ich noch vom Leben erhoffen? Eine Zukunft auf dem Strich.

Eines Morgens weigere ich mich, dahin zurückzukehren. Hoffnungslosigkeit, Ekel, das lähmende Gefühl, zu nichts nutze zu sein, die Weigerung, das ewige Einerlei der Tage weiterhin mitzumachen. Und warum sollte ich mich auch dazu zwingen? Es wird so einfach sein, heute aufzuhören. Ich schreibe an Lola. Sie allein wird verstehen, wie es zu dieser äußersten Verzweiflung kommen konnte.

Ich schließe meine Fensterläden, ich brauche das Tageslicht nicht mehr, ich lege mich hin. Ich bin ruhig, losgelöst von den Dingen des Lebens. Ich schlucke den Inhalt einer Schachtel Tabletten, ein Schlafmittel, das mir nach meiner Operation verschrieben wurde, und ich warte.

Sterben und versinken in einen friedvollen Schlaf. Er kommt, dieser Schlaf, von dem ich will, daß er tödlich ist. Ich habe keine Angst. Ich weiß, daß mir etwas Schreckliches bevorsteht, aber ich habe immer gedacht, daß es nicht schlimmer als das Leben sein könnte.

Meine Glieder werden starr, endlich werde ich das Ende meiner Nacht erreichen. Warum kommt mir der Gedanke, Pierre anzurufen? Ist dies ein letzter Reflex des Selbsterhaltungstriebs? Ich nehme den Hörer ab, wähle seine Nummer, und meine bewußten Erinnerungen enden damit.

Drei Tage und vier Nächte blieb ich im Koma. Ich habe die Erinnerung daran behalten wie an eine phantastische und beängstigende Reise: Ich kämpfe gegen weißgekleidete Feinde. Alles spielt sich im Zeitlupentempo ab. Diese Menschen halten mich an Knöcheln und Handgelenken an mein Bett gefesselt. Und ich lauere darauf, daß sie weggehen, unaufmerksam sind, um mich loszubinden und zu fliehen, es ist lebensnotwendig, daß ich ihnen entkomme. Nur – sobald es mir gelingt, einen Fuß oder eine Hand zu befreien, tauchen sie auf, drücken mich auf mein Bett nieder und ziehen alle Fesseln wieder fest zu. Ein ermüdender Kampf. Dann fange ich an, Geräusche zu hören, ich horche angestrengt, und Schreie dringen an mein Ohr. Von woher kommen sie? Was bedeuten sie? In dieser noch nicht klar umrissenen Welt gibt es etwas, das mich zugleich ängstigt und beruhigt. Hören, das bedeutet zu leben, und ich bin noch nicht genügend bei Bewußtsein, um das Leben ablehnen zu können. Dann bin ich in der Lage, Schatten zu unterscheiden, undeutliche Formen, die zu identifizieren mir jedoch nicht gelingt. Sie sind gigantisch, ich befinde mich auf dem Grund eines tiefen Lochs. Sehr hoch oben, sehr weit weg eine Decke. Die Schreie werden deutlicher. Zwei weiße Formen erscheinen, die um mein Bett einen Paravent aufstellen. Ein neuer Fortschritt. Ich denke: Ich bin im Krankenhaus, und an diesem Ort bedeutet ein Paravent, daß man einen isoliert, damit der eigene Tod den anderen nicht angst macht. Ein anderer Gedanke dämmert mir: Bin vielleicht ich es, die diese Schreie ausstößt?

Von neuem versinke ich in meine Welt der Alpträume, vergrabe mich darin. Dann, eines Morgens, scheint es, als würde ich wiederauftauchen. Es dauert lange, bis ich mir bewußt werde, daß ich nur eine Masse von weichem Fleisch bin, das man hin und her dreht, dem man Injektionen gibt. Ich habe eine Maske auf dem Gesicht, sie behindert meine Sicht, aber ich atme mühelos eine leichte Luft; es ist Sauerstoff, den man mir einflößt.

Um mich herum gibt es nichts als Schatten. Nach angestrengtem Schauen erkenne ich einen Mann, der neben meinem Bett sitzt. Sobald ich die Augen geöffnet habe, befragt er mich barsch: »Wieviele Tabletten haben Sie genommen?«

Ich schweige, der Weg zu meinem Gehirn ist weit. Tabletten? Wann? Wieviele? Ich weiß es nicht.

Er wird ärgerlich: »Antworten Sie gefälligst! Sie können doch reden, ich kann mich nicht nur mit Ihnen beschäftigen. Sie hätten schließlich nicht Selbstmord zu begehen brauchen!«

Selbstmord. Natürlich, ich habe versucht, mich umzubringen, und es ist mir nicht gelungen. Um so schlimmer. Wie mühsam ist das alles.

Eine Frau beugt sich über mich, ihre Tränen benetzen meine Wange. Es ist Lola, die mich weinend umarmt.

»Ich bin jeden Tag gekommen, ich habe darauf gewartet, daß du aus deiner Trance erwachst, daß du mich erkennst. Wie konntest du nur so etwas tun? Wußtest du nicht, daß ich dich brauche?«

Nein, das wußte ich nicht, ich dachte, mich braucht niemand.

»Du kannst dir nicht vorstellen, in welcher Verfassung ich bin, seit das passiert ist. Mach so was bloß nicht wieder. Niemals werde ich dein aufgedunsenes Gesicht vergessen, deine hervortretenden Augen, deinen weit offenen Mund, der nach Luft schnappte. Als ich dich ins Krankenhaus brachte, hat der Doktor dich schon aufgegeben. Er hat deine Hände angesehen, und weißt du, was er sagte? Er sagte: ›Das ist schade, sie hat hübsche Hände!‹«

Ich höre Lola zu. Die Worte, die sie spricht, kommen aus einer anderen Welt, in die ich noch nicht wieder zurückgefunden habe. Aus Höflichkeit tue ich so, als ob es mich interessierte.

»Willst du nicht wissen, wie wir dich gerettet haben?«

Eigentlich ist mir das im Augenblick noch gleichgültig, aber ich sage: »Doch.«

»Also, du hast Pierre angerufen, deine Stimme klang komisch, und er hat nichts verstanden von dem, was du sagtest. Man muß es ihm lassen, daß er einigermaßen geistesgegenwärtig war. Er kam angetanzt. Klingelt, klopft an deine Tür, ruft. Nichts. Da bekommt er's mit der Angst zu tun, und er fängt an, dein Schloß zu demolieren. Du kennst ja die Leute im Haus, dieser ganze Krach gefällt ihnen nicht, sie kommen angelaufen und schnauzen ihn an. Du weißt ja, immer dasselbe Lied: ›Das hier ist ein anständiges Haus! Lassen Sie diese Tür in Ruhe, oder wir rufen die Polizei!‹ – ›Tun Sie das ruhig‹, antwortet Pierre und versucht weiter, dein Schloß zu bearbeiten. ›Ich muß hier rein, und ich komme auch rein!‹ schreit er. Die Arschlöcher sagen zu ihm: ›Holen Sie doch einen Schlosser.‹ – ›Dazu habe ich keine Zeit!‹ Ein richtiger Zirkus. Deine Tür, die nicht viel taugt, hat nachgegeben. Er ist hineingestürzt. Du warst schon woanders, hast nichts mehr gehört. Dann rief er den Rettungswagen an und kam zu mir hoch, zum Glück war ich nicht weggegangen. ›Kümmern Sie sich um sie‹, sagt er zu mir, ›begleiten Sie sie, ich kann nicht mitkommen.‹ Er ist trotzdem so lange geblieben, bis sie dich in den Krankenwagen verfrachtet haben. Er sah mitgenommen aus, weißt du. Ganz grau, er biß sich auf die Lippen – du warst ja auch nicht gerade hübsch anzusehen. Den Rest kennst du. Ich habe dich hierher begleitet.«

Ich werde also doch geliebt! Nach Lola kommen Ida und Nisou. Auch sie gebrauchen Worte voller Zärtlichkeit, machen mir dieselben Vorwürfe. »Du hättest uns das nicht antun sollen.« Es ist wahr, ich hätte es nicht tun sollen, aber sie waren alle so weit weg an jenem Morgen …

Ich habe mit Neugier auf den Besuch von Pierre gewartet. Welche Bedeutung sollte ich ihm beimessen? Und jetzt schäme ich mich, während ich denke: Er wird glauben, daß ich den Selbstmordversuch seinetwegen gemacht habe. Dann sehe ich ihn in dem Moment so, wie er ist, nämlich ganz banal.

Pierre weist mich väterlich zurecht: »Wenn du geglaubt hast, daß du einfach so einschlafen würdest, hast du dich getäuscht. Sterben ist nicht so einfach.«

Nicht ich, sondern er täuscht sich. Das erste Mal, wenn man noch nichts davon weiß, wenn man es noch nie versucht hat, dann ist es so leicht, so beruhigend. Er fährt ärgerlich fort: »Du hast es nur geschafft, dich krank zu machen, dich kaputtzumachen …«

Kaputt, das war ich schon vorher, durch und durch, aber nicht in dem Sinne, wie er es meint.

Er lächelt mich an, er ist stolz auf sich: mein Retter. Ich habe Lust, ihn wie einen Bruder zu umarmen, ihm die Wange zu tätscheln wie einem Kind. Für ihn war ich eine interessante Erfahrung, ein nicht ungefährliches Abenteuer. Er entfernt sich, wird kleiner und wird nie wiederkommen.

Das Krankenhaus Fernand-Widal ist kein Krankenhaus wie alle anderen; es ist ein wenig das »Hospital zur letzten Chance«. Hier wird alles getan, um diejenigen dem Tod zu entreißen, die sich vor der Zeit in ihn verliebt haben. Während meiner Genesung spreche ich mit meinen Bettnachbarn; es sind alles gerade noch einmal Davongekommene. Wir haben nicht mehr genau denselben Blick wie die anderen. Eine merkwürdige Scham verschleiert unsere Äußerungen. Hier hört man keine Berichte über aufgeschnittene Bäuche, verkürzte Därme oder über Brüche. Von »ihm«, dem Tod, sprechen wir, er ist ein Freund, den wir an einer Biegung unseres Weges getroffen haben, ein Freund, der uns verführt und mit dem bitteren Gefühl einer Niederlage allein gelassen hat, das man vergessen muß. Wir werden wieder aufbrechen, dem Leben von neuem ins Gesicht sehen, aber alles wird anders sein. Wir tragen in uns die Erfahrung einer Annäherung an den Tod, die einzig wir allein kennen, und die Gewißheit, daß wir, wenn wir es noch einmal versuchten, nicht mehr unser Ziel verfehlen würden. Die Gründe für diese Anziehungskraft des Todes, die uns eines Abends oder Morgens ins Schwanken brachte, bleiben schmerzhaft gegenwärtig.

Ein alter, verbrauchter Mann sagt: »Ich habe mein ganzes Leben lang hart gearbeitet. Meine Frau und ich, wir waren kurz vor der Rente. Da ist sie krank geworden, man konnte sie nicht retten, also …«

Eine andere: »Ich habe keine Kinder, ich habe keine Freunde. Mein ganzes Dasein war der Arbeit gewidmet, meine einzige Hoffnung war der Ruhestand. Und dann kam er, und mit ihm die Einsamkeit. Da habe ich eine Flasche Chloroform geschluckt.«

Alle haben wir das Gefühl unseres Scheiterns, unserer

Verlassenheit. Das ist uns gemeinsam. Indes wird der Selbstmord nicht als eine normale Handlungsweise betrachtet, und der Arzt stellt mir Fragen: »Warum haben Sie das getan?«

Ich wähle die einfachste, wenn auch nicht zutreffendste Antwort und sage: »Aus Liebeskummer.«

Er lächelt ein wenig.

»Oh, Sie sind jung, Sie werden wieder gesund, Sie werden wieder lieben, Sie werden sehen!«

Um diese Antwort zu geben, die nur ein Eingeständnis der Unfähigkeit ist, braucht man kein Medizinstudium gemacht zu haben.

Und was will mir dieser andere Arzt, ein Psychiater, beweisen, der mich ausfragt, bevor er meine Entlassung genehmigt? Ich unterwerfe mich eher gegen meinen Willen seinen Fragen. Inwiefern ist es wichtig zu wissen, woran meine Eltern gestorben sind? Noch lebe ich – welchen Aufschluß soll mir ihr Tod bringen?

Wir kommen nicht viel weiter, weder er noch ich, und ich habe das deutliche Gefühl, daß dieses Gespräch zu nichts führt.

»Sie haben einen israelitischen Namen, nicht wahr?«

»Israelitisch« ist gut. Er befürchtet, mich zu verletzen, wenn er das Wort »jüdisch« verwendet. Er fährt fort: »Unbewußt leiden Sie unter dem Atavismus Ihrer Rasse, der darin besteht, zu glauben, sie sei verflucht.« Nachdenklich wiederholt er: »Atavismus«.

Also das ist das Schlüsselwort: Ich habe aus Atavismus einen Selbstmordversuch verübt. Endlich kenne ich den Namen dieser Krankheit, die mich seit so vielen Jahren quält; er ist nicht sehr wissenschaftlich, aber er bezeichnet gut, was er besagen will. Unglücklicherweise gibt es kein Rezept gegen den Atavismus. Es ist ein Übel, das tief in meinem Körper steckt, übertragen durch entfernte Vorfahren. Ein schweres Erbe, das uns gezwungen hat, von Land zu Land zu irren, auf feindlichem Boden zu leben, Wahnbildern hingegeben. Sagt nicht der Ewige Jude: »Ich suche meine Heimat, und ich habe keine Heimat«?

Heute haben sich meine Beziehungen zum Tod normalisiert. Ich spreche nicht über ihn. Doch habe ich auch leuchtende, fröhliche Erinnerungen an ihn. Als ich ein kleines Mädchen war, da unten in Algerien, war der Tod nicht dieses furchteinflößende Etwas, diese geistige Einsamkeit, der ich in der Großstadt begegnet bin. Wenn einer von uns verschwand, rückte die ganze jüdische Gemeinschaft um den Toten zusammen. Frauen, Männer und Kinder, Junge und Alte, der Rabbiner, alle und jeder nahmen teil an diesem Kummer, versammelten sich um die Familie. Wer hätte sich da mit seinem Schmerz allein fühlen müssen? Die Klageweiber umgaben den Toten, wuschen ihn und machten ihn zurecht. Unter Stöhnen und Weinen zerkratzten sie sich das Gesicht. Sie hoben den Schmerz empor, gaben ihm große, schwarze Flügel, die ihn sehr hoch hinauftrugen. Wir nahmen an diesem Ritual in einer Art Erregung teil, wir ergriffen die Hände des Toten und küßten sie, indem wir ihm sagten, wie traurig wir darüber seien, daß er uns verlasse. Ohne diese falsche Scham, die man hierzulande angesichts des Todes an den Tag legt, war diese aus vergangenen Zeiten überkommene aktive Trauer von einer großen Schönheit.

Der Friedhof war kein trauriger Ort, eher ein großer Garten, die Gräber wetteiferten nicht mit ihrem Gepränge. Auf einfache Steinplatten legten Besucher als Zeichen ihres Gedenkens einen kleinen Kieselstein. Die Sonne, die Düfte der Natur und der unterschiedlichen Säfte der Bäume erfüllten unsere Herzen mit Frieden.

Wie wohl täte es, dort zu schlafen.

Verfehltes Leben, verfehlte Jugend, verfehlte Liebe, verfehlter Selbstmord ... ich kehre auf den Strich zurück, in meine Welt, meine Familie, mein Zuhause.

10

Ich bin sehr niedergeschlagen, ziehe mich immer mehr in mich zurück. Ich fühle mich zerbrechlich und verletzbar. Wenn es irgend geht, vermeide ich alles, was mir weh tun kann; das bedeutet einen ununterbrochenen Kampf. Ich verbringe schlaflose Nächte mit Rauchen, mit Nachdenken. Trotzdem versuche ich, wieder Boden unter die Füße zu bekommen. Ich nehme Englischkurse und glaube, daß ich das eines Tages brauchen kann.

Meine erste Begegnung mit Lucien spielt sich ganz und gar banal ab. Er ist ein Kunde, der mir ein Zeichen macht und dem ich folge.

Eine Woche vergeht nach seinem ersten Besuch, und ich sehe ihn eines Nachmittags wieder. Diesmal ist er mit dem Wagen da und bedeutet mir einzusteigen. Wir gehen in ein Café, setzen uns in eine gemütliche Ecke und unterhalten uns. Er interessiert sich für mich, fragt mich, wie ich lebe. Ich sage ihm, daß ich nicht mag, was ich mache, aber keine andere Möglichkeit habe, meinen Unterhalt zu verdienen.

Darauf schlägt er mir vor, mir meine Existenzgrundlage zu garantieren, damit ich mit der Prostitution aufhören kann.

So hat unsere Beziehung begonnen.

Ich ziehe um, dank seiner Hilfe, denn er ist im Immobiliengeschäft, und es ist für ihn nicht schwer, etwas zu finden. Ich lasse alle meine Möbel in der alten Wohnung zurück und schließe die Tür hinter einer Vergangenheit, die ich verabscheue. Ich bin fest entschlossen, mich völlig umzustellen, ich bin offen gegenüber allem und stürze mich kopfüber in dieses neue Leben.

Die Gefahr dabei habe ich nicht ermessen, ich war zu naiv, wenn auch dem Anschein nach eine Frau, die Bescheid wußte. Ich hatte noch keinen Umgang mit Leuten gehabt, die in meinen Augen »normal« waren. Ohne mir dessen bewußt zu werden, ließ ich mich völlig vereinnahmen.

Lucien ist verheiratet. Gleich zu Beginn unserer Bekanntschaft erklärt er mir, ruhig, wie er alles tut: »Ich habe eine in jeder Hinsicht bemerkenswerte Frau. Wir verstehen uns gut. Aber wir leben ein wenig nebeneinander her. Sie ist eine gute Kameradin, bei der ich bleibe, weil ich ihr nichts vorzuwerfen habe.«

Später äußert er sich vertraulicher, präziser: »Die größte Dummheit, die ich in meinem Leben begangen habe, war, Solange zu heiraten. Ich habe sofort gewußt, daß ich sie nicht liebe. Wenn sie mich berührt, sträubt sich alles in mir. Ich habe sehr bald aufgehört, mit ihr zu schlafen.«

In Anbetracht dessen, daß ich diese Sätze so oft gehört habe, müßte ich wissen, daß sie nicht viel zu besagen haben. Nur – dieses Mal glaube ich daran. Sie sind wie eine Hoffnung, bei der ich nicht zu verweilen wage, die aber existiert. Und vielleicht gerade wegen dieser Hoffnung werden wir unsere erste Auseinandersetzung haben.

Lucien hat sofort bestimmte Gewohnheiten angenommen und unser Zusammenleben geregelt. Er besucht mich jeden Nachmittag. Manchmal essen wir zusammen zu Mittag, sehr selten zu Abend. Für ihn habe ich kochen gelernt. Lucien ißt sehr gern, ja, er ist aufs Essen richtig versessen, und sein gesunder Appetit entzückt mich. Er läßt nichts auf seinem Teller. Es kommt vor, daß er anschließend aus meinem weiterißt, wenn seiner leer ist, ein Verhalten, das mich rührt – mir erscheint es wie eine Art, sich von mir zu nähren. Ich habe eine solche Lust zu geben, ein solches Bedürfnis, für jemanden notwendig zu sein. Der Tag wird aber kommen, an dem er sich nicht damit begnügen, sondern seine Abfälle darauf abladen wird.

Aber soweit sind wir noch nicht, ich warte ungeduldig auf ihn, lebe Tag und Nacht nur für den Augenblick, in dem ich höre, wie sich sein Schlüssel im Schloß dreht. Eintönige Wochen und Monate vergehen. Ich traue mich nicht, das Haus zu verlassen, aus Angst, ihn zu verpassen; oft besucht er mich zwischen zwei geschäftlichen Verabredungen.

»Ich kann dir nicht immer den genauen Zeitpunkt angeben. Warte auf mich.«

Er sagt nie: »Du hast nur das zu tun!«, doch seine ganze Haltung drückt es aus. Vielleicht bin ich zu empfindlich? Ich bin auf seine Wertschätzung angewiesen, und die Art, wie er mich vernachlässigt, ist genau das Gegenteil von dem, was ich brauche. Deshalb frage ich zurück, als er wieder einmal zu mir sagt: »Ich komme morgen vorbei«: »Um wieviel Uhr?«

»Das wirst du schon sehen.«

»Nein, ich will nämlich weggehen.«

Er akzeptiert diese Bezeugung von Unabhängigkeit nicht, die er, nicht ganz ohne Grund, als Aufbegehren betrachtet. Wir streiten uns. Er geht weg. Ist er wütend? Er sieht eigentlich nicht danach aus. Lucien rühmt sich, immer die Fassung zu bewahren. Eine Kälte, die mich aufbringt, mich irritiert, an der ich mich stoße.

Ich habe ein so großes Bedürfnis, mich jemandem anzuvertrauen, mich auszusprechen. Manchmal habe ich das Empfinden, daß, wenn man mir nicht zuhört, mich nicht versteht, ich niemals sicher sein kann, in diese Gesellschaft aufgenommen zu werden, die mich nie akzeptiert und die mich mißhandelt hat, die meinen Körper und meine Seele gezeichnet hat, bis in die untersten Schichten, die ich schlecht benennen kann und die mein Ich ausmachen.

Als Lucien die Tür hinter sich schließt – wie glücklich bin ich auch diesmal gewesen, als ich hörte, wie er sie öffnete –, läßt er mich, so scheint es mir, in einer großen, kalten Leere zurück, die zum Verzweifeln ist, so daß ich daraus fliehen muß.

Ich reagiere oft instinktiv, wie ein Tier. Das hat mich schon mehr als einmal gerettet. Ich flüchte, das heißt, ich packe meinen Koffer und fahre ins Limousin, zu einer Freundin von Nisou.

Heute denke ich manchmal, ich hätte nie zurückkehren dürfen, diesen Alarm als Anstoß dazu benutzen sollen, um Arbeit zu suchen, wie ich es mir vorgestellt hatte. Und diese Vorstellung war immerhin so konkret, daß ich die Stellenanzeigen durchsah.

In den Bistros, in die ich mit meinen Kolleginnen vom Strich ging, um mich einen Moment zu entspannen, sah ich häufig Männer und Frauen vor einer Tasse Kaffee oder einem Glas Weißwein, die ihre Zeitung entfalteten und sich darin vertieften. Mit einem Bleistift strichen sie an, was für sie in Frage kam, und die Mädchen feixten: »Sieh mal an, wie der hinter der Arbeit her ist! Also ich möchte nicht an seiner Stelle sein. Jeden Morgen antanzen, an seine Maschine gebunden sein ...« Dabei dachten sie, sie selbst hätten das bessere Teil erwischt.

Aber ich, ich hätte an seiner Stelle sein mögen. Arbeit, das bedeutete in meiner Vorstellung Freiheit. Keine Flics mehr, keine Geldstrafen, keine frühen Morgen in Saint-Lazare, keine Kunden mehr. Dem Milieu, diesem Milieu entkommen.

Jetzt war vielleicht der Moment da, in dem ich versuchen könnte, meinem früheren Leben ganz und gar den Rücken zu kehren. Wenn ich eine freie, von Lucien nicht mehr abhängige Frau wäre, würde er mich mit anderen Augen betrachten. Ich würde ihm ähnlich werden.

Fast mit Respekt mache ich mich an diese – sofort enttäuschende — Lektüre. Die Stellenanzeigen sind nach Kategorien von Berufen gruppiert, ich gehöre zu keiner. Wo also ist mein Platz?

Ziemlich ratlos und unentschlossen kehre ich nach Paris zurück, und schlagartig ändert sich alles. Lucien legt seine Zurückhaltung ab und ist nicht mehr kühl. Er versichert mir, daß er nur mich liebe, daß er mich brauche, daß ich ihm gefehlt hätte. Im übrigen werde er bei mir wohnen. In seinem Elan versichert er mir, er sei bereit, sich scheiden zu lassen. Ich weine vor Rührung und aus heftiger Dankbarkeit. Ich liebe ihn.

Von jenem Abend an werden wir auf zwei parallelen Wegen gehen, wie auf zwei Schienen, die keine Weichenstellung zusammenführen kann.

Ich denke mit leidenschaftlicher Glut an diesen Mann. Ich stelle mir unsere Hochzeit vor. Ganze Tage lang auf ihn zu warten macht mir nichts aus. Leben so nicht Hunderttausende von Frauen? Ich führe seinen Haushalt, bügle seine Wäsche, sorge für ihn, identifiziere mich voller Glück mit dieser Hausfrauenrolle. Ich verlange nichts anderes.

Von Scheidung ist nicht mehr die Rede. Lucien ist übergenau und von einem übertriebenen Ordnungssinn besessen und hat dementsprechend sein Leben organisiert: Abends kommt er in unsere Wohnung, morgens um neun geht er zu seiner Frau, so wie man ins Büro geht. Ich wage nicht, etwas zu sagen. Seit wir zusammenwohnen, lieben wir uns nur am Samstagnachmittag. Das, was einer anderen Frau vielleicht normal oder zumindest zumutbar erscheinen könnte, berührt mich unangenehm. Lucien, das ist mein Samstagskunde.

Um mich von dem zu heilen, was mir die Männer angetan haben, bräuchte ich einen sensiblen, offenen, verständnisvollen Mann in meiner Nähe. Lucien ist das alles nicht. Ich bin darauf angewiesen, daß man mir etwas beibringt, ich habe solche Lust zum Lernen.

Wenn ich versuche, ihm das zu sagen, antwortet er: »Aber mein armes Kleines, du würdest es nicht verstehen.« Und zuweilen glaube ich es sogar.

Während das Leben Luciens sich zwischen seinen beiden Haushalten einpendelt, gerät meines aus dem Gleichgewicht.

Und so geht es zusehends abwärts. Ich weiß nicht, warum, wahrscheinlich war es der Wunsch von Luciens Frau – jedenfalls stellt er sie mir vor. Wir verbringen sogar ein Wochenende bei ihr in der Normandie, und ich leiste mir den Luxus – denn in meiner Situation ist das einer –, eifersüchtig zu sein. Für eine andere Frau wäre das normal, aber nicht für mich. Angesichts ihrer Komplizenschaft, um die ich sie beneide, gerate ich völlig außer mir. Ich werde von Lucien trocken zurechtgewiesen und fühle mich allein und verlassen wie noch nie. Aber ich täusche mich, ich sollte noch Schlimmeres kennenlernen. Wahrscheinlich in bestimmter Absicht kommt Lucien auf meine Vorgängerin zu sprechen, die er nicht auf dem Strich, sondern durch Bekannte kennengelernt hatte: »Eine charmante Frau, ich mochte sie gern. Ich habe sie lange behalten.«

»Und du hast nie daran gedacht, sie zu heiraten?«

»Schließlich war sie meine Geliebte, ich sehe keinen Grund, warum ich sie zu meiner Frau hätte machen sollen.«

So ein Satz wie dieser geht mir tagelang, monatelang nach, und stundenlang kann ich deswegen weinen.

Er wird sich nie scheiden lassen. Aber ich will hören, wie er es ausspricht, wie er diese Hoffnung endgültig vernichtet. Ich nehme meinen ganzen Mut zusammen und erinnere ihn an seine Worte: »Ich werde mich scheiden lassen.«

»Mich scheiden lassen – aber mein armes Kind, da würde ich ja meine Haut riskieren.«

Ich bin so dumm, mir dabei eine physische Gefahr vorzustellen, und bin beunruhigt. Zu Unrecht. Es handelt sich nur um finanzielle Interessen.

»Solange und ich, wir sind durch unsere Geschäfte verbunden. Da wir bei der Eheschließung Gütergemeinschaft vereinbart haben, wäre ich gezwungen, alles mit ihr zu teilen. Jetzt, wo meine Geschäfte gerade in vollem Aufschwung sind, ist nicht der Moment, an eine Aufteilung unseres Vermögens zu denken.«

»Wie kannst du dem Geld deine Ruhe, dein Glück und mich opfern?«

»Aber ich opfere überhaupt nichts, ich habe dich doch.«

Das stimmt, er hat mich. Ich habe mich von diesem trügerischen Glück verführen lassen und sitze nun da wie eine Fliege im Spinnennetz. Er hat mich fest in der Hand. Geld habe ich weniger denn je; ich bin gezwungen, ihn anzubetteln, wenn ich ein Kleid, eine Tasche oder auch nur Geld für Lebensmittel bekommen will. In verschiedener Hinsicht bin ich daher weniger frei als damals, als ich eingeschlossen war in das Straßenkarree, das meinen Bezirk bildete. Unmerklich, ohne daß ich mir dessen richtig bewußt werde, schwindet mein Wille, so wie seine Scheidungs- und Heiratspläne allmählich in Rauch aufgehen. Ich begreife, daß ich zu hochfliegende Träume hatte.

Lucien wiederholt ständig, ich sei schwach, lasch, nur Anstrengung mache stark. Offensichtlich sei ich nicht an sie gewöhnt.

Was weiß er schon davon?

Ich glaube, daß ich bei ihm blieb, weil ich nicht wußte, wohin ich sonst gehen sollte, und weil ich zeitweise – unbelehrbar! – versuchte, mir einzureden, dieser Mann sei wie alle anderen, weder besser noch schlechter, und es gebe zahllose Frauen, die sich mit einer Existenz begnügten, wie ich sie führte, die es verstanden, sich ein akzeptables Leben einzurichten. Wie hätte ich das gekonnt?

Ich hatte keine Freunde, kein Geld, um auszugehen, zum Beispiel ins Kino. Lesen war mein einziger Zeitvertreib, aber mit wem hätte ich darüber sprechen können? Lucien interessierte sich nicht für meine Lektüre und legte keinen Wert auf meine Bemerkungen. Wenn wir zusammen ausgingen, uns einen Film ansahen, diskutierte er nie mit mir darüber. Wahrscheinlich behielt er seine Bemerkungen und seine Eindrücke für andere.

Vielleicht hätte ich ihn verlassen, wahrscheinlich

sogar, wenn wir nicht gemeinsam einen Augenblick des vollkommenen Glücks erlebt hätten.

Während einer Reise in die Provence, eines Morgens, als die Sonne über den Feldern aufging, war er mir von neuem nah. Ohne daß ich ihn darum bat, hielt er den Wagen auf dem Platz in einem kleinen Dorf an. Am Brunnen floß das Wasser und machte ein helles, fröhliches Geräusch. Ich tauchte meine Hände hinein, die noch eine ganze Weile davon frisch blieben. Dann, am Ortsausgang, entdeckten wir zusammen ein Grundstück an einem sanften Abhang, mit Olivenbäumen bestanden. Ein Hahn krähte in der Ferne. Es war ein Morgen wie nach dem ersten Schöpfungstag, als es noch keine Menschen gab, ein Morgen, der nach den Kräutern der Provence roch. In der Sonne dieses Morgens fand ich ein wenig vom Land und von den Düften meiner Heimat wieder, und ich bekam Lust, dazubleiben, für sehr lange, für immer … Ich sagte: »Wenn du dieses Land kaufen würdest …?« Er seufzte: »Hier muß man sich wohl fühlen, hier wird man sicher nicht von Geldproblemen gequält.«

Wir drückten auf unterschiedliche Weise eine ganz ähnliche Empfindung aus. Lucien hat den Boden erworben, sehr schnell darauf ein Haus bauen lassen, das groß genug für uns ist, eine Art Schafstall aus Steinen der Umgebung. Ich habe es heiß geliebt, mit seinem wilden Garten, voll von verrückten, üppigen Pflanzen, mit Olivenbäumen und einem Vogelbeerbaum, den ich sofort den Vogelbaum getauft habe.

Ich lebe einen ganzen Sommer in diesem Haus, das im Frühjahr fertig geworden ist. Ich bleibe dort allein und fühle mich glücklich. Auf meine Bitte hin darf ich im September mit den Bauern der Nachbarschaft die kleinen weißen Blütensterne des Jasmin pflücken. Algerien, wie nah bist du mir!

Anfang Oktober komme ich nach Paris zurück und finde den Lucien von früher vor, er ist distanziert und gleichgültig. Von neuem frage ich mich, was ich an seiner Seite soll, ich frage mich sogar, wer ich bin. Ich besitze nichts, was mir wirklich gehört. Alle meine Versuche, Lucien wieder näherzukommen, scheitern. Manchmal habe ich Lust zu schreien: »Antworte mir, sprich mit mir, ich kann so nicht mehr leben!« Aber ich bin still. Er verabscheut Gefühlsausbrüche, welcher Art auch immer. »Eine gut erzogene Frau beherrscht sich.«

In dieser deprimierenden Atmosphäre macht Lucien mir ein Angebot.

»Wie du weißt«, sagt er zu mir, obwohl ich nichts davon weiß, »habe ich mich dazu entschlossen, das kleine Haus im Süden vergrößern zu lassen. Das ist eine gute Geldanlage. Die Bauarbeiten werden ungefähr eineinhalb Jahre dauern, sagen wir zwei, und ich habe mir gedacht, du könntest während dieser Zeit da unten wohnen.«

»Aber – um was zu tun?«

»Um die Arbeiten zu überwachen.«

»Das ganze Jahr über? Und wann wirst du kommen?«

»An den Wochenenden.«

Ist dies eine Methode, mich loszuwerden? Nicht, daß mich das gleichgültig ließe. Das ist nicht meine Art. Aber mein Widerstand ist gebrochen. Ich bin einverstanden.

Zu diesem Zeitpunkt wußte ich noch nicht, wie es auf einer Baustelle zugehen kann, ich hatte nicht die geringste Vorstellung davon. Wahrscheinlich dachte ich, daß man ein Haus vergrößern könne, ohne es in eine Ruine zu verwandeln.

In die Ecke eines ausgesparten Zimmers verbannt, lebe ich im Schutt. Der ganze Garten wird damit zugedeckt. Die Arbeiter haben kein Mitleid mit den Pflanzen, von denen ich den Gipsstaub abwasche.

Dieser Ort, an dem ich glücklich gewesen bin, an dem ich Frieden gefunden habe, inmitten einer Natur, die ich liebe, verliert zusehends seine ursprüngliche Gestalt.

Ich bin dort nicht mehr zu Hause. Die Vögel sind verschwunden, der Lärm und die Anwesenheit der Arbeiter haben sie vertrieben. Das ist zwar nur eine Kleinigkeit, aber diese Kleinigkeiten zählen. Mein Leben besteht nur aus ihnen, da es nichts anderes enthält.

Samstagmorgens hole ich Lucien mit dem 2 CV am Bahnhof von Cannes ab. Er sagt mir kaum guten Tag, und wenn er mich fragt: »Wie geht's?«, erkundigt er sich nach dem Zustand der Baustelle und nicht nach meinem Befinden. Sein Lächeln, sein Lachen reserviert er für den Bauunternehmer, Monsieur Pietri, und für die Arbeiter.

Mittags serviere ich ihm sein Essen im Stehen, er läßt mir nicht die Zeit, mich auch zu setzen. »Beeil dich. Du kannst nachher essen, du hast ja so viel Zeit.«

Manchmal fährt er mit dem Auto in die nahen Berge spazieren. Ich begleite ihn nicht. »Bleib du da, es könnte sein, daß die Arbeiter etwas brauchen. Ich werde ein wenig frische Luft schnappen, das ist gut für meine Gesundheit. Du hast Glück, hier zu leben.«

Abends ißt er hastig, geht sehr früh ins Bett, um die

im Zug verbrachte Nacht »wieder reinzuholen«, wie er sagt. Er schläft sogar ein, ohne mir gute Nacht zu sagen.

Seit ich hier bin, schlafen wir nicht mehr miteinander. Wir werden es nie mehr tun.

Am nächsten Tag geht er über die Baustelle, ißt und hält einen Nachmittagsschlaf. Dann ist es schon wieder Zeit zur Abfahrt. Seine letzte Handlung vor dem Weggehen: Er öffnet die Tür des Kühlschranks und stellt fest: »Du hast alles, was du für die Woche brauchst.« Er läßt mir weder Geld da, noch habe ich Kredit in den Läden; am Samstagmorgen macht er die Einkäufe für fünf Tage. Er bezahlt. Ich trage die Sachen.

Seither habe ich oft an diese Geldgeschichte gedacht. Lucien war in der Beziehung nicht großzügig, das Geld war ihm zu wichtig. Er war aber auch nicht geizig. Ich glaube, daß er mich so knapp hielt, war eine Art, mich einzusperren, mich zu zwingen, zu Hause zu bleiben. Auch in diesem Punkt kann ich mich fragen: Wenn wir uns auf andere Weise kennengelernt hätten, hätte er dann auch so gehandelt? Wollte er sich meiner vergewissern, indem er mir das Geld verweigerte? Vielleicht war ihm sein Handeln nicht bewußt. Oder etwa doch?

Wenn wir am Bahnhof ankommen, sagt er zu mir: »Bleib im Wagen, es ist nicht nötig, daß du mich begleitest. Bis nächste Woche. Bleib brav.«

Das Wochenende ist vorbei.

Und dennoch warte ich auf ihn, als ob das nächste Mal alles anders werden würde.

Meine Tage sind lang, vor allem die Tage mit Regen und schlechtem Wetter, wenn ich nicht im Garten arbeiten kann. Wenn die Arbeiter nicht kommen. Wenn ich niemandem guten Tag oder auf Wiedersehen sage. Dieses Gefühl, verlassen, überflüssig zu sein, zu nichts zu taugen, wirkt sich zunehmend auf mich aus. Jeden Tag leide ich mehr darunter.

Die Einsamkeit kenne ich schon lange. Nur mit ihr zusammen habe ich in meinen verschlossenen Zimmern gelebt. Worin unterscheidet sich mein Zimmer hier von den bisherigen? Sicher, es ist schön, freundlich, gemütlich, auch wenn es noch nicht ganz gerichtet ist. Aber ich kann aus diesen vier Mauern nicht fliehen, sie halten mich gefangen. Es genügt der Wille eines Mannes, mich eingeschlossen zu halten. Der Wille eines Mannes, von dem ich mir das Leben, die Freiheit versprochen habe. Soll ich an eine Schicksalhaftigkeit glauben, die bis in das jüdische Viertel zurückreicht? Schon so weit ist es mit mir gekommen, daß ich an egal was glaube. Immer mehr von der Außenwelt abgeschnitten, habe ich sogar nicht einmal mehr Lust, Radio zu hören. Ich habe keine Zeitungen, von welchem Geld sollte ich sie kaufen? Ich weiß wohl, daß es eine Welt gibt, in der man lebt, arbeitet und liebt. Eine Welt, die nicht für mich bestimmt ist. Ist sie es jemals gewesen?

Das neue Haus wird groß und prächtig, absorbiert das kleine, aber je mehr es wächst, desto mehr werde ich zerstört. Es ist, als ob es mich aufzehren würde.

Der Sommer ist schon lange vorbei, der Herbst ist bald zu Ende. Dies wird mein zweiter Winter hier sein. Wenn ich die Tür öffne, dringt der feuchte Geruch, den die Erde und die abgefallenen Blätter verströmen, in das nach feuchtem Gips riechende Haus. Vögel sieht man nur noch selten. Die Zugvögel haben sich versammelt. Ich sehe sie in die warmen Länder aufbrechen, in mein Land. Viele werden die südliche Sonne nie sehen. Die Wolken türmen sich auf, der Donner grollt in den Bergen, der Wind, der in heftigen Stößen von dorther kommt, fährt in die Bäume, schüttelt die silbrigen Blätter der Olivenbäume. Einer von ihnen scheint mir sehr alt und erschöpft, ich befürchte, daß er stirbt, und pflege ihn.

Lange sehe ich zu, wie die Erde einschläft, und ich würde gerne mit ihr Winterschlaf halten.

Meine Tage haben nur ein Ziel: eine Nacht nach der anderen zu überstehen. Unfähig, meine Gedanken zu ordnen, sie zu beherrschen, kann ich es im Haus nicht aushalten und steige, wenn das Wetter es zuläßt, mit meiner Hündin und einer Decke in den 2 CV. Ich fahre bis auf den Dorfplatz, der um diese Zeit verlassen ist, halte an und bleibe bis zum Tagesanbruch im Auto. Innerhalb dieser Mauern der dicht aneinandergedrängten Häuser fühle ich mich geschützt, wie von Burgmauern. Menschen leben dort, atmen, lieben sich – wie sehr gelüstet es mich nach der Liebe der anderen! Ich bin in ihrer Nähe, sie wissen nicht, daß ich an ihrer Existenz teilhabe, daß ich mir ihre Wärme, ihr Zuhause gewissermaßen aneigne, bis zum frühen Morgen, wenn ich in mein großes, seelenloses Gebäude zurückkehre.

So habe ich Tage und Wochen überstanden, finde aber keine Ruhe. Es gibt die Tage mit Regen, Wind und Sturm. Dann kommen die Arbeiter nicht. Schließlich klärt sich der Himmel auf, das schöne Wetter kommt wieder, und mit ihm kehren die Männer zurück. Dann kann ich mit ihnen wenigstens einige Worte wechseln, Gaspard, dem Schwager von Monsieur Pietri, eine Tasse Kaffee anbieten. Er ist ein schweigsamer Mann mit grünen Augen und dem dunklen Äußeren des Südländers, der mich nicht wie die anderen ansieht, der sich nicht beteiligt, wenn sie über ihre

Eroberungen beim Tanz am Samstagabend berichten. Jeden Montag reden sie laut darüber, prahlen mit ihren sexuellen Heldentaten mit Worten und Gesten von betonter Obszönität. Ich habe den Eindruck, daß es diesen schüchternen Mann stört, wenn seine Kollegen in meiner Gegenwart so eifrig ihre Männlichkeit unter Beweis stellen. An einem kalten Morgen habe ich ihn eingeladen hereinzukommen, um einen Kaffee zu trinken. Das ist beinahe zur Gewohnheit geworden. Fast jeden Tag sagt er mir zur Frühstückszeit guten Morgen, unter dem spöttischen Blick der anderen.

Nach fünfzehnstündigem oder manchmal längerem Schweigen spreche ich dann endlich mit jemandem, der mir zuhört. Ich weiß nicht einmal, ob ich diesem Mann Vertrauen schenken kann, der sich von den anderen vielleicht nur äußerlich unterscheidet. Was soll's – reden ist für mich lebensnotwendiger als essen geworden.

An einem Morgen wage ich ihm zu sagen, wie sehr ich mich allein fühle, daß im Winter die Abende so lang sind und noch mehr die Nächte.

Er schüttelt nachdenklich den Kopf, er versteht, sein Blick verweilt einen Moment auf mir und senkt sich dann auf seine breiten, vom Zement rissigen Hände.

»Also, ich finde, Sie haben Mut. Sehen Sie, an Ihrer Stelle würde ich das nicht mitmachen, allein in diesem Haus wohnen, das nicht einmal fertig ist. Unser Dorf ist klein, die Leute kennen sich alle, deshalb reden sie untereinander. Sie fragen sich, warum Sie so allein leben, ohne mit anderen, mit Freunden, Umgang zu haben. In unserer Gegend gibt es eine ganze Menge Pariser. Also, dann sagen sich die Leute, daß Ihr Mann Sie hierher verfrachtet hat, um Sie loszuwerden. Vielleicht hat er eine Geliebte in Paris?«

Ich lache kurz auf. Gekränkt verzieht er das Gesicht.

»Nehmen Sie es mir nicht übel. Ich lache, weil genau das Gegenteil der Fall ist, er ist in Paris mit seiner Frau, und ich bin seine Geliebte.«

»Na, so was! Ich habe geglaubt, daß die Männer, die eine Geliebte haben, mit der viel netter wären, also, ich weiß nicht, viel verliebter ...«

Auch ich habe das geglaubt. Daß man es so deutlich sieht, tut mir weh.

Wenn Gaspard wieder weg ist, herrscht von neuem Stille.

Diese langsame Zerstörung, die sich in mir vollzieht, macht mir angst. Ich schlafe schlecht, kaum einige Stunden, ich esse fast gar nichts mehr, ein wenig Brot, eine Handvoll Oliven, und nachts fürchte ich mich immer mehr.

Da wende ich mich noch einmal an Lucien. Das Haus ist fast fertig, der Winter und das schlechte Wetter während des Wochenendes zwingen ihn dazu, mehr Zeit als sonst mit mir zu verbringen. Ich versuche, ihn für meine Existenz zu interessieren, ich gehe sogar so weit, daß ich ihn um Hilfe anflehe. Er findet mich melodramatisch und unerträglich. »Du hast hier alles, was du brauchst. Worüber beklagst du dich? Viele Frauen würden gerne mit dir tauschen.«

Ich weine, und er stellt seine Stereoanlage lauter.

Ich lebte im Schatten eines Mannes, der mich nur ignoriert hat, der mich verleugnete, sowie er von meiner Anwesenheit Notiz nehmen mußte.

Zu oft ließ er mich, wenn er auf der Straße einen Freund traf, auf dem Bürgersteig stehen und sagte: »Warte auf mich.« Erst nach einer halben oder einer ganzen Stunde kam er dann wieder, ohne sich darum zu kümmern, wie sehr mich sein Verhalten demütigte. In diesem Sommer hat er es noch weiter getrieben. »Morgen gehen wir an den Strand, wir baden und essen dort.« Ich setze meine ganzen zurückgedrängten Hoffnungen auf diesen Tag, ich verspreche mir davon, daß ich Lucien wiedergewinne. Kaum sind wir angekommen, da sagt er zu mir: »Ich muß einen Kunden besuchen, fünf Kilometer von hier, ich brauche nicht viel länger als eine Stunde, bade du solange.«

Im Badeanzug, mit nackten Füßen warte ich auf ihn; es wird Mittag, Nachmittag, schließlich Abend. Ich sehe, wie die Leute einer nach dem anderen oder in kleinen Gruppen den Strand verlassen. Ich friere, meine Kleider sind im Auto geblieben. Es ist schon Nacht, als er zurückkommt. Kein Wort der Entschuldigung, nur eine vage Erklärung: »Er wollte mein Haus sehen ...«

Wie kann ich das akzeptieren? Manchmal kommt es mir vor, als hätte ich keinen Bezug zur Realität, keine eigene Existenz mehr. Ich habe kein Zuhause, ich gelte als Frau Luciens und bin es nicht, nicht einmal seine Geliebte. Wie man es in den Bordellen tat, nennt er mich nicht bei meinem richtigen Vornamen, sondern Sophie. Wer kennt hier Germaine?

Oft stelle ich mir die Frage: Was werde ich in einigen Monaten tun, wenn die Bauarbeiten beendet sind? Gehe ich nach Paris zurück und lebe getrennt von Lucien? Und was soll ich dort tun? Wieder als Prostituierte arbeiten? Das ist nicht möglich. Das bringe ich nicht mehr fertig.

Aber warum versteht er mich nicht, hört mir nicht zu? Alles wäre so einfach. Ich klammere mich an ihn. Ich schlage mit den Fäusten gegen die Mauer, die er mir entgegenstellt, ich reibe mich daran wund. Ich will mir einfach nicht eingestehen, daß unsere Verbindung von Anfang an zum Scheitern verurteilt war. Dies einzusehen hieße einsehen, daß meine Vergangenheit mich bis in mein innerstes Wesen gezeichnet hat. Daß meine Beziehungen zu den Männern verkorkst sind. Ich werde lange brauchen, bis ich auf einen ganzen Teil meines Lebens als Frau verzichten kann und entdecke, daß man, wie die Behinderten, verstümmelt leben, auf eine andere Weise »gut« leben kann. Aber so weit bin ich noch nicht, und eines Morgens, nach einer Nacht, die mich noch mehr als sonst mitgenommen hat, breche ich zusammen.

Es ist ein wahrer Hilferuf, den ich an den Arzt richte. Ich weiß nicht mehr, was ich ihm sagte, aber ich erinnere mich daran, daß ich schrie: »Acht Tage regnet es, und seit acht Tagen habe ich mit niemandem gesprochen!«

Er kommt sehr rasch, hört mir zu und sagt dann: »Madame, ein Wechsel würde Ihnen guttun. Ein Aufenthalt in Paris ...«

»Nein, mein Mann möchte, daß ich hier bin.«

»Sie könnten einige Tage im Hotel verbringen.«

»Damit wäre er nicht einverstanden.«

»Wollen Sie, daß ich Sie für vierzehn Tage in eine Klinik einweise? Ihr Blutdruck ist sehr niedrig, Sie müssen einige Kilo zunehmen, schlafen ...«

Wird Lucien diese Lösung akzeptieren? Der Zufall – und ich halte ihn für vorherbestimmt – will es, daß in diesem Augenblick das Telefon klingelt.

»Die Eisenbahner streiken. Ich werde an diesem Wochenende nicht kommen.«

»Lucien, ich verlasse das Haus, ich bin krank. Der Arzt schickt mich in eine Klinik, er ist gerade bei mir, er wird es dir erklären.«

Doktor A. sagt ihm Genaueres über meinen Zustand, erklärt die Notwendigkeit einer Behandlung. Plötzlich verändert sich seine Stimme, ich bin beunruhigt, höre zu, der Arzt stößt anscheinend auf Widerstand, er diskutiert, argumentiert, sein Ton ist auf einmal distanziert geworden. Ich nehme den zweiten Hörer; Lucien bleibt fest: »Es tut mir sehr leid, das trifft sich schlecht. Bei meiner augenblicklichen Geschäftslage kann ich mir eine solche Ausgabe nicht leisten. Im Moment bin ich ausdrücklich gegen ihre Unterbringung in einer Klinik, ich werde die Kosten dafür nicht übernehmen.«

Die Unterredung, die Lucien zwei Wochen später mit dem Arzt führt, ändert nichts. Er erlaubt nicht, daß man mich pflegt. An jenem Tag habe ich mich entschlossen, ihn zu verlassen.

Ich warte noch einen Monat, bevor ich meine Koffer packe. Und als ich zu Lucien sage: »Ich verlasse dich«, da glaubt er mir nicht. Er zuckt mit den Schultern: »Mein armes Kind, schau dieses Haus an, diesen Garten. Sei nicht dumm, nimm das Leben, wie es ist. Im übrigen – wohin könntest du schon gehen? Was könntest du tun?«

Der Dialog ist damit zu Ende. Zwischen uns hat nie einer stattgefunden.

Nur in einem Punkt hatte Lucien recht: Ich wußte nicht, wohin ich gehen sollte. Da dachte ich an Gaspard: »Wenn Sie eines Tages allein sein sollten, könnten Sie zu uns kommen. In unserem Garten steht eine Laube mit zwei Zimmern, wo Sie wohnen könnten. Dann hätten Sie Zeit, um Arbeit zu suchen.«

Ich bin hingegangen.

Dritter Teil

11

Meine Bilanz ist schnell gezogen: Ich bin vierundvierzig Jahre alt, und zum ersten Mal in meinem Leben bin ich von niemandem abhängig. Zu hoffen, ich könnte mein Leben auf der Beziehung zu einem Mann aufbauen, war verrückt gewesen. Seit meiner Jugend habe ich von den Männern alles erwartet. Jetzt weiß ich, daß für mich der einzige Weg zur Unabhängigkeit die Arbeit ist. Ich habe davon nur abstrakte, ziemlich idealistische Vorstellungen: Die Arbeit dient dazu, daß man seinen Lebensunterhalt verdient, also zu seiner Freiheit gelangt; sie ist auch eine Art Rechtfertigung der eigenen Existenz.

Das war die eine Seite der Medaille; die andere sollte mich bitter enttäuschen.

Es war mir nicht unbekannt, daß das Fehlen von Zeugnissen, ja sogar einer Ausbildung mir die Suche schwermachen würde. Ich sollte außerdem entdecken, daß mein Alter und das Fehlen von Referenzen die Situation verschärften.

Doktor A. hatte mir geraten: »Gehen Sie nach Paris.« Ich hatte aber nicht das Geld für die Fahrt dorthin. Es schien mir deshalb vernünftig, es hier zu verdienen, wo ich noch ein Dach über dem Kopf und damit eine Sorge weniger hatte. Ich verkaufte eine Kette und einen Ring aus Gold, um die Zeit bis zu meinem ersten Lohn zu überbrücken.

Eine Handlung, deren symbolische Bedeutung mich entzückte; sie kam mir vor wie mein erster Schritt in die Unabhängigkeit. Ich war unverbesserlich!

Ich kaufe also die Lokalzeitung und gehe die Stellenanzeigen durch. Für mich ist nicht viel dabei, ich bin weder Schreibkraft noch Kontoristin, noch Sekretärin.

Einige Stellen als Hausangestellte werden angeboten. Ich kann putzen, kochen, und wenn man keine Referenzen von mir verlangt ... Ich zögere noch, denn ich würde lieber in der Fabrik arbeiten. Warum, soll ich es nicht in der Kartonagenfabrik von Plan-de-Grasse, im Industriegebiet, versuchen, wo man ungelernte weibliche Arbeitskräfte braucht?

Ich bewerbe mich dort und werde eingestellt, ohne daß man mich fragt, woher ich komme. Ein Vorarbeiter im Arbeitskittel, klein und hager, setzt mich vor einen Apparat mit einem Pedal, eine Heftmaschine. Er zeigt mir, wie sie funktioniert, und sagt dabei zu mir: »Wir stellen Verpackungsmaterial her für pharmazeutische Produkte, Süßwaren und Liköre. Die Firma war zuerst in Nizza, dann hat man sie aufs Land verlagert, deshalb mußten wir einheimische Arbeitskräfte holen. Das ist Ihre Chance gewesen, das Werk stellt nur wenige Leute neu ein, die meisten alten Arbeiter sind treu geblieben. Ein großer Teil kommt weiterhin aus Nizza hierher.«

Glück habe ich gehabt, das wird mir klar, als ich über dem Fabriktor ein Schild sehe mit der Aufschrift: Keine Einstellungen.

Meine Arbeit ist nicht schwer: Die Schachteln kommen flach an, ich muß sie falzen und zusammenheften. Das Tempo aber, das man dabei erreichen und beibehalten muß, ist sehr schnell. Wenn ich auch nur ein bißchen langsamer werde, tippt mir der kleine Chef auf die Schulter: »Schneller, nicht träumen!«

Die Arbeiterinnen aus Nizza grinsen darüber, wie langsam die Einheimischen sind, zu denen ich zähle. Ihre vierzig Augen überwachen uns. Das ist meine erste Entdeckung in der Welt der Arbeit; ich habe mir vorgestellt, dort sei man solidarisch.

Meine zweite Entdeckung ist die Stechuhr. Wenn ich um sieben morgens ankomme, stecke ich meine Karte in den Apparat, und jedesmal, wenn ich auf die Toilette gehe, muß ich die Zeit messen lassen, während der ich die Arbeit unterbreche. Ich schulde dem Unternehmer acht Stunden – und das bei einem Lohn von siebenhundertfünfzig Francs im Monat. Ich wage es, dem Buchhalter gegenüber mein Erstaunen zu zeigen: »Wie soll man davon leben?« Außerdem erkläre ich ihm – und ich bin nicht die einzige, die so denkt –, daß wir es sind, die die härteste Arbeit machen. Erstaunt mustert er mich: »Je langweiliger die Arbeit ist, um so schlechter wird sie bezahlt, das ist normal, Sie sind ja eine ungelernte Kraft. Wenn Sie Ambitionen haben, müssen Sie sich fortbilden.«

Ich habe keine anderen Ansprüche, als jeden Tag zu essen zu haben. Meine Fahrtkosten sind hoch, deshalb muß ich mich mittags mit einem Apfel begnügen. Die anderen leisten sich das Kantinenessen; der Geruch davon steigt mir aus den geöffneten Fenstern in die Nase, wenn ich meine Mittagspause im Freien verbringe, weil es noch schön ist in der Sonne. Abends auf dem Heimweg schleppe ich mich mit roten, geschwollenen Füßen voran, meine Beine sind schwer vom achtstündigen, ununterbrochenen Stehen. Ich komme an der schönen Villa Luciens vorbei, er hat viele Gäste. Musik, fröhliches Rufen, das Plätschern aus dem Swimming-pool dringen zu mir herüber, ich erfahre sogar, daß man dort einen Film dreht. Eine Welle der Empörung steigt in mir hoch, so daß ich keinen klaren Gedanken fassen kann. Niemals empfand ich Ungerechtigkeit so stark wie damals, als ich noch mit der Welt Luciens in Verbindung stand und zugleich mit der Welt der Fabrik.

Ich gehe weiter die kleinen Anzeigen durch, in der

Hoffnung, eine etwas bessere Arbeit zu finden. Da wird eine Stelle als Hilfe in einem Altersheim angeboten, für fünfhundert Francs in der Woche, das ist überraschend viel, und ich verlasse ohne Bedauern meine Heftmaschine, den Vorarbeiter und seine Spionin, die Stechuhr.

Dieses Haus für alte Leute ist eine stickige, abgeschlossene Welt für sich. Viele der Pensionäre sind durch das Alter verbittert und schwierig geworden. Wir müssen sie wecken, sie waschen, bei ihnen saubermachen und sie füttern.

Auf den Knien bearbeite ich mit einer Wurzelbürste die Fliesen und scheue dabei keine Mühe. Doch diese Mühe ist vergebens, am Ende der Woche läßt mich die Direktorin rufen: »Sie brauchen am Montag gar nicht wiederzukommen, Sie bekommen die Stelle nicht. Hier ist Ihr Lohn.«

Ich nehme den Scheck, den sie mir reicht. Er ist auf hundert Francs ausgestellt!

»Aber in der Anzeige stand fünfhundert Francs die Woche.«

»Sie wollen das Geld nicht? Bitte, wie Sie wollen.«

»Und meine Lohnabrechnung?«

»Sie waren nur auf Probe da, man wird sie Ihnen schicken.«

Dasselbe hatte mir der Buchhalter in der Fabrik gesagt.

Auf der Bank von Cannes, wo ich meinen Scheck einlösen muß, telefoniert der Kassierer, nachdem er mich genau gemustert hat, mit der Direktorin, um zu erfahren, ob er ihn mir auszahlen soll.

Demütigung und Zorn wühlen mein Innerstes auf. Ja, das bedeutet es, zu arbeiten!

Und ich habe meine Lehre erst begonnen.

Von allen Seiten wird mir versichert, daß es in Grasse mehrere Parfümfabriken gibt, wo die Arbeitsbedingungen gut, die Löhne annehmbar, die Arbeiter gewerkschaftlich organisiert sind. Ich versuche, dort eingestellt zu werden, aber sehr bald muß ich erfahren, daß das nur für jemanden möglich ist, der aus einer Familie aus der Gegend stammt. Es ist Tradition, daß nach dem Vater der Sohn drankommt, nach der Mutter die Tochter. Der Arbeitsplatz ist diesen Privilegierten schon im voraus sicher.

Also bleiben mir nur die Hotels, die Gasthäuser, die Stellen als Kellnerin oder Dienstmädchen.

Ich stelle mich in einem kleinen Gasthaus vor, das drei Kilometer von meinem Wohnort entfernt ist – ich könnte mir also die Fahrtkosten ersparen. Die Chefin sieht mich abschätzig an und sagt zu mir: »Es gibt viel Arbeit bei uns. Ich hätte lieber eine Junge gehabt.« Dies ist das erste Mal, daß man auf mein Alter anspielt. »Auf jeden Fall wollte ich eine Anfängerin wegen des Lohns. Sie fangen morgen an, bringen Sie einen schwarzen Rock mit, die weiße Schürze bekommen Sie von mir.« Ich habe keinen schwarzen Rock, ich kaufe einen, eine große Ausgabe für mich. In bezug auf den Lohn bin ich auch hier Anfängerin, wie die vorhergehenden Male. Ich werde das nehmen, was man mir geben wird. Es sind zweihundert Francs in der Woche, außerdem das Mittagessen. Morgens richte ich die Wirtsstube her, putze die Wohnung meiner Arbeitgeber, dann serviere ich das Mittagessen, esse selbst, räume den Saal wieder auf, bügle Servietten und Tischtücher. Um acht Uhr morgens komme ich, sechs Uhr abends oder später ist es, wenn ich gehe. Die Trinkgelder werden unter den Familienmitgliedern aufgeteilt: der Mutter, die die Kasse macht, dem Schwiegersohn, der von Grasse herkommt, um zu kochen, der Tochter, die die Gäste empfängt und die Bestellungen entgegennimmt. Aber die Chefin hat mir gesagt: »Sie können bleiben oder gehen.« Ich gehe erst nach zwei Monaten, was mir jedoch die Bemerkung einträgt: »Sie haben es wohl nicht nötig zu arbeiten, wenn Sie so kurz an einer Stelle bleiben!«

Doch, ich habe es nötig, aber noch ist mein Selbstbewußtsein nicht so gebrochen, daß ich es hinnehmen würde, mich ausbeuten zu lassen, ohne darauf zu reagieren, und ich kenne keine andere Methode als die Flucht.

Erfahrungen ähnlicher Art folgen aufeinander. Kein einziges Mal bekomme ich eine Lohnabrechnung, die eine Sozialversicherung enthalten würde. Weiterhin habe ich keinen Status, bin ich eine Randerscheinung, werde ich nicht in die Gesellschaft eingegliedert. Von daher bekomme ich ein deprimierendes Gefühl der Unsicherheit.

Der Winter ist vorbei, ich habe ihn ohne Heizung verbracht; die Laube von Gaspard, wo ich immer noch wohne, hat auch keinen Kamin, einen elektrischen Heizkörper konnte ich mir nicht leisten, und so fror ich mehr als fünf Monate lang.

Hatte ich zuerst Angst vor den Nächten, so habe ich jetzt Angst vor dem nächsten Tag, und damit verglichen war die frühere Furcht harmlos. Es ist schwierig, diese Wochen durchzustehen, ich sehne mich nach mehr Komfort, meine Einsamkeit ist erdrückend, die Entdeckung einer Welt, die ich mir ganz anders vorgestellt hatte, kann ich schwer verkraften. Da gibt es zu viele deprimierende Tage, an denen ich mich frage, warum ich eine solche Kraftanstrengung auf mich nehme. Wohin führt sie mich? Und dann werden diese

Fragen wieder weggewischt von der Freiheit, die jetzt die meine ist, sie steigt mir schubweise in den Kopf, und dabei finde ich die Antwort auf alle meine Fragen, die Rechtfertigung meiner Mühen. Dieses Gefühl habe ich noch nie zuvor ernpfunden. Ich mußte warten, bis ich dieses Alter erreichte, in dem jedem Leben schon sein Stempel aufgedrückt worden ist, um zu erfahren, daß ich denken, handeln, mein Leben lenken kann, wie ich will, daß niemand das Recht hat, mir eine bestimmte Lebensweise aufzuzwingen oder mir zu sagen, wohin ich gehen soll. Seit meiner Kindheit haben Männer oder hat ein Mann die Verantwortung für mich übernommen. Über mein Leben selbst zu bestimmen, dieses Risiko gewagt zu haben, machte ich mir zum Geschenk.

Nach geduldigem Sparen habe ich endlich das Geld für die Reise nach Paris zusammen, aber nichts mehr, womit ich in den ersten Monaten Miete zahlen könnte. Da fällt mir Lucien ein. Warum sollte er mich nicht wenigstens einige Monate in unserem ehemaligen, jetzt leerstehenden Appartement wohnen lassen? Ich schreibe ihm in diesem Sinn, und er ist einverstanden.

Ich verlasse diese Gegend, die mir eine Zeitlang die Sonne meiner Kindheit wiedergegeben hat.

In Paris finde ich eine Wohnung vor, die in nichts mehr an mein früheres Leben dort erinnert, und bin dabei ohne Emotionen. Es ist Herbst und schon kalt. Womit soll ich den Ofen heizen? Was macht's, ich habe ein Dach über dem Kopf und eine Adresse.

Fast unmittelbar nach meiner Ankunft finde ich eine Stelle als Verkäuferin in einer Gemäldegalerie am Montmartre. Immer noch voller Illusionen, habe ich gedacht, daß in Paris zumindest die Sozialgesetze respektiert würden, daß ich dort nicht die südländische Nonchalance antreffen würde. Aber nichts ist hier anders. Der Eigentümer setzt seine Bedingungen fest: »Sie bekommen einen Prozentsatz auf die Verkäufe. Mein Geschäft ist zu klein, als daß ich Sie bei der Steuer anmelden könnte. Sie fangen um neun Uhr morgens an, um Mitternacht schließen wir.«

Ich bin gezwungen, auf diese Bedingungen einzugehen, aber ich suche weiter. Sehr schnell begreife ich, wie es auf dem Pariser Arbeitsmarkt zugeht; die Verhältnisse sind hier noch schwieriger als an der Küste, die Arbeitgeber dort stellen andere Ansprüche. Hier haben Referenzen tatsächlich eine Bedeutung. Fehlen diese, wird Erfahrung verlangt. Ich habe weder das eine noch das andere.

»Haben Sie Zeugnisse?«

»Nein, aber ich bin eine fleißige Arbeiterin und lerne schnell.«

Ein erstaunter Blick, ein ironisches Lächeln – der Personalchef winkt ab.

»Madame, wir suchen jemanden mit Berufserfahrung.«

Meine Erfahrung mit der Arbeit reicht erst zehn Monate zurück, und sie hat mich gelehrt zu schweigen.

An einem Morgen verlasse ich die Galerie und stelle mich in einer Klinik vor. Die Direktorin empfängt mich beinahe liebenswürdig und fragt mich: »Können Sie sofort anfangen?« Und mit einer Kittelschürze bekleidet, mache ich bis zum Mittag die Zimmer sauber.

»Sie werden nachts arbeiten«, informiert mich die Chefin.

»Aber in Ihrer Anzeige suchten Sie jemand für tagsüber.«

»Das ist ein Fehler von seiten der Zeitung. Wenn Sie

nicht wollen, können Sie wieder gehen. Hier sind zehn Francs.«

Wo soll ich mich beklagen? Bei wem? Wer würde mir zuhören, mir glauben – in dieser Stadt, in der man Orangen nicht stückweise kaufen kann? Hat man hier nicht das Recht, arm zu sein?

Meine Arbeit in der Galerie wird mit einer schäbigen Abrechnung beendet: »Dieses Bild, das haben nicht Sie verkauft.«

»Aber ich war doch allein, als der Kunde kam.«

»Ja, aber ich habe den Verkauf in die Wege geleitet. Sie waren ja gar nicht in der Lage, ein Geschäft abzuschließen, ich schulde Ihnen nichts.«

Für drei Wochen bekomme ich das Almosen von einigen Zehn-Francs-Scheinen.

Ich studiere die Kleinanzeigen, telefoniere, verbringe meine Tage unter der Erde, im Bauch der Métro, ohne Erfolg. Während mich gleichzeitig Lucien belästigt: »Ich habe dir die Wohnung für die Zeit zur Verfügung gestellt, in der du dich zurechtfinden mußtest; jetzt brauche ich sie wieder. Wenn du drin bleiben willst, zahl Miete und einen Abstand für das, was ich investiert habe.«

Ich diskutiere nicht, dieses Terrain ist nicht meines, aber ich widersetze mich. Ich bleibe drin.

»Wenn du willst, daß ich ausziehe, dann beschaffe mir einen anderen Raum.«

Er hat so sehr Angst, daß ich mich in der Wohnung festsetzte, daß er sehr schnell für mich, wie er sagt, »etwas« findet. Eine Dienstmädchenkammer, ohne jeglichen Komfort, im sechsten Stock eines Gebäudes im Maraisviertel, das damals gerade erst anfing, in Mode zu kommen. Die Miete ist zum Glück für mich erschwinglich. Der Abschied von Lucien – wir werden uns danach nie wiedersehen – besteht aus einer Empfehlung: »Ich habe dich in einem gutbürgerlichen Haus untergebracht, versuch, nicht aufzufallen!«

Dieser Satz macht mir plötzlich klar, daß Lucien nie etwas anderes in mir gesehen hat als die Nutte, entsprechend dem fixen Bild, das er von einer Prostituierten hat. Nie hat er mich von diesem Klischee getrennt. Von daher konnte er sich nicht anders verhalten, und war es im übrigen nicht genau das, was ihn an mir angezogen hatte?

Das Haus, in dem ich nun wohne, ist nicht nur gutbürgerlich, sondern befindet sich zudem im jüdischen Viertel. Die Juden sind dort unter sich, leben dort entsprechend ihren Traditionen, halten sich an die Bräuche. Im Vorbeigehen höre ich Gesang aus einer Synagoge – Erinnerungen an meine Kindheit tauchen vor mir auf. Die Rabbiner gehen dort am Freitagabend spazieren und ziehen ihre Kinder hinter sich her; in dieses friedliche Leben möchte ich mich gerne integrieren, aber ich kann es nicht. Ich gehöre immer noch nirgendwohin, lebe wirklich am Rand der Gesellschaft. Vielleicht will ich es gar nicht anders?

Wenn ich abends auf meinem Bett liege, eine Zigarette rauche und nachdenke, versuche ich noch einmal ungeschickt die Ereignisse meines Lebens zu analysieren, daraus Schlüsse zu ziehen. Immer wieder zerbreche ich mir den Kopf über dieselbe Frage: Würde ich eines Tages in der Lage sein, mich so zu akzeptieren, wie ich bin? Vor allem – würde ich die Frau akzeptieren, die ich gewesen bin? Unaufhörlich versetzt mich der Gedanke, jemand könnte meine Vergangenheit aufdecken, in panische Angst. Ich komme nicht darüber hinweg. Ich werde immer noch von dem Gedanken heimgesucht, zeit meines Lebens beim Erkennungsdienst in der Polizeipräfektur registriert zu sein. Ich stelle mir mein Foto vor, von vorn und im Profil, mit einer Nummer versehen, in die Kartei einsortiert. Auf meiner Karte steht unter »besondere Kennzeichen«: »keine«. Ich würde eher hinschreiben: »betrogen«. Das ist ein sichtbares Kennzeichen. Eine betrogene Frau, die erkennt man auf den ersten Blick, man spricht mit ihr wie mit einer, die versagt hat.

Auch er hatte es sehr wohl wahrgenommen, dieser Chef eines Frisiersalons.

Man suchte dort eine Kassiererin, ich stelle mich vor.

»Sie bedienen das Telefon, machen die Termine. Können Sie schnell rechnen? Sie bekommen neunhundert Francs im Monat. Wir machen aber zuerst einen kleinen Test.«

Er findet, daß ich nicht gut abschneide.

»Für die Stelle taugen Sie nicht. Ich kann Sie höchstens zum Haarewaschen im Herrensalon nehmen, aber nicht mit demselben Gehalt; dafür bekommen Sie Trinkgelder. Kommen Sie morgen.«

Katastrophalerweise bringen es die Umstände mit sich, daß ich eine halbe Stunde zu spät komme.

»Was – um diese Uhrzeit kommen Sie?!«

»Entschuldigen Sie bitte, ich bin in der Métro aus Versehen in der falschen Linie gefahren.«

»Das ist mir völlig egal, Sie können mich am Arsch lecken!«

Und das sagt er mir vor den Kunden! Ich gehe angewidert und niedergeschlagen nach Hause – ein Luxus, den ich mir eigentlich nicht leisten kann.

Am nächsten Tag reiße ich mich zusammen und stürze mich wieder in den Kampf. In einem Kaufhaus an der Place des Ternes wird eine Stelle als Verkäuferin angeboten, ich bekomme sie nicht aus Mangel an Referenzen und Erfahrungen. »Wenn Sie jung wären, würden wir Sie ausbilden, aber so kann ich Sie nur als Handlangerin nehmen.« Ich bleibe nur einige Wochen. »Und das ist noch eine Rekordzeit«, sagt mir die Kassiererin.

Doch als Verkäuferin werde ich die nächsten zwei Jahre arbeiten, mit allen sozialen Vergünstigungen, in einem Importgeschäft für Ostasiatika. Das geht so lange gut, bis eines Morgens eine Kollegin, zu der ich ein nettes Verhältnis habe, zu mir sagt: »Sag mal, Frau R. hat behauptet, daß ihre Tochter dich frisierte, als du an der Madeleine auf den Strich gingst.«

Es ist unnütz, es zu leugnen. Ich will nur Genaueres wissen.

»Glaubst du, sie hat es außer dir noch anderen gesagt?«

»Sicher, geschwätzig, wie die ist ...«

Ich gehe nicht wieder hin. Am Tag darauf reiche ich meine Kündigung ein.

Diese entmutigenden Erfahrungen machen mich müde. Ich habe etwas Geld, soviel, um ein oder zwei Monate abwarten zu können. Also leihe ich mir eine Schreibmaschine, kaufe eine Anleitung und lerne geduldig zu tippen. Auf diese Weise werde ich keine ganz »ungelernte« Kraft mehr sein. Systematisch antworte ich auf die Kleinanzeigen, bewerbe mich schriftlich. Mit negativen Resultaten: Nie entspreche ich der »geforderten Qualifikation«. Muß ich meine Suche nach Stellen als ungelernte Arbeitskraft wiederaufnehmen? Aber eines Morgens werde ich aufgefordert, mich wegen einer Stelle als Schreibkraft in einer Privatbank vorzustellen. Der Direktor ist sehr sympathisch, er erklärt mir die Arbeitsvorgänge, versichert mir seine Bereitschaft, »mir zu vertrauen«, und sogar, mich weiter auszubilden.

»Ich glaube, Sie sind die Richtige für uns. Was wir vor allem brauchen, das ist eine gewissenhafte Person. Hier ist ein kleiner Personalbogen, füllen Sie den in aller Ruhe bei sich zu Hause aus. Bringen Sie ihn am nächsten Montag wieder, Sie können dann am selben Tag anfangen.«

Dieses Mal werde ich endlich einen Sprung nach vorn machen. In meiner Begeisterung beginne ich, sofort den Fragebogen auszufüllen. Worüber ich da alles Auskunft geben muß: Name des Vaters, der Mutter, im Notfall zu benachrichtigende Person – ich fülle diese Stelle nicht aus. Bei »Ausbildung« gerate ich ins Stocken; ich kann nicht einfach die Zeilen leer lassen. Bei der Frage nach Zeugnisabschlüssen muß ich vollends passen. Ich überlege. Aber die Falle schnappt endgültig zu: »Fügen Sie bitte ein polizeiliches Führungszeugnis bei.«

Unmöglich. Nie werde ich es wagen, das anzufordern. Jetzt bedaure ich, daß ich nie meine Streichung aus der Prostituiertenkartei beantragt habe. Die dafür notwendigen Formalitäten empörten mich. Man mußte Abbitte tun, der Republik ein Entschuldigungsschreiben schicken, versichern, daß man den Beruf nicht mehr ausüben würde. Diese Versicherung hatte im übrigen bei der Polizei keinen Effekt. Ein Polizist hatte mir grinsend gesagt: »Wie soll man dir denn glauben, wir sehen dir doch nicht ins Schlafzimmer!« Der einzig anerkannte Nachweis unserer guten Sitten ist die Heirat. Nachdem ich mich über all das informiert hatte, konnte ich mich nicht entschließen, um Pardon zu bitten; ich hatte viel eher Lust, meinerseits Rechenschaft zu verlangen.

Ich danke dem Direktor und schreibe ihm, ich hätte von einem Arbeitgeber, bei dem ich mich schon vorher vorgestellt hätte, eine Zusage bekommen, und zerreiße die Formulare.

An diesem Tag lese ich als Aufschrift auf einer Wand in einem Métrogang: »Rebelliert!«

Um die Kraft zur Rebellion zu haben, muß man zuerst essen. Um zu essen, muß man das Recht auf Arbeit erwerben. Woher sollen sie die Kraft zur Rebellion nehmen, diese müden, verbrauchten Menschen um mich herum, denen wie mir derselbe Personalchef geantwortet hat, ohne sie eines Blickes zu würdigen: »Sie kriegen die Stelle nicht ... Rufen Sie den nächsten ...« Denn es gibt immer einen Nächsten.

Seit einem Jahr arbeite ich den ganzen Tag in einem Kellergeschoß; ich bin angestellt als Büroschreibkraft und sortiere Drucksachen. Zu dieser Tätigkeit gehören undankbare, zwar notwendige, aber ungeheuer langweilige Arbeiten.

»Monsieur, könnte ich eine Gehaltserhöhung bekommen, ich kann von meinem Gehalt nicht leben.«

Glattzüngig, beflissen argumentiert mein Arbeitgeber: »Madame, Sie sind nicht verheiratet, Sie haben keine Kinder, Sie müssen für niemand sorgen. Ich sage nicht, daß man hier Reichtümer erwirbt, aber bei Ihrer Stelle, bei der Arbeit, die Sie machen, können Sie nicht mehr verlangen. Im übrigen, wenn Sie mit Ihrem Geld haushalten und gut aufpassen, müßte es doch reichen.«

Ich widerspreche mit einer gewissen Heftigkeit.

Plötzlich hat er alle Höflichkeit abgelegt, sein Verständnis für meine Situation ist verschwunden, er sagt diesen herrlichen, weil unerwarteten Satz: »Madame, hier herrschen bestimmte Regeln, wir sind hier nicht im Bordell!«

Er täuscht sich, die Bordelle sind Orte, wo Rangfolge und Ordnung am striktesten sind. Ich kann es mir nicht verkneifen zu antworten: »Sie sprechen von etwas, was Sie nicht kennen.«

Weder hört er zu, noch reagiert er darauf, er fährt würdevoll fort, ganz Respektsperson: »Sie bleiben keine Sekunde länger hier. Verlassen Sie uns sofort! Sie bekommen Ihren Lohn, Ihr anteiliges Urlaubsgeld, Sie sind hiermit fristlos gekündigt.«

»Danke, Monsieur, Sie konnten mir keinen größeren Gefallen tun.«

Er glaubt wohl, ich würde so groß daherreden, um ihm ein letztes Mal die Stirn zu bieten. Irrtum, ich drückte einen aufrichtigen Gedanken aus. Obwohl mir die Angst vor der Zukunft immer noch im Nacken sitzt, fühle ich mich erleichtert.

Diesen nächsten Tag, der mir angst macht, werde ich in einen Festtag verwandeln! Ich fange wieder bei Null an.

Ein Jahr lang suche ich keine neue Stelle. Die Arbeit, die ich tat, wurde so schlecht entlohnt, daß ich es vorziehe, arm zu sein, arbeitslos. Diese Zeit gehört mir, und ich gehe in die Universität von Vincennes, die offen ist für Leute wie mich. Mit sechsundvierzig Jahren nehme ich mir schließlich das Recht zu studieren.

Ich immatrikuliere mich für das Wintersemester, jetzt ist Juli.

Die Zeit bis Semesterbeginn verwende ich, um zu lesen, um Paris kennenzulernen, diese Stadt, die auf mich so lange feindlich wirkte. Jetzt lerne ich sie mit anderen Augen kennen. Ich flaniere durch die Straßen, die Parks, die Museen, fahre mit dem Schiff auf der Seine und entdecke den Botanischen Garten.

An jenem Tag im Oktober, als ich in Vincennes anfange, habe ich ein Heft und einen Bleistift gekauft und studiere die Tafel, auf der die Namen der Professoren und die Seminare eingetragen sind. Ich wähle meine nach den Titeln, nach dem, was ich mir darunter vorstellen kann: »Soziologie der Arbeit«. Nach meinen enttäuschenden Anfängen in der Praxis jetzt also die Theorie. »Die Unterdrückung und der Kampf der Frauen«. Ich habe die Unterdrückung erlebt, mal sehen, wie der Kampf aussieht. »Bewußtseinsbildung«. Was für ein hübscher Begriff! »Staatsmacht und Staatsapparat«. Ich werde die Mechanismen verstehen lernen, die mich aufgerieben haben. Alle Seminare, die mir zu intellektuell, zu abstrakt vorkommen, lasse ich weg.

Zwischen den Studenten sitzend, die sich sichtlich wohler in ihrer Haut fühlen als ich, höre ich der Professorin zu, einer sehr jungen Frau. Sie gibt uns allgemeine Richtlinien für das Studium und gebraucht dabei universitätsspezifische Begriffe, die mir unverständlich bleiben, wie Kursus, Bibliographie, Forschungen, Untersuchungen. Sie verteilt Zettel, die wir ausfüllen sollen: Gefragt wird nach Schulbildung, Universitäten, Abschlüssen. Das habe ich schnell erledigt!

Zwei Monate lang lebe ich in einer totalen Verwirrung, wie eine Fremde in einem Land, dessen Bräuche, Gewohnheiten und Sprache sie nicht kennt. Paradoxerweise aber spüre ich, daß mein Geist wie neu ist, nichts behindert ihn. Ich registriere alles aufmerksam, bin ganz Auge und Ohr. Nach und nach ordnen sich die Dinge in mir, ich kann besser nachdenken, ich lerne zu analysieren, beginne, aus mir herauszugehen, nicht mehr zu fürchten, daß man mich verurteilt.

Was hier auch neu für mich ist: Ich bin auf die anderen neugierig, ich entdecke sie. Als ich Prostituierte war, tat ich so, als würde ich zuhören, wenn mir die Kunden ihr Leben erzählten, das mich nicht interessierte. Vielleicht hätte ich ihnen aufmerksamer zugehört, wenn sie mich gebeten hätten, sie zu verstehen.

Obwohl sie ganz anders sind als ich, sind die Menschen, die mich umgeben, mir auch irgendwie ähnlich, und alle haben etwas zu lernen, zu geben, ein Wissen gegen ein anderes auszutauschen ... Um so mehr fühle ich mich wohl in der Gesellschaft von Professoren und Studenten, als ich eine Arbeiterin bin wie viele andere auch, die gekommen sind, um zu lernen.

Viele Jahre lang hatte ich mir anhören müssen, wie Leute sich über die Prostitution verbreiteten, mit schlüpfrigen, typisch französischen Anspielungen. Die Fragen, die sich diese Leute stellten, zeugten nur von einer ungesunden Neugier und nicht von wirklichem Interesse.

Auf dem Programm steht ein Seminar über die Prostitution. Ich fasse den Entschluß, das Problem frontal anzugehen, schreibe mich ein und finde sogar den Mut, ein Exposé vor fünfzig Studenten vorzutragen. Am Ende der Diskussion umringen mich die Kommilitonen, fragen mich nach meiner Bibliographie und nach meinen Quellen. Fast hätte ich erwidert: »Das ist mein Leben«, aber ich antwortete ausweichend.

Als dann die Prostituierten auf die Straße gingen, habe ich mich nicht sehen lassen. Ich hatte Angst um sie. Ich hätte ihnen zurufen mögen: »Hört auf! Hört auf damit! Ihr spielt das Spiel eurer Ausbeuter mit, nie werdet ihr die Kraft haben, ihnen Widerstand zu leisten, sie zu besiegen. Die, die euch zuhören und meinen, sie würden euch verstehen, können euch nicht wirklich helfen. Das Interesse, das ihr weckt, ist verdächtiger, als ihr glaubt. Ihr seid Teil der Geheimnisse und der Anziehungskraft der Sexualität. Aber versucht, in ihre Wohnungen zu kommen, euch an den Tisch der Familie zu setzen, und ihr werdet sehen, wie sehr ihr sie stört. Ihr werdet immer auf der anderen Seite der Barriere bleiben, die die ehrbaren Leute von den Nutten trennt.«

Gegenüber von mir, in der Uni-Cafeteria, sitzen Kommilitonen und diskutieren. Sie sprechen begeistert von einem Kurs. Ich frage, von welchem die Rede ist.

»Ein Mathematikkurs, du müßtest auch kommen.«

»O nein, ich verstehe nichts von Mathematik.«

»Das hat nichts mit dem zu tun, was du dir darunter vorstellst. Es heißt ›Eine bestimmte Logik‹. Man ergründet Probleme mit einer bestimmten Logik.«

Nachdem ich schon so vieles andere ausprobiert habe – warum nicht auch das?

Es ist halb zwei. Der Saal ist voll, wir warten auf Denis. Er tritt ein, ich bin erstaunt, wie jung er ist. Er trägt eine schwarze Jacke und Samthosen. Seine großen blauen Augen hinter den Brillengläsern schweifen über die Anwesenden. Er zieht einen Stuhl zu sich heran, setzt sich, steht wieder auf, nimmt eine Zigarette aus einem Päckchen, das auf einem Tisch in der zweiten Reihe liegt, setzt sich wieder hin, alles schweigend. Er scheint es nicht eilig zu haben.

Er betrachtet jeden der Anwesenden, hört zu, wie sich kleine Gruppen unterhalten, nimmt aber nicht am Gespräch teil. Gleich danach wird er Stichwörter aus diesen Unterhaltungen aufgreifen und mit ihnen seinen Kurs beginnen.

Nach und nach tritt so etwas wie Stille ein im Saal. Und plötzlich beginnt Denis zu sprechen, am Anfang kann ich ihm nicht im geringsten folgen, ich bin nur über diesen Schwall von Worten überrascht. Sein Blick begegnet meinem.

»Bist du das erste Mal hier?«

»Ja.«

»Warum willst du diesen Kurs mitmachen?«

Ich weiß nicht mehr, warum – weil ich davon reden hörte, wegen des Themas, weil ich so viele Dinge verstehen will …, aber ich kann das alles nicht sagen. Ich bin verwirrt, er merkt das sofort, besteht nicht auf einer Antwort, sondern spricht selbst wieder weiter, und dieses Mal begreife ich, was er sagt.

Ein ganzes Jahr lang bin ich dann jeden Donnerstagnachmittag in seinem Kurs. Es wird über alles gesprochen, aber anders als sonst. Es gibt Augenblicke, in denen die Worte sich gewissermaßen befreien, doch immer zwingt Denis uns dazu, präzise zu formulieren. In diesem Rahmen würde ich gerne meine Situation thematisieren, meinen Fall darlegen. In diesem Kurs darüber zu sprechen – würde das nicht bedeuten, daß ich mich allmählich von diesem Geheimnis befreien könnte, das mir so auf der Seele brennt? Aber ich wage es nicht.

Denis hatte uns gebeten, Texte über Themen zu schreiben, die uns am Herzen lägen. Eines Tages schnitten wir das Thema des Todes an. Ich versuche, einige Seiten über den Tod bei uns, in Algerien, zu schreiben, über den jüdischen Tod. Das war das erste Mal, daß ich etwas anderes schrieb als Briefe an Freunde oder an meine Familie. Und es hat mir gefallen. Ein anderes Mal forderte Denis uns auf, unser »soziales Wesen« zu beschreiben. Mein soziales Wesen? Um das zu haben, mußte man auch eine Identität besitzen. Und genau die fehlte mir. Ich versuche, mich in meine Vergangenheit zurückzuversetzen, doch ich spüre, daß das nicht genügt. Ich muß weiter gehen. Ich muß reden, muß es *sagen,* man muß mich hören können.

Ich werde mit Denis sprechen. Wie der Eiter aus einem Abszeß abfließen muß, muß die Prostitution aus meinem Leben heraus.

Voller Angst gehe ich am Ende seines Kurses zu ihm hin: »Ich habe etwas über die Prostitution geschrieben. Ich würde gerne mit dir darüber sprechen.«

Keinerlei Anzeichen von Überraschung in seinen blauen Augen.

»Warum, bist du eine Prostituierte?«

»Ja.«

Jetzt ist es gesagt.

»Sollen wir in die Cafeteria gehen? Wenn du willst, können wir darüber sprechen.«

Ich rede und rede und kann nicht mehr aufhören. Es fällt mir ganz leicht.

»Wie fühlst du dich jetzt, nachdem du das erste Mal darüber gesprochen hast?«

»Ich verleugne mich nicht mehr, Denis. Ich hatte alles verleugnet, mein Judentum, meine algerische Abstammung, mein Leben als Prostituierte. Jetzt weiß ich, daß ich alle diese Dinge annehmen muß. Nur um diesen Preis werde ich endlich ich selbst sein, mich akzeptieren können.«

Ich gehe noch weiter und sage, woran ich bis zu diesem Augenblick nie gedacht hatte: »Ich möchte die Kraft finden, es allen zu sagen.«

»Als exemplarisches Beispiel?«

»Nein, als Zeugin.«

Worterklärungen

Adonai: hebr.: Gott
Alfa: Luffapflanze, die in getrocknetem Zustand als Massagehandschuh verwendet wird.
Bar Mizwas: Entspricht ungefähr der Konfirmation bei den Protestanten, betrifft aber nur die männliche Jugend, die mit dreizehn Jahren durch diesen Akt ihre religiöse Volljährigkeit erhält.
Caid: arab.: Chef, Häuptling; im franz. Argot ein Chef der Unterwelt
Chibani: der Alte, der Weise
Fissah! Fissah!: arab.: schnell, beeil dich!
Gandoura: eine Art Tunika ohne Ärmel, die Araber unter dem Burnus tragen
Ghassoul: Mischung aus Pflanzen und Tonerde, die dazu dient, die Haare glänzend zu machen.
Goulette: bevorzugter Badestrand von Tunis
Haïk: arab.: rechteckiges Tuch, das die Moslemfrauen wie einen Mantel über der Kleidung tragen
Hühnerkäfig: »la cage aux poules«: Der Doppelsinn des Wortes »poule« (auch: Nutte) ist im Deutschen nicht wiederzugeben.
Kasba: arabisches Viertel, Altstadt in den nordafrikanischen Städten
Kiddusch: Einweihung des Sabbats
Louise Michel: Dichterin und Revolutionärin (1830 bis 1905), kämpfte im Zweiten Kaisereich unter Napoleon III. auf der Seite der oppositionellen Republikaner, dann für die Pariser Kommune 1870/71.
Maison Tellier: Novelle von Guy de Maupassant, in der ein Bordell – das »Haus Tellier« – bzw. die Bordellmutter mit ihren Mädchen als respektable Erscheinungen der Gesellschaft dargestellt werden.

Misère-Guigne: im Französischen etwa gleichlautend mit dem Namen des Klosters Misserghinn; wörtl. Bedeutung: Elend, Unglück

Moukères: arab.: Frauen

Mozabiten: Berberstamm in Algerien

Narbe: Im Prostituiertenmilieu ist die Narbe, der Schmiß, ein Zeichen der Schande, das die Zuhälter den Frauen zufügen. Wird ein Mann auf diese Weise durch eine Frau gezeichnet, verliert er dadurch an Prestige. In Algerien benutzen die Prostituierten oft in Ermangelung einer Waffe ein scharfkantiges Stück Kandiszucker.

Souk: arab.: überdachte Märkte

Tarbouch: orientalische Kopfbedeckung

Taxieren: Es ist immer der Zuhälter, der seine Frau »taxiert«, indem er von ihr eine im allgemeinen hohe Summe fordert, die sie beibringen muß.

Tonta: span.: Idiotin

Versöhnungstag: hebr. »Jom Kippur«: der höchste jüdische Feiertag

Youpines: franz.: Argotwort für »Jüdin«

Eva Hoffman

Lost in Translation

Ankommen in der Fremde

Aus dem Amerikanischen von
Gesine Strempel und Helmut Frielinghaus
307 Seiten, gebunden, DM 38.–
ISBN 3-8015-0251-1

»Lost in Translation« ist ein Schlüsselwerk über die innere Erfahrung der Emigration – ein poetischer Bericht der amerikanischen Schriftstellerin Eva Hoffman über ihren Weg von Krakau nach New York. Es ist die Erinnerung an diese Reise, die von der lyrischen Beschwörung der Kindheit im Nachkriegspolen bis zur geistreichen Analyse der amerikanischen Gesellschaft und der kulturellen Metamorphose der Autorin reicht, deren Weg sie schließlich in die literarische Welt von New York führt.

Scharfsinnig und humorvoll beschreibt Eva Hoffman das Aufeinanderprallen des polnischen »Vergangenheitsmenschen« mit dem amerikanischen »Zukunftsmenschen«; sie schildert den Verlust von Heimat und erzählt gleichzeitig von der befreienden Möglichkeit, sich in einer anderen Sprache »wieder zu finden«.

»Ein wunderschönes, gedankenvolles Buch – und insofern wir alle Verbannte aus dem Paradies sind, und Entfremdung gleichsam zu einer Bestimmung menschlichen Daseins geworden ist, betrifft es nicht nur Emigranten und Flüchtlinge. Es betrifft uns alle.«
New York Times

Verlag Neue Kritik
Kettenhofweg 53, D-60325 Frankfurt